一頁 folio

始于一页，抵达世界

十三邀 2

"偶像是生意，是符号，是忍辱负重"

许知远 著

图书在版编目(CIP)数据

十三邀.2，偶像是生意，是符号，是忍辱负重／许知远著.——桂林：广西师范大学出版社，2021.1
ISBN 978-7-5598-3344-0

Ⅰ.①十… Ⅱ.①许… Ⅲ.①名人－访问记－中国－现代 Ⅳ.①K820.7

中国版本图书馆CIP数据核字(2020)第203544号

SHISAN YAO
十三邀2：偶像是生意，是符号，是忍辱负重

作　　者：许知远
责任编辑：王辰旭
特约编辑：苏　骏　胡晓镜　徐　露
装帧设计：山　川
内文制作：陆　靓

广西师范大学出版社出版发行
　广西桂林市五里店路9号　邮政编码：541004
　　网址：www.bbtpress.com
出版人：黄轩庄
全国新华书店经销
发行热线：010-64284815
北京华联印刷有限公司印刷
开本：889mm×1194mm　1/32
印张：12.125　字数：290千字
2021年1月第1版　2021年1月第1次印刷
定价：60.00元

如发现印装质量问题，影响阅读，请与出版社发行部门联系调换。

自序

意外的旅程

许知远

"那么,你最想见到谁?"

我至今清晰记得,2015年初夏的那个午后,在花家地一幢小楼的杂乱会议室里,李伦、王宁、朱凌卿坐在我对面,和我讨论一档访谈节目的可能性。

这是一个意外的邀请。彼时,我正为创业兴奋与忧心,与朋友苦苦支持了十年的小书店,得到了一笔风险投资,它给我们带来希望,以及更多的烦恼。我在小业主与作家之间摇摆,后者的日益模糊令我不安。我亦对自己的写作不无怀疑,我喜欢的一整套价值、修辞在这个移动互联时代似乎沉重、不合时宜。

这个时刻,他们出现了。尽管只匆匆见过,我对他们有本能的信任。李伦谦和、富有方向感;王宁敏锐、细腻;总斜身半躺在椅子上的小朱,笑声过分爽朗,总有惊人之语。

我没太认真对待这个提议。不过,倘若有些事能把我从办公室中解救出来,却不无诱惑。而且,我总渴望另一种人生,水手、银行家或是一个摇滚乐手,总之不是此刻的自己。采访是满足这种渴望的便捷方式,在他人的故事中,我体会另一种生活,享受暂时遗忘自我之乐。年轻时代的阅读中,法拉奇、华莱士更是传奇式的存在,他们将对话变成一个战场、一幕舞台剧。

在一张打印文件的背面,我胡乱写下了几个名字:哈贝马斯、周润发、黑木瞳、莫妮卡·贝鲁奇、王朔、陈冲、比尔·盖茨、奥尔罕·帕慕克、陈嘉映……他们皆在我不同的人生阶段,留下鲜明印记。他们对这串名字颇感兴奋,小朱摇晃着脑袋,说这不是十三不靠吗?

节目就这样半心半意地开始了。它定名为"十三邀",每一季发出十三次邀请,或许,它们也能构成一次意外的和牌。

我将之当作生活的调剂,每当我因公司管理与梁启超传的写作窒息时,就去拍摄节目。打印纸背面的名单无法立刻实现,我们努力去寻找每一个富有魅力的灵魂。他们大多是各自领域的杰出人物——小说家、哲学家、成功的商人、武术名家、导演、演员,令人不安的是,娱乐界占据着过大的比例,这不仅因为他们有丰富的故事可供讲述,也缘于他们可能带来的影响力,一个娱乐至死的年代。我多少期待借助这种影响力,对知识分子日渐边缘的趋势作出某种报复。

我和他们穿过三里屯街头、在桂林吃米粉、在无人的电影院里吞云吐雾,还在九龙的武馆里练习咏春拳……最初的目的开始退隐,我越来越被探访过程吸引,我喜欢和他们时而兴奋、时而不咸不淡的交谈,一些时候甚至陷入不无窘迫的沉默。沉默,与言说同样趣味盎然。

这个尝试比原想的更富诱惑。不管多么自以为是,你都不能通过几个小时的相处,就声称理解另一个人。但谈话自有其逻辑,它逼迫双方勾勒自己的轮廓、探视自己的内心。在陌生人面前,人们似乎更易袒露自己。

镜头令我不安,它充满入侵性,尤其在人群中,我尤为不适。我也害怕屏幕上的自己,远离后期制作,也从未看过一期节目,心中亦多少认定,这并非是我的作品。但我对影像产生了新的兴趣,那些无心之语、一点点尴尬、偶尔的神采飞扬,背后的墙壁上的花纹,皆被记录下来,它提供了另一种文本。比起写作,它也是一种更即兴的表达,带来意外的碰撞与欣喜。

我意识到,它逐渐成为我生活的一部分。镜头也没那么讨厌了,它给交谈带来正式感,令彼此的表达更富逻辑与结构。也借助镜头,我的经验范围陡然增加,一些时候,甚至是梦幻的。是的,哈贝马斯与贝鲁奇尚未见到,但我的确与坂本龙一在纽约街头闲逛,在东京与黑木瞳喝了杯酒,与陈冲在旧金山海边公园的长椅上闲坐。

我同样不会想到,在薇娅的直播间卖货,置身于一群二次元少女之中,听罗振宇讲他的商业之道。当接触到这一新的时代精神时,我发现没有看起来那么新,亦不像我想的那样浅。

相遇拓展了感受,又确认了身份。当面前所坐是西川、项飙、陈嘉映时,我清晰地意识到,自己的热情更为高涨,表达更为流畅,期待这谈话不会结束。而吴孟达、蔡澜又让我感受到另一种人生态度,智性与生活之滋味,缺一不可。

我亦遭遇到崭新的困扰,被卷入大众舆论的旋涡。作为一个习惯藏在文字背后的写作者,这实在是个令人焦灼的时刻,我觉得自己掉入了泥潭。偶尔,我也陷入自我怀疑,是不是不该进行这个尝试。

短暂的动摇后,一切反而坚定起来。它还带来一种意外的解放,我愈发意识到表现(performance)的重要性。倘若观念得到恰当的表现,它的影响将更为深远。书写也是多向度的,文字只是其中之一,声音、画面、空间也同样重要。

这些对话以四卷本的形式出现在眼前时,给我带来另一种慰藉。我的印刷崇拜再度被唤醒,似乎认定唯有印在纸上,才更可能穿越时间。比起节目,它更像是我的个人作品,我们的对话也以更全面的样貌展现出来。

感激也在心中蔓延。我常对李伦与王宁颇感费解,他们对我的盲目信任从何而来。作为制片人的朱凌卿,尽管常有混乱与饶舌之感,但他的敏锐与判断力,常与我心有灵犀。从小山、刘阳、新力到继冲、正心、学竞、龙妹,我喜欢与导演和拍摄团队四处游荡,在路边摊喝啤酒。很多时刻,我们有一种家人式的亲密,正是这种亲密与信任,驱动着这个节目。需要感谢的同事们众多,我无法一一列举。雷克萨斯的 Kevin 与 Kathy,亦要特别致谢,当 Kevin 说最钟爱寻找谭嗣同一期时,我感到得觅知音的庆幸。我还暗暗期待,这个节目能延续到第十季、第二十季,如果可能,至少有三十季,邀请每一个人参与对自己时代的理解。腾讯新闻始终是最值得信赖的合作伙伴。

范新给出了出版的提议,并笃信这套书能折射时代心灵。刘婧、晋锋、丹妮、陈麟、明慧和一页团队的编辑们皆参与了编辑与整理。他们都深知,对我来说,一本书永远意味着最隐秘的欢乐。节目的不足,我尚可推诿给导演团队,这本书的瑕疵、错漏,则全归于我。

推荐序

礼物般的交谈时光

陈冲

许知远第一次在上海采访我的时候,我也许是有所保留的,那时我还不认识他。如果现在重新做一回是否会更好些?不过从陌生到了解的过程应该也是有趣的吧。忘了那次我们具体聊到了些什么书,但我清晰记得当时的那份惊喜和感动——这个比我小十几岁的人居然也爱老书——那些我年轻时代迷恋的东西,不,那些我至今仍然迷恋的东西。

2019 年的春天他来旧金山,我们一起去了一家叫"绿苹果"的书店,这个不起眼的地方是我在这座城市的圣所。美国的商店一般关得早,但"绿苹果"开到晚上十点半,我喜欢晚饭后来这里逗留,在旧书堆里慢慢翻阅,那些悠哉悠哉的时光是幸福的。孩子们还小的时候,我常带她们来这里买书,后来大些了,她们就把看过后不再需要的书拿回书店去卖掉、捐掉或换新书,呵,那都是在她们发现亚马逊之前。许知远那天跟我在"绿苹果"的书架间闲逛,随意聊着各自喜欢的书籍,一份默契感油然而生,对于生性慢熟的我来说这是很少有的。

后来,我们的对话也经常从书开始。我在泰国拍戏的时候,正逢雨季,雨水蒙住了窗外面的湄南河,把我像蚕蛹一样裹在屋里阅读、听音乐,与世隔绝。接连不断的倾盆大雨让我想起毛姆的精湛短篇《雨》,就跟许知远聊起了毛姆在东南亚和太平洋岛屿写下的一系列悲剧,都是关于亚寒带的欧洲人到了融化与腐蚀一切的热带后的生活。也许我俩都属于那种有古典情怀的人吧,从毛姆的作品,我们聊到悲剧的价值。古希腊思想家亚里士多德认为,只有在悲剧中灵魂才得以洗礼和升华,它是人类精神生活的必要部分,而今天,悲剧作为一个剧种被误认为是负能量。

记得那天我还给许知远发了我酒店的照片,他说很像他在仰光时住过的 The Strand[1],那是他十分喜爱的殖民地式建筑。说到他的仰光之旅,又让我联想起他写的游记,其中提到了我非常欣赏的作者奈保尔。许知远说奈保尔是他的最爱,深刻影响了他观察世界的方法。就这样,我们的对话从毛姆的殖民地作品绕到了奈保尔的后殖民地作品——两个截然不同的人生和时空,两个针锋相对的视角和风格。我们似乎总是这样,问一下互相在看的书,然后漫不经心地闲聊,有一搭无一搭的,却也说出了不少内心深处的感想。

其实,从上海第一次采访到现在近两年的时间里,我也只见过许知远两回,但是他似乎已经成了一位老朋友。或者用他的话说,是两个小朋友在聊天,傻乎乎的,特开心。或者说得严重一点,我们是为同一种精神而欣喜,同一种人格而坚持,同一种逝去而悲哀;我们是被同一种情操所感染,同一种养料所滋润,同一种温暖所安抚……

人生轨迹中有无数擦肩而过的陌路人,偶尔我们幸运地跟另一条轨迹志同道合一段,也许是半辈子,也许是半天,也许是半小时,都是礼物,值得珍惜。

---

[1] The Strand(斯特兰德酒店)位于仰光市中心,是一家维多利亚风格的百年五星级酒店。

目录

001　张艾嘉
我妈说我这个人一辈子做不了明星

031　吴孟达
演员就是骗子，我骗了几代人

061　罗大佑
这个世界还需要我们来抗议吗

093　黑木瞳
我最近一次失败，是三十多年来第一次睡懒觉

113　倪大红
与时代差了半拍，对我是一种眷顾

135　陈冲
我喜欢那些不实用的激情

169　张楚
我与自己的个人缺陷战斗一生

189　于谦
小时候我最大的愿望,就是当动物饲养员

223　俞飞鸿
没有好或不好,现在所有的一切我都很坦然

245　木村拓哉
二十岁的我小看了这一切,八十岁的我希望还很帅

273　林志玲
"志玲姐姐"是我一辈子的志业

297　姚晨
我更像是一个被选择的人

319　李宇春
我是一个符号,但我一直在向前走

347　京剧谭门
所谓传承,既有压迫又有诱惑,还有一种自觉的使命感

1953 年　出生于台湾嘉义
1986 年　任《最爱》导演、编剧、主演，作品获当年金马奖最佳影片等八项提名，并于次年获香港电影金像奖最佳女主角
1992 年　发行音乐专辑《爱的代价》
1995 年　导演作品《少女小渔》获得第 40 届亚太影展最佳影片与最佳编剧
2002 年　凭借《地久天长》赢得香港电影金像奖及香港影评人协会金紫荆奖最佳女主角
2004 年　《20　30　40》获第 54 届柏林国际电影节金熊奖提名
2014 年　接任台北金马影展执行委员会主席
2017 年　《相爱相亲》上映，同年夺得第 12 届亚洲电影大奖终身成就奖

扫码观看视频

张艾嘉

我妈说我这个人一辈子做不了明星

Chapter 01

《山河故人》中，张艾嘉让我感到一种意外的性感。异乡使人孤立、迟钝，也在一些时刻激发起强烈的情欲。

这是我心中的张艾嘉，她的复杂、丰沛的情感，以及若即若离的疏离，令她成为华人世界最令人难忘的女明星之一。

自二十世纪七十年代以来，她是繁荣一时的港台文化的重要参与者，文艺片、商业片、歌唱、导演，她无所不能，既广受欢迎又始终保持着某种理想与叛逆。

她的创作生命惊人的漫长。同代人大多淡出公众视野时，她在中国新一代导演的镜头中——从贾樟柯到毕赣——继续发光；她的导演能力也日趋成熟，从《少女小渔》到《相爱相亲》，她对中国大陆的理解，也令人惊叹。

我们在上海的武康路上闲逛，躲在角落里偷偷地吸烟，皆是令人难忘的记忆。

武侠世界的英雄主义是香港的浪漫补偿

许知远：你去美国读书时，具体在纽约的什么地方？

张艾嘉：我一直住在里弗代尔，在哈德孙河旁边。那段日子就是从一个很封闭、很传统的中国思维的家庭出来，然后突然间，砰，什么东西都破开了，去看吧，去认识吧。

许知远：你在美国待了几年？为什么没有继续待下去呢？

张艾嘉：待了三年。因为交太多男朋友！所以妈妈太担心了，每天就威胁我、恐吓我，"你再这样我就送你回台湾"。我说那你就送我回台湾好了，这样就回了。

许知远：你想过如果一直在美国，你会变成什么样吗？

张艾嘉：我想过，我觉得我一定是一个嬉皮士。很长一段时间都不知道自己要干什么，美国太大了，可能性很多，挑战也很大，不可能像在台湾那样一下子就出来，被人记住。

许知远：具体是哪一年回来的？

张艾嘉：我应该是1969年回到这边，1966年到1969年。

许知远：那正是美国最热闹的时候啊。

张艾嘉：我常常到中央公园去参加反战游行。

许知远：我在伯克利大学待了一年，现在还有那个遗风。原来年轻人可以这样去改变世界。

张艾嘉：现在的年轻人已经把改变世界变成了口号，这是很可惜的事情。

许知远：是啊，变成 slogan。所以你当时听披头士、大门乐队这些，谁给你印象最深刻？

张艾嘉：其实说老实话，我认为披头士是最经典的，是永恒的，每个年代都有意义。可是最让我印象深刻的还是大门乐队，吉姆·莫里森，他在台上所有饶舌的东西，都像是诗歌。

许知远：我很爱他。他是个诗人。

张艾嘉：他要进入那个世界，就跟着音乐不停地讲，我觉得太厉害了。现在的 rap 也是拿现在的生活去唱，可他是有诗意的，拿他的一生交换了这个东西。

许知远：1969 年再次回到台北，那是什么样的一个感觉？你在纽约受到文化的冲击，再从纽约回去，或许又面对一个文化的冲击。

张艾嘉：No，是我冲击他们。当然说的是外表的东西冲击他们。头发很长，手上戴十个戒指，完全嬉皮士的那种装扮。突然间我又把头发剪得很短很短，穿木板拖鞋走来走去。但后来我觉得那些都是行为上的。

许知远：那时候台湾的环境还很压抑。

张艾嘉：那个时候还是戒严时期，是老蒋的时候。其实我的记忆力很坏，所以没有办法像我叔公张北海那样写东西。

许知远：他太厉害了，老了也很有风度，很有魅力。我们一起聊天，他说写《侠隐》的时候，整天沉浸在老北平的气氛里。有一天早晨去喝咖啡，突然特别奇怪，觉得周围应该是中国人，一看怎么都是黑人？我觉得说得好动人，他在自己的世界里复制了一个北平。看他描绘的北平，你是什么感觉？

张艾嘉：我后来去走一些老街，用他的那些文字去呼应，哇哦，原来以前的胡同这么小，真的是另外一个世界。后来我碰到姜文，姜文跟我讲，那个胡同就在他家附近，他熟悉得不得了，他觉得那个地方是他的。我说那看来只有姜文可以拍。

许知远：你什么时候意识到要演戏？

张艾嘉：从来没有特意去想。应该说我小的时候，在学校里就已经有这样的企图，只是我自己没有真的了解到。包括我改编那个《花田错》，代表学校去参加唱歌比赛，在大多数人面前表演并不害怕。可是很好笑，我记得我十六岁还是十七岁那一年生日，妈妈带我去一个照相馆照相，叫我摆 pose 我不会，简直不知道该怎么办好！我妈说"你这个人一辈子做不了明星，人家叫你照个照片你都不会"。到现在我还是不喜欢照相，可是演戏是另外一回事情。

许知远：为什么 1972 年去香港？当时去香港好像是唯一的出路吧？

张艾嘉：也没有。我做事情并不会很有计划，是因为接了个电话，我老朋友石天找我去演《最佳拍档》，演一个我从来没有演过的角色。没有做过的事情都会很吸引我，所以一叫我就去了。

许知远：第一部不是这个吧？最早应该是在嘉禾。

张艾嘉：对，我都忘掉了。那年是嘉禾来签我，是因为有一个叫田丰的老演员，在电视上看到我唱歌，觉得我跟一般的女孩子不太一样。他那时候很热心，把我介绍给嘉禾，介绍给罗维和邹文怀[1],他们过来跟我见了一次面就决定把我签了。嘉禾那时候是大公司嘛,我一听有李小龙就去了。

许知远:那时候对李小龙什么感觉?
张艾嘉:崇拜啊。

许知远:你叔公讲了个故事,说他在洛杉矶替朋友的花店卖花,有一天突然来了个年轻人,买了一堆玫瑰花。走之前跟你叔公说,你记住我的样子。当时你叔公说这神经病吧。过段时间看电视,他就是李小龙。
张艾嘉:哇哦。

许知远:很神的。你的第一部片子应该是武打片吧?那时候武侠最流行。
张艾嘉:我在嘉禾拍的三部戏都是武打片。可是最大的问题就是,武打片如果不打的话,那我就一定是那个最没用的。所以我觉得我在浪费时间。我在那里要签五年,真的不晓得自己要干什么。当时我记得何冠昌[2]先生对我非常好,他说我想去学什么都可以。在美国拍戏的时候,我有去上一些课,其实我是会打的,我以前学过跆拳道的。

许知远:真的?
张艾嘉:《最佳拍档》里都是我自己打的,没有用替身,受了

---

1 罗维,1970年加入嘉禾电影当导演,起用李小龙主演五部功夫片,掀起世界功夫片热潮;邹文怀,嘉禾电影创办人之一。
2 何冠昌,嘉禾电影创办人之一。

好几次伤。可是大家觉得我的样子好像不会打,就没有让我打。所以那一年多,我在那边有点不晓得要往哪个方向发展。再加上太喜欢谈恋爱了,但公司不太愿意让女明星谈恋爱。

许知远:所以这是你真正的兴趣所在?

张艾嘉:Yes,爱情是非常重要的。我在那段时间,因为谈恋爱认识了很多在配音间的老师,他们都是电影圈一些最厉害的硬底子演员。我在配音间看了无数片子。他们是每三天配一部,还有外国的,所以你想想我看了多少片子。我在那里真的学到很多东西,到现在觉得还是。

许知远:当时看了哪些电影,真的给你一种震撼的感觉?

张艾嘉:他们配很多武打片,比如说有张彻导演的、胡金铨导演的,还有一些名不见经传的奇奇怪怪的导演的。有些片子你看不出是谁导演,可是一碰到张彻或者胡金铨,你马上就看得出这是他们的。他的用劲,他的选角,他的焦点,完全就是他的风格。所以那个时候你真的就是,学。那一两年的时间,有时候想想真是老天爷安排的。

许知远:对你来说像一个电影资料馆。西方的片子呢?比如说法国的新浪潮,或者美国的一些?

张艾嘉:都看,那段时间我受美国的文化影响很大。尤其早期做这个行业,我认为电影就是娱乐,就是消遣。所以我不管唱歌也好,表演也好,都觉得要为大众服务,跟商业结合。慢慢地,当我接触到比较多的欧洲电影,不同类型的电影,就开始了解它还有其他的功效。年纪越大,自我的个性越强,就越往这个方面走。

许知远：那时候你怎么看他们拍武侠片，张彻也好，胡金铨也好，他们的电影语言、电影风格，对你有什么潜移默化的影响？

张艾嘉：张彻是创造英雄的角色，这是香港一向非常重视的东西，一直贯彻到现在。邵氏最早期的所有男演员，几乎每一个都像是《第一滴血》的兰博。所以我就笑，香港电影里面的职业，不是警察就是黑社会。

许知远：很多内地人去香港，一开始都很紧张，是不是满街都是黑社会啊。

张艾嘉：真的，香港的英雄主义是蛮强烈的，可能就是因为他们比较缺乏，这是一个补偿的心态。

许知远：其实我觉得他们是一种流亡电影，十九世纪四十年代后被迫流亡到一个小岛上，什么都失去了，很逼仄。所以他想象一个无所不在的特别自由的武侠世界，一个没有层级关系的世界，一个美好的世界。

张艾嘉：哇，你想得更深了。可能是，因为武侠世界本来就是非常浪漫的。可是到了胡金铨就不太一样了，胡金铨讲得更有哲学。他讲到真真假假，讲到人生其实是一种梦。我跟他的合作是从《山中传奇》那一年开始的，之后就跟他变得很亲密。我自己受惠很多，他对于美的这种坚持，是我比较少见的，你在他的戏里面真的能看到翻山越岭，他说故事的方式就是用画面来表达。我正好也在拍李翰祥导演的戏，两个大导演，是迥然不同的。

许知远：好好奇，李翰祥是什么样的？

张艾嘉：李翰祥是个聪明绝顶的导演。好奇心非常强，美工第一。

许知远：我看他的回忆录，他写东西俏皮得要命。

张艾嘉：俏皮得不得了。我第一次跟他演戏，演林黛玉进大观园，进去以后，第一次看到老夫人的那个表情，是他做给我看的你知道吗！你想他那个黑黑的大脸，走过去后身段突然间就柔软下来。他那时候希望我们用兰花指，就跟着我们练。我站在那边，简直吓一跳，真的是吓一跳。

杨德昌、罗大佑和李宗盛，是我生命中的老师

许知远：其实我觉得，"五四"时期、二十年代是一个黄金时代；台湾的七十年代，也很像黄金时代。

张艾嘉：我经历的完全是非政治性的，因为在一个文艺圈里面，不管是音乐、电影，都还算是蛮自由的，我真的是非常幸运。

许知远：就唱歌而言，那个时候你受什么影响？

张艾嘉：最早期我一定是唱英文歌，唱的全部是民谣，像琼·贝兹、鲍勃·迪伦，后来听披头士，他们的作词跟自己的生活非常贴切，这一批人对我的影响非常强烈，到现在我写东西、拍电影，都还是写我认识的、感受到的。所以我走进台湾歌坛的时候，其实是蛮格格不入的。我早期痛苦非凡，唱中文歌唱得很辛苦。后来邱复生先生[1]带着我做一个节目，叫《歌林》，他叫我跟胡德夫一起唱

---

[1] 邱复生，著名制片人，媒体大亨，年代公司创立人。

一些老的英文民谣。因为它有故事、有戏剧性在里面,我觉得唱着蛮过瘾。慢慢地他帮我选一些中文歌曲,我才开始被说服。直到我听到罗大佑的歌。

许知远:跟胡德夫唱歌什么感觉?

张艾嘉:现在一讲到他的声音我都会起鸡皮疙瘩。他声音很厚,感染力非常强,他唱歌是用心唱,并不是用技巧,我觉得太美了。他现在年纪大了,声音也有点沙,可是,他的心已经有很多经历,散出来的东西是不一样的。

许知远:第一次听到罗大佑的歌是什么感觉?应该最早是1975年、1976年了吧。

张艾嘉:应该是。第一次是刘文正给我听的,因为我们要拍《闪亮的日子》,刘文正拿了一卷罗大佑早期的歌,里面有《童年》《牧童》《光阴的故事》,还有郑愁予的那首《错误》。

他第一次给我们听的时候,大家都有点傻住了,因为真的是太接地气了。我们当时已经二十多岁,开始觉得以前的那些流行歌曲、歌词表达出来的感觉、感情,跟我们有点脱节,我们要有我们自己的东西。那个时候有很多民谣,可是民谣太温柔了,很校园,就好像人只有青春期。当走进一个更大的环境时,那些感情没有释放出来。所以我们听到大佑,就觉得有一种东西让我们感动。

许知远:他是天才,我上个月在北京见了他。你对他本人的第一印象是什么?

张艾嘉:那个时候他是一个医生嘛,非常腼腆,你相信吗?

许知远:相信,他其实挺害羞的。尤其那时候还有很多自我挣扎。

张艾嘉：我觉得他的内心跟他的外在，有的时候是两回事。

许知远：你的内心和你的外在是什么关系？

张艾嘉：我的内心跟我的外在一直很有冲突，而且一天可以有好几次不同的冲突。因为我是巨蟹座嘛，一个涨潮退潮我都可以变很多次。

许知远：那你对杨德昌什么印象？

张艾嘉：那也是个天才。他以前是学电机工程的，一个电机工程师对所有东西都有预估、有程序，不会贸然去做。所以杨德昌的东西非常完整，结构性强。我觉得结构性的东西是台湾一直很缺乏的。我跟他合作过，从《十一个女人》到《海滩的一天》，从他身上学了非常多的东西，比如怎么去接近一个角色。音乐方面是罗大佑教会我的，跟李宗盛是学写歌词。他们都是我生命中很棒的老师。

许知远：香港的新浪潮由许鞍华、谭家明这批人开始，台湾则是由侯孝贤、杨德昌他们这批起来。

张艾嘉：台湾起得比较晚。跟许鞍华他们合作完以后，我回到台湾，那时候新浪潮已经慢慢起来了，由侯孝贤、陈坤厚他们那批最先开始的。当他们开始做《小毕的故事》[1]，我就做了一个电视节目，叫《十一个女人》，就是十一个女人的故事，为了讲这些故事，我找来了台湾所有独立创作的导演。他们做了很久的副导演，或者拿过金穗奖，很想做导演，可是没有机会，里面就包括柯一正[2]、

---

1 由朱天文作品《小毕的故事》改编的电影作品，陈坤厚执导，钮承泽主演。
2 柯一正，台湾著名导演、演员，他执导的第一部故事长片是张艾嘉主演的《带剑的小孩》。

杨德昌。那个时候真的是我们的全盛期，最温暖、大结合的时期。大家真的是互相帮助，互相欣赏，然后开始慢慢闹翻。

许知远：这个黄金时代持续了多久？

张艾嘉：大概两三年。那时候拍《搭错车》，有多少人去帮忙你知道吗？那是想象不到的。离开新艺城的时候，我曾经讲过一句话，很希望这份友情可以一直延续下去，可是我会担忧。我担忧的事情还是发生了。

许知远：香港的电影工业是到八十年代真正开始成熟的，拍了很多别的东西，跟七十年代还是不太一样。

张艾嘉：八十年代的香港是一个美好的时代。看电影的人多，有很多电影是给家庭看的。尤其每年过年还有午夜场，非常快乐。大家看的电影是什么？一定还是属于大众的，所以有很多的搞笑喜剧、现代武侠片、浪漫故事。《最佳拍档》《夜来香》《难兄难弟》，讲到友谊，讲到共患难，可都是用喜剧的方式去表达的。

许知远：对这种东西，你是什么样的感觉呢？

张艾嘉：因为是跟大家一起合作，我还蛮喜欢。可是当我发觉我们在重复所谓公式化的准则时，我就不喜欢了，就开始慢慢退出了。我喜欢的是用幽默的角度看世界、看事情，因为我觉得这是一个生活的态度。用幽默去化解事情，其实是蛮健康的。

许知远：对当时那些艺人，比如许冠杰之类，你有什么印象？

张艾嘉：你看现在他还在唱啊。我觉得我们那一代的艺人生命特别长。为什么呢？因为我们可以自嘲，无所谓，老了就老了，怎么样呢？我不会说一定要去跟谁谁谁比较。

许知远：对周润发的第一印象是什么呢？

张艾嘉：其实发仔年轻的时候，是一个非常可爱、顽皮的孩子。可是我觉得他好辛苦，香港的电影圈把他绑架了，片商把他绑架了，他其实是很无奈。所以他有段时间逃到好莱坞去了，那是他最好的时期。等他重新开始进入这个环境的时候，发仔已经不是那个时候的发仔了。

许知远：八十年代的香港电影业特别蓬勃，尤其是商业电影。你拍的商业电影都很卖座，商业经验对你来说是什么？

张艾嘉：我觉得那是个快感，年轻人追求的一种快感。

许知远：是速度的感觉吗？

张艾嘉：成就。所谓的成就或许还是一个比较表面的东西，可是在那个年纪，你也不太知道自己能够做多少，人家称赞你时的那种快感，一定是有的。

我记得有一次，台湾的大学每年会在学校里选最佳影片，他们就选我，然后每个学校都指定我去演讲，我就在上面滔滔不绝地讲。有一天讲到不知道第几场，突然间，我发觉自己其实并不是太懂，觉得很不好意思。从此以后我就不太出来讲了。

许知远：从李翰祥到杨德昌、侯孝贤他们这一代人，从胡金铨到徐克，这种代际变化是什么？

张艾嘉：我只能讲，他们从一个浪漫的世界走向了一个实在、真实或者所谓现实的世界里。从现实的世界，侯孝贤又走向一个浪漫的世界。当你到了某个年纪，还是会回归到真实。

我喜欢拍人和人之间的关系，
我对人明白得多一点

许知远：我前两天重新看了《少女小渔》，觉得真好，比如那时候的热情。那里面的人物都卡在两种文化之间，卡在某种边缘，当中的这种挣扎感是特别吸引你的吗？

张艾嘉：对。其实最初我是被指派来做这个事情的。它本来是李安的项目，结果李安自己太忙了，他希望我来做。我后来非常深地进入《少女小渔》这个故事的一个原因，是我到了纽约以后发觉自己蛮无助的。因为我们是东方人，独立制片，项目非常小，能够得到的支援非常少，剧本还有一大半是英文。

那个时候是李安的制片人詹姆士·沙姆斯在帮我修改英文的部分。结果他写完第一稿我有点傻掉，因为他写的全部都是男主角，没有小渔。后来我就跟他说，不对啊，这个片子是在讲小渔。他讲了一句话，我觉得很粗鲁。他说："我根本不明白，这个女人除了每天到工厂去，然后等她的男人回来上床以外，还能干什么。"我突然明白过来，一个美国的白人男性，对于这样一个非法移民女人是没有同情心的。我问他："你觉得她除了去工厂跟回家等男人外，她还可以干什么？"我记得当时我们俩在一个餐厅里，他就大骂我，我突然觉得自己就是"少女小渔"。

后来我就跟李安讲，詹姆士帮我写那个男人，女人我自己写，然后把两个角色放在一起。所以每天晚上回去我都蛮有"少女小渔"的心情，在一个这么大的环境中，不只是非法移民的问题，而是一种无助的心情。我看到的并不只是文化差异，而是早期的这批中国移民出国以后，男人、女人都会面对的问题，大家都很彷徨，很失落，但依然有一个往前走的目标。

许知远：之前你是在台湾、香港的电影工业里，然后突然面对纽约，对你来说，除了小渔的这种无助，还有什么新的感受？

张艾嘉：其实心里有蛮多很复杂的感觉。还有一个新的感觉，就是彻底明白了当我们在谈"跟国际接轨""国际化"的时候，我们到底在谈论什么。一个做电影的人，当我拍这样的题材时，如果要走所谓的国际化道路，我到底应该偏向哪边，是去迎合西方的观众还是东方的观众，还是保持我自己。我看了很多所谓的在西方比较成功的中国导演的作品，也看了很多在西方不成功的东方导演的作品，后来我就告诉自己，我只能做自己会的东西。

许知远：九十年代初期，中国大陆的电影语言也开始显现了，你对它们是什么印象？比如《黄土地》《红高粱》，在视觉上对你来说是很大的冲击吗？

张艾嘉：在那个年代，大陆早期的这一批导演对我们是一个蛮大的冲击。因为台湾到底是一个岛屿，香港是一个更小的地方，从这么一大片土地出来的东西，它的情感、题材、心胸，包括人和人之间的关系，是不太一样的。再加上，像张艺谋他们那一代导演，早期拍电影是很刻苦的，必须克服困难去达成自己的梦想，而不是说只做一个商品，因此常常能出现自己的风格。我觉得在那段时间，他们真的创作出了一种所谓的风格和语言，比如《红高粱》用了很多过期的底片来产生一种颜色、一种感觉。这对我们来讲都是非常迷人的。当我们有了充足设备的时候，反而不懂得怎么去好好用它们，反而失去了某一种……

许知远：质感。

张艾嘉：对，还有人情味。我记得我看贾樟柯的《小武》，那个画质是差得不能再差了,但是天啊,我就是完全被吸进去。他们对自己要讲的题材的感情是十足的,焦点非常专一、简单、直接,可又是很饱满的。

许知远:会让你想起侯孝贤早期拍的那些电影吗?像是台湾新浪潮那批导演进了山西?

张艾嘉:还是不太一样。因为孝贤他们其实经过了像李行、白景瑞导演这样的时期,都是从商业片的格式开始,从来没有把商业抛开。可是我觉得这些大陆早期的导演,并没有考虑这么多,只是想讲一个故事,就这么简单。这是我看电影的感受,我相信了,我不知道是不是真的。

许知远:很有可能是真的,因为当时确实也不知道商业在哪里。在当时华人的语境里,你会觉得李安是一种新的电影语言吗?

张艾嘉:很奇怪,我最喜欢的还是《喜宴》,倒没觉得李安在早期有那么多新鲜的语言。

许知远:你当时感觉他厉害的是什么呢?

张艾嘉:我觉得他很会拍一部好的商业片。这其实是很难的,但李安在这一方面的操作非常准确。他看到一个题材的时候,很明白要给观众的情绪是什么,他抓得很足。

许知远:你觉得你的风格是什么呢?

张艾嘉:其实我也喜欢拍好看的商业片,拍人和人之间的关系。我对人明白得多一点,喜欢感情、情绪、沟通,喜欢拍故事性的东西。

许知远:从《少女小渔》到《相爱相亲》,你觉得你对人的感情的理解，发生了哪些变化？

张艾嘉：这一次拍的《相爱相亲》，是一个故事性的戏，但《念念》里面意识流的东西继续存在，流露在我的故事片里面。我觉得自己处理感情的东西更自在，刻意去说明的东西，我最后都剪掉了。所以观众说我每次都这样，什么都不说。可是电影本身就不是靠说的嘛。

这次我还特别在电影海报上印了一个"心"字。他们都觉得我是吹毛求疵。"相爱相亲"的"爱"字本来是简体字，没有"心"，我讲可不可以把"心"放上去？他们说没有人会注意到，我说那更好，我就把心放回去。可能没有人看到，可也说不定有人看到，就会觉得不可思议。

许知远：拍《念念》的时候，你这么强的意识流倾向，是积累已久的感受的爆发吗？

张艾嘉：应该是我看到第一稿的时候，剧本本身很打动我。《念念》是片断性的东西，但连接起来就是很强的内心感情。那个东西非常不真实，都是走向一个想象，都是不存在的。可它忽然间让我想到了《百年孤独》，《百年孤独》里就有很多这种所谓的不真实可又非常真情实感的东西。这是让我非常着迷的。

许知远：它是一个发生在绿岛的《百年孤独》。

张艾嘉：对，是绿岛引起的《百年孤独》。这种情感现在一直流露在我自己的心里。

许知远：那个时候，你刨根寻底的欲望没有被激发出来吗？你，从小就是不断在拓展的，到不同的领域、不同的空间去。但是现在又好像开始寻根。好像过去的一些东西是某种回摆，或者是内心的需求?

张艾嘉：当讲根源的时候，我们并不一定要讲自身，可能是我们人的本性。我现在越来越觉得，人到某个年纪一定会往内在的方向去寻找。

许知远：这是什么时候开始的？

张艾嘉：或许是我儿子大学毕业以后。因为在小孩子长大的过程中，我觉得自己有很多责任，所以一直在扮演为别人服务的角色，做一个家庭主妇和母亲是我的主业。儿子毕业后，他开始做事，那我就得放下，这时候剩下的就是面对自己。这时才发现我跟原来那个拍戏的自己已经不太一样了。以前以为自己想拍的东西，现在并不太想拍了。于是就开始接受别人丢过来的东西，去看他们的故事时，你的灵魂就要跟他们接轨。

许知远：成为母亲会给你增加一个新的洞察维度吗？

张艾嘉：会的。成为母亲，几乎等于是跟孩子们重新活一次。

许知远：作为一个母亲的能力跟作为一个创作者的能力，你觉得自己哪个更厉害？

张艾嘉：从来也没觉得自己厉害过。做母亲的话，我觉得我做得还不错。作为创作者，我一直希望自己保持一个小孩子的状态。

许知远：会不会纠结于自己有哪些天赋或者创造力的不足？

张艾嘉：会。我想这是每一个创作者都会经历的。譬如写东西，我写剧本很快，因为我思考的时间很长，坐下来写的时候，很多东西就会一块一块地连在一起，那个时候我是非常痛苦和享受。可是我在写文章的时候就会觉得，自己中文底子实在太差了。

许知远：你最初的写作兴趣是怎么被激发出来的？我看你的书，你的语言很干净。

张艾嘉：我从年轻的时候就乱写。因为我是一个十二三岁就离开台湾的人，中文只念到小学六年级，英文也是从小学六年级开始念到高中，就会觉得自己中英文都不够好。写东西的时候，用字、描写、描述啊，什么都不够。有的时候会觉得很不好意思写东西。其实我真正开始好好念书，是从中学毕业以后。为什么干净呢？因为我想让年轻人看。我不是从学校里出来的电影人，这个还蛮重要的。我一直不是很想写什么我的一辈子，我的生活，邋里邋遢私人的事情，觉得没什么意思。

许知远：海明威当年也这么说自己，他会的单词少，所以他写的比较简洁。

张艾嘉：真的是这样子，常常觉得词汇真的是不够。我在看一些书的时候，常常要查字典，字典反而是我这几十年来最不可缺少的书。

许知远：那比如说电影，你要激发各个部分，从最初的故事到音乐、场景、演员，整个的过程就像搭建筑。哪些部分是你觉得特别不好对付的？哪些部分是你觉得可以相对行云流水地解决的？

张艾嘉：我擅长做演员之间的表演跟互动。因为我自己以前是演员，所以在这一方面我的训练是很足够的。而且我不停地训练自己，每到一个地方都会观察，每个人、每种个性、每个角色，都有自己的表达方式，观察这些东西我是蛮强的。

许知远：对人的观察特别强。

张艾嘉：相比较来说是的。但是在镜头、机器这方面比较弱。

因为从第一天开始,我就发觉镜头、摄影这些东西是变化无穷的。最后我觉得我需要一个很好的摄影师,尤其是文艺片。我觉得文艺片比很多戏都难拍,因为它诉说故事的方式需要提前想清楚,最后坐到剪接台的时候不会后悔自己没有拍到什么。在这一块我非常依赖摄影师。在美术方面,我也蛮依赖美术指导的。我知道我想要什么,可要把它执行出来又是另外一回事。

我没有漂泊感,能在任何地方自在地活下去

许知远:现在还有哪些题材是你特别想处理还没有试的?

张艾嘉:我一直很喜欢写喜剧,觉得自己蛮擅长的,写的时候也会非常开心。可是我发觉现在的喜剧题材越来越少了。我喜欢幽默的东西,像早期美国式的情景喜剧。这个东西不能够勉强,一定要来得非常自然。

许知远:跟你的性格有点像嘛,充分的满足。

张艾嘉:对,所以我写喜剧非常快乐,那种快乐能带给自己很多的能量。我目前在写空军。这跟我父亲和我父亲那个年代的人有关系。这么多年来,我一直想帮他们写一个故事。

我每年一到空军公墓去,就会有很多画面出现。我父亲的公墓不是在将官里面,他走的时候只是中校,很年轻,才三十三岁。现在那个公墓区越来越大,上面写的都是二十八岁,三十岁,三十几岁,真是太年轻了。我常常想是谁在打理这些公墓呢,后来发现只

有两个小兵管理,有一段时间那个公墓变得很残旧,好像最近两年才重新整理。我还记得那一年父亲下葬,放礼炮,那种尊严感以及对逝者的尊敬。

许知远:最吸引你的部分是什么呢?夭折的青春,还是什么?他们那个群体有点悲剧性,他们是最优秀的一群人才,但没有得到自我展现。

张艾嘉:是,非常悲剧。最吸引我的是一个问题:值得吗?我一直在问这个问题,到现在也没有答案。前一阵子台湾的张钊维做了一个很好的纪录片,叫《冲天》,里面也讲到这个问题。不是在批判什么,只是想知道到底是什么,让我们这一代的很多家庭妻离子散。有一天我们坐在那边,说起自己二十多岁怎么样,有几个孩子。我妈妈突然讲了一句话,我二十多岁已经做寡妇了。大家一下子全部无语。当时她讲得很轻描淡写,可是你想想看,一个二十多岁的女人,真的是很悲伤。他们的爱情就是这么短暂。

许知远:那说回喜剧,像伍迪·艾伦的东西是你喜欢的吗?

张艾嘉:喜欢。可他的东西不一定是我写得出来的。因为他的很多东西都是批判性的,蛮有所谓的文人的社会操守。所以我还是不同的,女人嘛,到底还是个家庭主妇。

许知远:你说你特别着迷爱情、情感这样的东西。这些情感中的哪些部分让你着迷?是里面的某种意外、某种强烈、某种稳定性,还是什么呢?

张艾嘉:应该是温暖吧。我年轻的时候自己心中有很多感情,很想爆发。所以谁有什么困难我就很想帮,因为我喜欢看到有才能的人能够把他的东西表达出来。但慢慢地我就发现,有的时候会失

望,毕竟人跟人之间的相处并不只是一厢情愿。人家有的时候会觉得,"你这个女人好奇怪,太自作多情吧"。二十多年前,我就开始做慈善工作,到各个国家去。到现在我还在做这些事,觉得这样可以把那个感情释放出来。

许知远:释放给一个更抽象、更遥远的对象。
张艾嘉:而且我觉得,在那个地方我并没有要求回馈,以前可能就是因为希望得到回馈,所以才会受伤。

许知远:年轻的时候有那么多的能量,是不是也特别容易陷入爱情?
张艾嘉:也不是那么容易吧,你这样讲,我好像很没选择的样子。

许知远:陷入爱情是个巨大的能力啊,而且是一种特别大的勇敢。
张艾嘉:我当然勇气十足了。我常常讲自己,一身的伤。但我也没想那么多,该付出的时候就付出吧。

许知远:我真的觉得你特别了不起。那你觉得你现在对爱情的看法,跟以前有很大差别吗?
张艾嘉:看法没有太变,只是感受变了。因为到这个年纪了。以前对爱情一定是有热烈,有憧憬,有冲动。可是现在,有的人已经是像家人一样了,甚至一些已经过去的感情,也觉得像家人一样,像跟你一起长大的过去。

许知远:会更怀念那种燃烧的感觉吗?

张艾嘉：还好呀，因为已经把那份情谊转移到别的东西上去了。没时间了，我太忙了。因为时代也在逼着我跑。

许知远：这么多年来一直保持这种持续性、好奇心，自我训练是非常重要的部分吗？

张艾嘉：蛮重要的。我们讲"艺术"，"术"是很重要的，"术"就是很多的练习。最早的学习就是观察，到最后你会发现，其实这些是简单得不能再简单的东西，可是那个学习的过程，一定要绕一圈。你从不懂到开始懂，然后你觉得很了不起，到最后发现那个了不起是很表面的东西，然后你把它放下，就到了自在。再到下一步是什么，我也不知道了。

所以在现场，我常常是以一个不知道的心情去演戏。可是我对造型、对那个角色，都会做一些功课。对演员来说，声音的表演、情绪的控制、对角色的认识，这些东西都是他们平常的工作，我觉得现在的演员太缺少这样的磨炼，因为他们一出去就像身旁带了四五个保镖一样。

许知远：被封闭起来了。

张艾嘉：封闭起来了，他们的世界变得很小。像我拍戏时，我是不准演员来看显示器的，因为他们太容易看自己，头发或者脸怎么样，会突然间觉得"哎呀，我刚刚那样子好棒啊"，下一次就会继续这样演，会被干扰，而不像第一次自然。所以有的时候，我真的觉得演员平常要活得自在，不然你怎么去认识那么多不同的角色？作为一个导演也是。

许知远：我很好奇，你出道后，演戏，唱歌，做各种事情。在演戏上，可能林青霞她们更像一个icon，唱歌上或许叶倩文他们更像。你跟她们每一代人都在一起，但只有你在一直往下走，而她们停在了某个 icon 的位置。这好像是个双刃剑，非常有吸引力，但同时又妨碍了新的东西。你纠结过这个吗，或者想过吗？

张艾嘉：对，我想过。以前我看到青霞会说，"哇，青霞，明星！"不骗你，我看她们，真的觉得她们是明星，但不会觉得我是明星，因为我老觉得自己像个工作人员。

许知远：你也不期待那样的东西？

张艾嘉：我没有期不期待，就是觉得很自然。或许我真的是喜欢幕后多过幕前。幕后对我的吸引力是多过于幕前的。我前几天在 YouTube 上看玛琳·黛德丽唱歌，迷人得不得了，然后我就看她的一些采访，讲到她年纪大的时候到拉斯维加斯去唱歌，她女儿说你们不要觉得我妈妈多喜欢唱歌，只是拉斯维加斯给她一笔很不错的钱，她很需要。

许知远：好真实。

张艾嘉：我也觉得好 nice。我相信她平常一定就是一个很普通、很简单的人，就应该是这样子。当你走出来，走到幕前的时候，你就是人家眼中的玛琳·黛德丽。

许知远：怎么评价自己的表演？有时候突然想起你在《山河故人》里面演的那个老师，好像"少女小渔"突然长大以后就变成了老师。我当时有点恍惚。

张艾嘉：我没有什么评价。近几年对于演戏，我觉得很舒服，蛮自在。我以前很排斥演所谓的大陆出身的女人，因为我觉得我不是。直到李玉来找我演《观音山》，我看了角色，发觉我不要以以前那样的心情去想，只是从女人的角度去看这个角色的话，我是明白的,那我就开始演。后来不管贾樟柯找我也好,或者最近演毕赣的戏也好,我都不再去想那个局限,只去想这个女人成长的环境和她背后的故事,就觉得很自在,没有什么太大的障碍。

许知远:在《山河故人》里面,我觉得你演得特别好。那种非常强的荷尔蒙的气息,很性感。在那个空间里,你当时什么感觉?

张艾嘉:对于那个角色,我非常清楚,她是一个一直在搬家的女人,就这样搬来搬去,寻找自己最适合的地方。这个情绪其实我们台湾从早期就开始,大家搬出去,有的回归,有的一辈子就留在外面。之后是香港,现在是大陆。大家都在不确定的迁移里。她的感情是漂泊的,所以什么东西来了,她就赶快要接受,要抓住。这个男孩突然间这样表达,她也就很自然地去接受了,她觉得这一刹那的快乐也蛮好的。到最后她站在海边看海,她知道这个事情可能就到此结束了,可是 it's ok,因为这个男孩子年轻,他一定要 go on 的嘛,那我也要 go on,我就抱着这个心情去演。

许知远:刚才你说的那种漂泊感,其实是一代台湾人,以及整个二十世纪华人的一个缩影,包括你们家也是,从山西漂泊到台北。我觉得这种连续的漂泊感,对于一个创作者来讲是一种驱动。其实八十年代的香港电影也是在讲这种东西,因为未来的命运不可控,他们会爆发出一种很充沛的创作力。

张艾嘉:我自己没有任何的漂泊感。因为我一向认为我就是这个世界的人,每个地方我都应该可以很自在地活下去。

许知远:对,更具体地来说,比如像李翰祥,处理这种漂泊感的方式,就是拍很多中国历史的题材。

张艾嘉:从我的角度来讲,我一定是拍自己最熟悉的东西,比如我怎么成长的，或者因为我是女人，我很喜欢拍女人的戏。可是我慢慢觉得女人背后有很多其他的东西，其他的人、关系、家庭、男人或者社会，这都是在戏里面的。我觉得像李翰祥他们，让他们感兴趣的，很多在于书本里面看到的东西。其实李翰祥拍很多野史，风花雪月，他喜欢拍这一类的东西。胡金铨是另外一种浪漫的世界，他只是用历史做一个背景。

许知远：像做金马奖主席这样事务性的事情，你想借此传达什么呢？

张艾嘉：说起来我都觉得好笑，因为每一次都是侯孝贤离开后我就去接棒，以前是台北电影节，现在是金马奖，我们就好像接力赛。孝贤这几年也做出了一个水准，让大家对金马的认知更多。我们做的这几年，信誉非常好。譬如《念念》那一年，我虽然有被提名，但都没有得奖。后来有老板说，金马奖真的是很公平，主席都可以不得奖。

许知远：你愿意往里面加一些什么样的个人趣味？

张艾嘉：我做主席的第二年就跟他们说，我希望每一年的金马奖大家都要携伴参加。因为你们的伴侣其实真的是长期见不到你们，在你们成功或者被提名的那一天，他们是在分享你的荣耀。所以，终于有人看到侯孝贤的太太长什么样子了。我也带我先生参加，我先生说他是布景板，因为没有人知道他是谁。当然这是我从女人的角度看事情，但这种思维不单单是女人的，西方也很尊重自己的伴侣。

许知远：从侯孝贤传到张艾嘉，有时候你会不会觉得这代人在舞台上的时间太长了？

张艾嘉：不会。你是说我该下台了？

许知远：没有。因为你们这代人，其实蛮像美国六十年代的一批人，鲍勃·迪伦最后还得了诺贝尔文学奖，滚石乐队还在舞台上继续跳。有一些年代会产生特别厉害的文化英雄，他们很长时段都活跃在舞台上。台湾就是八十年代起来的那批人，被经典化，下面的一代人反而好像缺乏这样的机会。

张艾嘉：不会吧。这个我们等着瞧，我觉得不管怎么样，还是会有后来者。

1953 年　出生于福建厦门，七岁随父母移居香港
1973 年　投考香港无线电视艺员培训班
1979 年　出演《楚留香传奇》中的"胡铁花"一角并走红
1989 年　与周星驰合演《盖世豪侠》，开启了两人在银幕上长达十余年的合作，产出大量"无厘头"喜剧作品
1991 年　凭借出演的《天若有情》获香港电影金像奖最佳男配角
2018 年　出演科幻电影《流浪地球》

扫码观看视频

吴孟达

演员就是骗子,
我骗了几代人

Chapter 02

我在一棵榕树下，等待吴孟达。冬日厦门的午后，闲散、清爽。

达哥，还是达叔？正想该如何称呼他时，他满脸笑容地走来。他与周星驰的合作，塑造了一代人的记忆。无厘头，是九十年代最重要的标签。它不仅是一种电影风格，也是一种语言方式，一种生活态度。

吴孟达的人生当然不仅如此。自二十世纪七十年代进入无线电视，他几乎见证了半个世纪的香港娱乐工业。他与周润发一起受训，与杜琪峰一起拍片，与郑少秋、刘德华演对手戏，公开表达对关之琳的赞美。他在一些电影中表现杰出，但有时也是烂片中的一员。作为常年的男二号，人生又曾大起大伏，他似乎还有另一种能力——对人情冷暖有着过人的敏感。

他让我叫他"达哥"。比起屏幕上，他消瘦得多，且高。我们在厦门的街头闲逛，可惜他童年时记忆里的区域大多已拆除、翻新。他回顾自己的人生，讲起与周星驰的欢闹与黯然。在一家小店吃姜母鸭时，他夹起一片姜说：人们钟情于盘中的鸭，但是这姜才使鸭滋味无穷。

他就是那片不可缺的姜。

去演戏终归是因为贪慕虚荣，
这是真话

许知远：我们的小姑娘都想来看你。

吴孟达：谢谢，我出名就是靠帅而已，没其他的。

许知远：当年坐火车到尖沙咀后，对香港最初的印象是什么？

吴孟达：我坐火车到了香港之后，爸爸来接我，手里拿着一种橡皮糖——现在好像没有这种糖了。我一个，我姐姐一个，我们俩都不晓得这是什么东西，一边手上拿着糖，一边嘴里还在吐，不停地吐。那是我们第一次坐车，一坐就是十几个小时，晕得不得了。到香港之后，住在一个叫作"香港仔"的地方，挺远的。

许知远：香港仔，阿巴町[1]。

吴孟达：对，阿巴町那个时候很穷。

许知远：好多渔民和船在那里。

吴孟达：阿巴町当时是渔港。那时我们一家四口，住在那里的老屋，里头好几户人家，厕所和厨房都是公用的，大家时时为了洗澡、煮饭吵架，都是些小事情。但也就这样一直住着，因为租金便宜。

许知远：到了香港就立刻上学了？

吴孟达：对，上小学。之后政府就开始提供廉租屋，再加上我弟弟也出生了，家里变成六口人，我们就申请了独立的屋子，大概

---

[1] "Aberdeen"的音译，位于香港南区。

二十多平米吧，有自己的厨房和厕所。

许知远：当时是住在哪里的公屋？

吴孟达：香港仔渔光村。那个时候我大概十来岁了，又是长子，只能睡地下，弟弟们还需要照顾呢。后来我姥姥也来香港，我家就变成七口人。我记得我老爸那个时候一个月赚五百块钱，那是五十年前，五百块算了不起的了。但一大家子人要吃饭，要读书，一大堆的生活开销，还是很困难。

许知远：你爸爸当时怎么可以赚到五百块钱？

吴孟达：他一开始先是打工，等我们长大一些以后，负担没那么大了，就自己开了一个小铺子，做一些食材药材生意。现在那个老店还在呢，很多老客人专门从台湾过来。我十八九岁的时候，也到店里帮他打下手，负责切鲍鱼、高丽参什么的。客人跟他在聊天，我就把最好的那两片鲍鱼偷掉。挺好玩的，很怀念。

许知远：那时候小孩子的娱乐是什么？

吴孟达：唯一的娱乐就是去电影院。那个时候穷，去一次电影院不便宜，一张票两毛、四毛的，光两毛钱就要存很久，家里不给我们零花钱。但那时影院检票不严，我总是带着两个弟弟先用一张票一起挤进去，然后躲在厕所，等电影开场了关灯后，再偷偷跑出来挤在一个位子上看。

许知远：两毛钱能买到什么？叉烧饭可以吗？

吴孟达：叉烧饭很奢侈的，一般哪有吃叉烧饭的。

许知远：那你一般吃什么呢？

吴孟达：粥啊，油条啊。

许知远：你印象中看的最早的电影是什么？

吴孟达：是香港的粤语长片[1]，我从小就喜欢看。讲真话，我小时候属于街童，不喜欢读书，也不喜欢乖乖待在家。我爸爸挺严肃的，传统的那种老派父亲，所以我什么事都很当心。在他面前，我就得假装把书拿出来读，其实左眼看右眼，早就走神了，每次考试都不及格，回来之后成绩单都不敢给老爸看。

许知远：那时候你爸爸希望你长大之后干什么？

吴孟达：肯定是希望我继承他的事业。他是一步一步爬上来的，先打工，后来能做小买卖，很满足了。其实我也是满足的。

许知远：你看过哪些粤语长片？

吴孟达：太多了，那个时候唯一的娱乐就是看电影，陈宝珠、萧芳芳都是我的偶像。看完回去就模仿，我爸妈说我生下来没两岁就会模仿了，会学着人家唱歌。再后来有了电视，我们就改看电视。

许知远：那时候最厉害的电视明星是谁？

吴孟达：应该是梁醒波、李香琴，还有比较年轻的杜平。可能你不太熟悉，但在香港都是大家耳熟能详的明星，所有市民晚上到点就去看他们。

许知远：那会儿是不是香港非常有朝气的时候？

---

1 又称"粤语残片"或"七日鲜"（七日拍完），指20世纪40年代至70年代间制作的粤语长篇电影，多黑白画质，情节以民间传说和市井生活为主，节奏缓慢。

吴孟达：香港那时什么都没有，就像个加工厂。地方小，又没有农业、渔业，只能靠加工。那时主要是加工电子产品，属于高科技，我也做过一阵子。

许知远：最初当演员的念头，是什么时候开始有的？

吴孟达：我从小喜欢看戏，不喜欢读书，那时候我就很羡慕演戏的人，心里想这些人的工作太简单了吧，还不用准时上班。偶然经过小摊看到报纸，大字标题就是谁谁谁去马来西亚登台了，我心想"做这行出人头地看起来很容易啊"。朦朦胧胧地，我觉得自己应该也有这个机会。所以终归是贪慕虚荣的心态，这是真话。

许知远：一考就考上了，还是挺意外的吧？

吴孟达：我考上无线艺员时，只有我妈妈知道。那时候我还在店里帮爸爸干活，他一直希望我能去读夜校。我妈妈就帮我一起瞒着他，骗他说我去上夜校，学英语，白天依旧去店里帮忙。

许知远：晚上去练表演。

吴孟达：是的。直到快毕业时，我客串 TVB 一部剧里的家丁角色，那时我们家已经买了电视，到了吃饭时，我心想糟糕了，这一段好像有我的戏，希望老爸不要看到。然后电视里闪了一下我，他就蒙了，又不敢肯定，就开始注意看。结果我后面还有两句对白，清清楚楚，跑不掉了。我老爸傻眼了，问我，你怎么去了电视台？我说我在那边的训练班。他很生气，拍桌子骂，说电影圈子最不好，你好好的书不念，好好的店不顾。当时我是真的没有兴趣念书，贪慕虚荣。

许知远：后来发现你爸爸说的是对的。

吴孟达：有一部分对吧。爸爸反对，我妈妈就在一旁帮我解释，我又信誓旦旦地表示白天照样上班，只有晚上才上课。老爸也没再说什么，我们俩都不吭气。直到晚上要睡觉时，他还一个人在看电视，我倒了杯茶给他，他接了，这个事就算过去了。第二天我照样去店里上班，差不多到点就告诉他，老爸我去上学了。那时正好也快要毕业了，训练班很短，就一年。

许知远：那时训练班的训练方法是什么？
吴孟达：很多老师只是启蒙你，主要还是靠我们自己——有些人是真的很用心，比如周润发，而我们学的也是那一套，但我们就感觉很朦胧，只能凭自己的本能，或者模仿前辈。

许知远：最后毕业你是考了第五名？
吴孟达：对，老师很喜欢我。在谢师宴上我是学生代表，致谢师辞的。

许知远：那很威风。
吴孟达：对，那时杜琪峰不是我们的同级同学，他平时在TVB帮老师处理一些文件，像是写字楼的小差吧。他常常偷看老师给我们的评语，然后给我们打小报告。

许知远：对杜琪峰最初的印象是什么？
吴孟达：傻傻的，有一股冲劲。虽然我年龄比他们大，但我们之间有共鸣。因为我是一个"坏孩子"，经常带他们去玩、去逛，看一些那个年龄段好奇的东西，包括去南丫岛潜水、游泳、抓鱼。我把他们带坏了。

许知远：当时干过的最坏的事是什么？

吴孟达：游荡，到处漂泊。最坏的，是我们裸泳。我、周润发、杜琪峰、林岭东一起裸泳。他们刚好跟我一个小组，我是组长，编剧、导演都是我。那时写的重要戏份肯定都在自己身上，我演的都是流氓、坏人。

许知远：对周润发的第一印象是什么？

吴孟达：他太高了，超过一米八。那个年代不流行长得高，因为要找一个同样够高的女孩配戏，会很难。所以他演男一号的机会很少，总演路人、衙差这样的小人物。直到有一回拍《大江南北》，原本的男一号在开拍之前扭伤了脚，得临时重新找人演，结果就找了周润发。我演反派，正好跟他对立。之后慢慢有导演觉得周润发演得不错。

许知远：毕业之后，大家普遍的出路是什么？

吴孟达：整个无线的课程结束后，当时还剩下二十二人，得到老师认同的只有七个人左右，我是其中一个，还有卢海鹏、周润发、林岭东他们。我们七个和电视台签了"全约"，每个月有固定的薪水，五百块左右。其他人都是临时演员，每次演戏给五十块钱。

那时候的五百块是什么概念呢？就是连坐车吃饭都不够，所以我们都很拼命，不管什么节目都挤着上。

许知远：挤的秘诀是什么？大家都在挤，怎么你就能挤到？

吴孟达：靠关系。以前都是这套，"导演，不管是什么路人啊茶客啊，我都有时间"。到现在也还是一样的。

许知远：你觉得你这方面的能力行吗？

吴孟达：我是比较善于应酬的，特别懂得人情世故，偶尔赚了点钱，就请导演、副导演吃饭。我没有敌人，尽管可能有些人让我很不高兴，但我也只放在心里。何况本来也不会有永远的敌人，我总会找台阶下，重修旧好。这可能跟我的星座有关吧，我是摩羯座。

许知远：当时见过邵逸夫吗？

吴孟达：没见过，当时邵逸夫还没有发展电视剧这块。我客串过邵氏电影，最早是 1973 年年尾，在李翰祥的电影[1]里，演六君子的其中一个，没有对白。

我印象最深的是，演六君子游街那一段，接下来就要被杀头了，但从头到尾我只看到导演的背影。副导演来催我们赶快化妆换衣服，说导演要见你们。大家于是穿好清装在化妆间等，等了老半天也没人来叫，我们不敢到处跑。

等吃完午饭，副导演才过来把我们带过去。李翰祥导演当时正好在那里拍一个镜头，坐大班椅上，拿着雪茄，转过来看了我们一眼，然后继续拍戏。大概过了半小时，好像突然记起我们了，就又往我们这个方向走过来。我们六个人头也不敢抬太高，带着一点僵硬的微笑。那个时候想让大导演相中你多不容易啊。结果他只是看了看，也不跟我们说话，又坐下来拍他的戏。副导演说，你们回化妆间等。又等了老半天，一个场务进来说，今天收工了。

我的妈呀，等了一天，也没拍到戏。我们当时关心的不是演不演，而是有没有薪水。有个前辈，岁数比我们长一点，就告诉我们说，一般化了妆就能有一半工钱，就是两百五十块。我们就慢腾腾地开始卸妆，因为要等着坐邵氏的公车去市区。卸了老半天之后，

---

1 即《瀛台泣血》，汇集狄龙、卢燕、萧瑶、汪禹、岳华等一干当红明星，讲述戊戌变法中发生的故事。

差不多班车都要开了，副导演过来说，你们等等，待会儿发钱。哎呦，这才心头大石放了下来，发了五百块，开心得不得了。

许知远：什么时候第一次感觉到名声来了？

吴孟达：很早，1979年的时候。那个时候真是糊里糊涂的，突然间《楚留香传奇》就火了。你知道台湾那个时候很喜欢看我们香港的电视剧，《楚留香传奇》一播，司机连计程车都不开了，大家都要回家追"楚留香"，追赵雅芝。那个时候我在台湾也很火，跟后来的周杰伦没分别。我在那里住酒店，一开门就是一片女明星在等你了。

许知远：把持得住吗，把持不住吧？

吴孟达：对啊，年轻人荒唐，胡闹，轻佻。到处有人找你拍照签名、送小礼物，到处是美女投怀送抱，肯定会迷失、膨胀。

许知远：小伙子们听完之后可能都特别想过一下这种生活，你怎么劝他们？

吴孟达：我不阻止大家去过这种生活，但得有一个度，没有度什么都不行。

许知远：但是这很难控制吧？

吴孟达：对，我当年真的不会控制，要不然后来就不会吃那么多的苦。但我也感谢这份苦，从此我才真真正正开始去了解什么叫表演。

最低谷时,
想过跳进香港仔水塘一了百了

许知远:后来你等于是陷入低谷了,每次想起这个,内心是什么感受?

吴孟达:越来越深的悔恨,因为随着年龄的增长,你更体会到荒唐的感觉。

许知远:什么时候清晰地意识到这种荒唐的?

吴孟达:在谷底的时候,自己知道自己为什么会变成这个样子,没别人能劝你的。我是属于没有智慧的人,没有人生规划,走到哪算哪,不太珍惜眼前拥有的。开心的时候,一票朋友哄着你,渐渐就沉沦了。继续玩下去当然也可以,可能一辈子就很差,偶尔赢点钱,也是用来还钱,还要到处拜托别人。当年我就是这样,连高利贷都追上门来,报纸也报道我破产了。那是最危机的时候,等于身败名裂。其实在古代,像这种情况很多人会选择自杀,无法面对的。

许知远:那时你也想过这个吗?
吴孟达:有。

许知远:你内心这么强大的人都想过?
吴孟达:有,想到绝路了。我记得那时我住在香港仔,那儿有一个香港仔水塘。我不会游泳,当时就想跳下去一了百了。但最终没有勇气。如果当时真的跳下去了,就没有以后了。那大概是1980年,《楚留香传奇》播出的一年后。

许知远：真是冰火两重天，一年前还是最顶峰的状态。

吴孟达：每天晚上一堆人哄着你，什么酒都有，身边美女左拥右抱，吃的又是"废人餐"——只要张开嘴巴，鲍鱼马上送到。

许知远：谷底的那几年是怎么过的呢？

吴孟达：那时候TVB真的对我不错，留薪水给我，每个月大概有两千多。当时政府规定破产之后只能留一半薪水用来生活，另一半要还债，所以我拿到手的钱其实只有一半，高利贷也只能自己想办法。

当时，我约了大概六个高利贷的老大出来，跟他们坐下来喝茶，谈。我摊牌说我现在已经死路一条了，没有剩余的钱还高利贷，你们要怎么样，要不现在就把我干掉吧。在那些荒唐的岁月里，我跟黑白两道都很熟，所以那些老大也只能说，好，那吴孟达我相信你。那时候欠了六家的钱加起来超过十万块了，也有人说难听话，说那我们怎么活，我们也是做生意的。我就说对不起对不起，我拍戏捞外快还给你们。

从那时起，我的身段开始变得柔软，也知道自己错了。虽然TVB那个时候不再重用我了，几年间我都是跑龙套，但幸好有这个机会可以让我沉淀。那段时间我就是重新在家好好地看一些老前辈的表演。

许知远：最低谷的时候，是谁给你精神上的支持的？

吴孟达：一个演艺圈的朋友，也是我的小学弟。我们一开始其实是臭味相投，大家一起喝酒，醉生梦死，直到我陷入低谷之后，他比我有智慧，觉得他也应该停止这种生活。

他一直很支持我，每天跟我喝酒聊天，鼓励我，说"大哥你行的，我一直很欣赏你的表演，你要重新爬起来"。但其实我那时哪懂什么表演，只是有一点虚名，他那么说，也是出于纯友谊吧。那个时候，他知道我连买包烟也不是那么容易，每次见面还会悄悄地送我一包烟，每次吃饭也总是他掏钱，我挺感谢他的。

大概三四年后，应该是1984年，我欠的账陆陆续续还完了。刚好这时在拍《新扎师兄》，梁朝伟、张曼玉是主演，我也有个很重要的角色。当时那部戏出来后，非常受欢迎。

许知远：你在谷底的时候，原本跟你合作的那些朋友，比如说郑少秋、赵雅芝、周润发，都正好是特别快的上升期。那是一种什么样的感觉呢？

吴孟达：我的心态不一样，我一直都觉得他们比我高。他们的先天条件都比我好，起步也都好。我那个时候出道也不太久，什么都不懂，只会吃喝玩乐。我一直觉得他们才是真材实料。

许知远：那几年你太太对你是什么态度？

吴孟达：借这个机会我也感谢她对我的包容。贫贱夫妻肯定是不好过的，虽然钱不是万能的，但没钱很多事情都做不了。现在心态就很简单了，给我大鱼大肉、最好的酒我也不要了，有安乐茶饭吃，能真实地跟身边的人交流，看到他们成长，就够了。我家里还有个老妈妈，希望她能长寿一点。

许知远：得到《新扎师兄》那个角色的时候，是不是还挺紧张？当时意识到这是一个可能翻身或者改变自己的机会吗？

吴孟达：其实那时我一直在等机会，经过四年的沉淀，我是充满信心的，就在等一个机会。

许知远：你什么时候感觉到这种自信慢慢回来的？

吴孟达：四年间，我一直在看一些老前辈的表演，看以前老师给我们的笔记，读了很多表演方面的书，一段段去看，一段段去思考。那个时候有点凄迷，走在马路上也在思考表演，不停地观察身边的人，正常的、不正常的、喝醉酒的，包括马路上推车捡破烂的老太太……我会尽量去观察他们的年龄、动作，揣测他们的心态。

许知远：你小时候对人情冷暖就挺有感受力的，那四年是不是让你对人情冷暖有更深的认识？

吴孟达：我从来不会思考人情冷暖这件事。也有人问过我恨周润发吗？没有。我们以前都是一条裤子轮着穿的好朋友、好同学，我要借几十万他都不帮忙，好像是有点耍我的感觉。但我不会生气，后来也觉得他做得对。因为那时的我已经没路可走了，爬上来要靠什么？只有一个方法，就是把所有坏习惯戒掉，踏踏实实的，充实自己。

许知远：没想过放弃这个行业，去干别的吗？

吴孟达：别的什么都不懂，我又不愿意回去跟家人做药材生意，完全没兴趣，何况也还不了债，只能算糊口。我又要面子，不愿意被别人看成是没路走了才回家。既然只有一个方向，那就自己再爬吧，不然怎么办。

许知远：什么时候感觉自己完全爬出来了？

吴孟达：就是从拍了《新扎师兄》开始。我跟杜琪峰关系很好的，他那时曾经对我也非常失望。但我重新出来演戏的时候，已经对自己很有信心了，觉得自己和以前不一样了。后来拍完这部片，杜琪峰对我改观了很多，也继续找我演了很多戏，包括《天若有情》等。他们很多人都觉得，吴孟达完全是另外一个人了。

许知远：《新扎师兄》里，有很多后来非常成功的年轻人，包括梁朝伟、张曼玉，他们当时什么样？

吴孟达：他们（境界）比我高，懂得做人可以放纵，但要有度。我的文化水平很低，不像他们。

许知远：你觉得他们的天分当时就很显著吗？

吴孟达：我觉得后天更重要，天分虽然重要，比如我也讲过我从小就会模仿，但模仿式的表演是没有意识、没有经过思考的，没有真真正正去赋予角色生命力。

我可以把反派演到可爱

许知远：你对哪些角色的层次感理解最深入？

吴孟达：这我不敢说。反正演完每部戏之后，我都会好好地尽我所能去思考。对我来说，每一个角色都得从零开始，因为我演的戏太多了。如果不想尽办法把以前那一套丢掉，那过去的成功就会成为麻烦，反而会影响我的表演。

许知远：什么时候意识到诚意的重要性的？

吴孟达：跌到谷底，对我反而是转折点；如果没有跌到谷底，现在的吴孟达可能还是那么肤浅。

许知远：香港不大，搭一个小小的外景，演员自己想象它是大漠，是江海，在这个小小的景里，是什么感觉？

吴孟达：会有自己的创作空间，心里要有画面，这很重要。以前香港拍戏，经常对手不在，你要对着空气或副导演，依靠想象。当你心里有他的形状在，眼神就不一样，表演就会不一样。

许知远：这样的状态，很常见？

吴孟达：以前最忙时，一个月里就拍好几台戏。早上可能跟刘德华对戏，中午去另外一个剧组和关之琳拍，晚上又是周星驰，拍到天亮又接着去另外一台戏。

许知远：和快餐似的，你觉得这样很糟吗？

吴孟达：也不一定。突然间灵感来了，这个灵感从哪儿来的？可能是演员、导演、剧本，对角色的感情就一下子到了。如果真的有时间慢慢考虑，当然很好，表演的层次会越来越多，但未必就有那种特别的火花了。

许知远：香港的娱乐工业发展速度特别快，来不及消化，必然会拍很多烂片。面对烂片的时候，还有诚意吗？

吴孟达：也有诚意。我拍的烂片太多了，但观众看了也不会骂我，他们可能会说吴孟达还是演得好，有用心，是导演、剧本的问题。观众宠我。

许知远：好演员要怎么面对烂片呢？

吴孟达：接到剧本时，你觉得是烂片，那为什么还拍？可能是钱能满足你，可能是有交情。明知道戏肯定不火，或烂得不得了，但在现场拍的过程里，你会很用心希望能帮到他，这就是诚意。

许知远：去拍《天若有情》的时候，你是什么感觉？昨天我还重新看了这部电影，依然很喜欢。那时候香港人的那种情，现在真的很难找到，也很难再演出来了。

吴孟达：再演一遍也未必演得到，每个演员都是。

许知远：而且社会变了，社会的情绪也都变了。

吴孟达：节奏也都不一样，那个时候我和导演讨论了很多角度。《天若有情》这部戏，大前提是想赚些钱的，好给王晶的爸爸王天林退休。因为当时林岭东和杜琪峰都在王天林手下当副导演，他们希望拍出一部能大卖的片子，有一点钱让他安度晚年。

许知远：所以出发点也是有情有义。

吴孟达：对。剧本出来之后杜琪峰找我商量，问我喜欢哪个角色。我说我觉得那个"喇叭"好，就想演反派，我可以把他演到可爱。很多人跟我讨论过这个问题，说为什么你演反派还可以演得那么可爱，没可能啊，反派就得演到人家丢你臭鸡蛋才行。我说这样演就没有灵魂了，其实没有人觉得自己是坏人的。尽管他现在是在做一些坏事，但他也有他的理由和借口——是这个现实逼的，害得我没有办法养家了，我是为了孩子为了老婆，作恶也只是一时冲动。

其实，每个人都只从自己的角度出发，去做自己认为对的事情。反派也是的。他们不是一上来就跟你对立的，不可能的。为什么要逼害你，其实他有他想象中的理由。所以我就说，反派要演到可爱。

许知远：这个想法是怎么来的呢？

吴孟达：最普通的人性而已。全世界所有的大人物，不管在外面什么样，不管人家说你心肠多坏，还是心狠手辣，回到家里，人性一面就都出来了，也不过是抱抱孙子，被老婆骂"你这死鬼"，没分别。

许知远：你本来想演"喇叭"这个反派，为什么后来没演？

吴孟达：导演有点捧我，他说"达哥，我知道每一个角色你都能演，但在我眼中，太保这个角色整个演艺圈里只有你能演"。当时我也觉得这对我是一个挑战，可能也有一点私心，因为太保的戏份很多，跟刘德华形影不离，所以就答应了。

许知远：现在回忆，你觉得太保是怎样一个人？

吴孟达：他是那个年代的一个失败者。其实现在也还是有这种人，活得很卑微，但有一点生存的意义，有一点所谓义气。当时我给他塑造的形象就是一条狗，杜琪峰也提供给我这个信息——你就是一条狗，欺善怕恶。我当时特别设计了一个我很喜欢的表演，走路的方式和平常人的样子不一样，弹啊弹的感觉，好像一条狗。

许知远：这是怎么想到的？

吴孟达：以前我一直强调当演员最重要的是得有一个保险箱，看到别人做的事情很特别，或有代表性的，我们就把保险箱拉开，把这些观察藏在里面，需要的时候，就把它拿出来。

许知远：演成功者和演失败者，哪个对你吸引力更大？会觉得失败者有更丰富的层次吗？

吴孟达：每一个角色都有过去，都是故事。而失败者就更容易多加点思考或者想象进去。这个世界，我们不了解的事情很多，也不要以正常的角度去猜，有些角度是想象不到的。

许知远：那段长达三四年的失败经历，让你害怕再成为失败者吗？你会有意识地防范吗？

吴孟达：对，会不断提醒自己，尤其随着年龄的增长，越来越觉得还是要乖乖做一个普通人。不要觉得自己有多聪明，有一天你终究要停下来。

许知远：这次拍《流浪地球》是什么感觉？

吴孟达：以前没有接触过科幻片，完全是白纸一张。科幻片拍的是未来的世界，未来世界什么样，我们只能靠想象。《流浪地球》讲的是 2075 年，地球快要被太阳吞没，世界快要毁灭的时候，人类怎么生存下来的故事。全部是想象出来的。

许知远：科幻片什么地方吸引你？

吴孟达：说真话，我开始也不太感冒。那时我刚出院一年左右，需要好好调理身体。我刚看剧本时，还以为是好莱坞编剧写的，就放弃了。后来公司说这部戏是中国第一个真真正正的科幻片，导演大概花了三年时间筹备，他们一直有这个理想。当时就抱着怀疑的态度进了组，身上还带着急救药丸。

那时我很久没拍戏了，还有很多报道说我已经死掉了。连有些亲戚都打电话给我求证，我觉得很好笑。公司觉得接这部戏对我来说是好事，拍了几十年的戏，在晚年还有机会参与科幻片。进组之后，第一个让我改观的地方是有医疗间，还有驻场的医生。以前我们拍动作戏，武行或者演员出事了，都是临时打电话叫救护车。现在不一样了，很多比较有规模的电影公司都会请医疗组驻场，我觉得这非常人性化。

许知远：拍的时候，什么感觉？

吴孟达：这是我这辈子感觉最痛苦、最辛苦的一部戏。有时候我还怪公司为什么要让我拍。回酒店会哭，回到家也会哭。一想到我快六十六岁了，干吗还要受这个苦，是没饭吃了吗？是表演生涯到此为止了吗？想了很多负面的东西。特别有一场戏，吊威亚。你吊过吗？

许知远：没有。

吴孟达：有机会把你吊一吊。吊威亚，如果直上直下，那还好。但如果要横着吊或反过来吊，就会很痛苦。我几十年没吊过了，这次还得背着几十公斤的仪器，戴着太空人的头盔，呼吸都有困难，加上我心脏不好，缺氧。每一次顶多坚持吊两三分钟，我就要脱衣服脱头套，拿氧气筒吸氧。每次都是浑身大汗，回去就虚脱了。

有一次已经把我吊上去，下面还在讨论机位灯光的问题，我脑袋一片空白，感觉快要晕倒了。我说不行，快把我放下来，我没法拍了要休息。结果回去就开始后悔了，感觉自己有点任性，大家都在辛苦工作，比我辛苦十倍以上。因为之前没拍过这类戏，所有人都是在摸索，像郭帆导演，为了这部电影，坚持了大概三四年在筹备，没有做别的。我很惭愧，我一个老演员，还跟他们计较。

许知远：那你觉得这部片成功吗？

吴孟达：导演他们有使命感，必须要去做一部中国的真真正正的科幻片，多辛苦都愿意。这太有价值了，成不成功是另外一回事。

许知远：你觉得内地这些年轻的导演，跟八十年代香港的年轻导演像吗？

吴孟达：角度不一样。香港导演更看重商业角度，香港本来市场就小，如果没有一部叫座又卖钱的戏，下回就没有老板投资了。

内地一些有理想的导演不一样，郭帆就有一种使命感，牺牲了好几年。

一开始我也好奇怪，他的家人也要活啊，何况背后必须有很大的公司来支持你做这些事，但你是新导演，也没拍过几部大家知道的戏，这些支持是哪儿来的。后来我才了解到，这也许就是内地跟香港文化差异的地方。香港人什么都向钱看，先赚钱再说，但他们不太考虑这个，一直在坚持。

许知远：现在如果太阳毁灭了，你会怎么办？
吴孟达：就喝两杯咖啡吧。

许知远：还是喝酒吧。
吴孟达：万一不毁灭呢？那些坏习惯又回来了。

人生本来就是一场超大的梦，所有人都是

许知远：在《流浪地球》的世界里，一切都要崩溃了，你怎么理解那个角色的情感和思想？

吴孟达：很多地方我也靠导演，让他给我意见。梁朝伟很早就和我谈过这个话题，他在拍《阿飞正传》的时候问过我，我说你想象不出来就交给可以信任的导演来调度，把自己放在他的砧板上。

许知远：哪个导演的砧板让你最放心？

吴孟达：如果有机会再碰到杜琪峰，可能会有这种放心的感觉。

许知远：再放在周星驰的砧板上你还放心吗？

吴孟达：一半，某些领域可以放给他，某些领域我还是会坚持一点。

许知远：哪些领域他特别擅长？

吴孟达：他擅长构思天马行空的东西，但是在表演上，某些方面我跟他的风格不一样，或者未必认同他的方式。

许知远：你觉得周星驰最初的电影语言风格，包括喜剧风格，从哪部片开始变得成熟，或者说非常鲜明了？

吴孟达：最早应该是从电视剧开始的。拍《他来自江湖》的时候，晚上我就和周星驰去一些拍拖的热门地点，观察一对对的年轻人，灯光暗暗的，我俩坐在长凳上偷偷装成情侣，其实是在偷听别人聊什么。

许知远：他们在聊什么呢？

吴孟达：一个人问"你吃饭了没有"，对方不答，反而说"昨天我看到块手表，可喜欢了"；这边的人也不接话题，继续说"那家餐厅很好吃，我带你去"。不搭调地互相聊着，还聊得很嗨，随便一个点他们就能乐。我觉得这就是所谓"无厘头"的开始。

许知远：这是否可能就是生活的本质，你说东我说西，但最终还能维持在一起。那什么是"无厘头"？

吴孟达：其实说句实话，我到现在也不知道什么叫"无厘头"。别人编了这个词，经过媒体传播后为大众所熟知。我自己从来没有说过这种表演叫"无厘头","无厘头"这个粤语词怎么解释呢,就是七不搭八。

但我们一直有一个精神核心在,有一个主题在,不会跑离这个主题。如果细心看,会发现我跟周星驰一系列的戏里,我老演一些乱七八糟的人物,通常都是个好人,只是智慧不高、认识不深,或者是溺爱儿子,或者是做了一些与身份不符的事。比如在《赌圣》里,我演的那个叔叔烂赌、好吃、喝酒,利用他的侄子,但他其实是个心正的好人。《逃学威龙》《鹿鼎记》《苏乞儿》里,没有一个是一本正经的正面人物,但我们要告诉观众这个角色也有他的正能量。

许知远:和你一起演戏的搭档也好,同事也好,谁的成长速度特别快,特别超出你最初的想象?可能最初没有很好,但成长特别大?

吴孟达:说真话还是周星驰,我是从头到尾看着他一步步走过来的。从完全不懂,到慢慢你发现他有很多想法,有些想法虽然不合理,但再仔细想想,好像也挺有趣。

我们的目标是什么?让观众看了喜欢。尽管当时很多人说我们低俗。

许知远:别人说你们低俗的时候,会很生气吗?

吴孟达:不会。我要吃饭,我有我的乐趣在里面,会享受它。你可以不吃,我没有抓你进来吃。

许知远:那如果回头看,列举五个时刻或五部作品是让你特别骄傲的,《流浪地球》之外,还有四个是什么?

吴孟达:《赌圣》,这是我和周星驰合作的第一部电影,还有《天若有情》《苏乞儿》《鹿鼎记》吧。像苏乞儿的父亲、韦小宝、海公公，这些以前都有前辈演过，最好的一面他们都表现过，要让新的观众认同，那要怎么突破呢？把喜怒哀乐重组，培养自己的童心，永远保持童真。

许知远：怎么培养？

吴孟达：童真永远是最直接的，不会去计划。我跟星爷的喜剧，有一个优点就是直接，不和观众绕圈子，没有复杂的故事内容，没有很多包袱，就这么简单。

许知远：过了这么久，现在回看的话，你觉得为什么当年你跟周星驰的合作会在九十年代突然变得这么成功？

吴孟达：可能和家庭背景有关。他是单亲家庭，从小父亲就不在，一直靠母亲。他母亲也是打工的，做收银员，他天天放学后就去那间小店，吃免费的面。就这样子成长过来的，生活也是苦。某些地方跟我的背景相似。

许知远：你觉得周星驰身上最大的天分是什么？

吴孟达：他确实有他的天分，他的思维跟我们一般人不一样。我们觉得结果应该是这样，他却可以拿出反差很大的结果，效果比原来的更好，当然有时也未必能达到，不是每次都一定得手。

他还有过人的节奏感。可能是因为做过儿童节目吧，他抓自己的节奏非常厉害，知道演戏、讲话到哪个点该停下来让观众去呼吸，他会故意留万分之一秒等观众的反应，不会一直演下去。很多演员其实都不会这一点，只知道拼命演，留给观众呼吸的节奏都没有，这就很浪费了。

许知远：你觉得你对他的影响是什么？

吴孟达：起到平衡作用吧。因为他从没有真正肯定自己的时候，经常对很多地方、其他演员有怀疑，包括跟导演沟通的时候，也是需要我去平衡。我跟他很熟，互相了解，很有默契，彼此肚子里想什么，一个眼神就知道。

许知远：昔日那么一段非常亲密的友情在之后消失了，这对你来说是很大的遗憾吗？

吴孟达：我有的时候也在想这是什么原因。现在我和他感觉有一点老死不相往来的意味，当然，我生病进医院他也关心。《美人鱼》，他也想找我去拍，但那时我身体还不行，横店又是天气最热的时候，我就拒绝了。另外还有徐克帮他拍的一两个戏也找过我，我也是时间没凑上，这些差错是不是加深了大家心里的误会，我不知道。说真话我的心不是这样子的，相识一场，有这样的缘分不容易，太不容易了，也许以后我们会有机会吧。

许知远：有机会你们俩坐下来再喝一杯，你想跟他聊什么？

吴孟达：我觉得会聊聊过去的种种。他现在身份不一样了，当老板了，财富非常多，但快不快乐我不知道。思想上和我还像以前那样同步吗？也未必。很多私隐的东西，他不讲我也未必会讲。

许知远：你觉得《大话西游》最想表达的是什么？

吴孟达：拍《大话西游》时，我们每天晚上一起吃饭讨论，聊明天怎么拍：台词有没有更好玩的表述方式，剧情往哪个方向观众会更喜欢……当时大家都很用心、投入，但没人把它当成经典来拍，不然很多地方就会放不开。所谓经典都是不经意的。

许知远：什么时候感觉到港片明显衰落了？

吴孟达：《大话西游》之后吧。《大话西游》是 1994 年拍的，算是高峰，香港的市场又小，之后就慢慢走下坡了。内地那时才起步，我 1999 年来的内地，商业片还在萌芽的阶段。

许知远：好多人怀念七八十年代的香港，怀念所谓的"香港精神"，你觉得香港精神到底是什么？

吴孟达：怀念是因为那时我们比较容易满足，又踏实肯干。不管做什么，哪怕洗碗或捡垃圾，都能养活自己，再富裕一点就能去养一个小家庭。现在就好像很渺茫，看不到希望。这其实也是一个社会危机，因为你再怎么算，也没什么办法让香港的房地产缓和下来，它只会向上，这个地方就这么大，你叫那些年轻人怎么办？他们在香港长大，受教育，可出来社会后却没能找到理想的工作。年轻人即便能找到，距离买房也太遥远了，香港随便一个房子上千万，他们打工要打多久？

许知远：你对这些年轻人有什么建议吗？

吴孟达：多往外面想想，这里没路了就往外冲。你了解香港之后就会知道，机会更多的是留给了一些更需要在香港活的人，而你要面对太多竞争。如果觉得自己有才华，那就往外闯，外面有一片更大的天，你要敢于试啊！不迈出第一步，哪知道第二步的精彩。

许知远：如果重新来过，你想略过年轻时那段荒唐的时间，还是觉得它是不可避免的？

吴孟达：年轻人肯定轻狂，自以为是，要不然不叫年轻。但慢慢会察觉到，好多英雄人物、江湖大佬不过是表面说说，骗小孩子的。那个年代，我们就是小孩子。

许知远：什么时候开始觉得江湖可能是个骗局？

吴孟达：也幻想过自己可以当大哥，但到底要怎样当，怎么让小孩子信服呢？我不知道。其实我不是那种人，打打杀杀、欺负弱小，我做不了。可能跟我妈妈的教育有关吧。

许知远：那你现在呢？

吴孟达：随心所欲不逾矩。慢慢收回节奏，然后调整心态。年轻时只知道冲啊冲，什么都不怕，不懂装懂。老了就反过来，懂了要说不懂，多好，难得糊涂。

许知远：我觉得我很容易烦躁，你是怎么保持好心态的？

吴孟达：时间的问题，当人生的甜酸苦辣都经历过时，就没那么生气了。每天能吃上安乐饭就好，其他对我来说没什么。像现在吃的姜母鸭，这姜就是画龙点睛，神来之笔，就是配角吴孟达。

许知远：这么多年一直演配角，有没有想过要演主角？

吴孟达：主角有主角的困难，配角有配角的优势。配角要配合主角，衬托主角，多不容易的任务。没有姜，这鸭会是什么味道？就另一种味道了。

许知远：但观众还是更喜欢主角？

吴孟达：对我来说没有这个障碍，我不觉得观众看到主角就都喜欢，有时看到我也会啊。当然对我的喜欢是通过那么多年建立起来的，包括你们，到现在还一直在让我骗。

演员真的是骗子。骗你什么？你去买杯子，几十块就能拿回家，那你看电影也是几十块，看完之后什么都拿不走，回家可能还骂戏烂。我们演员骗你的感情，骗你心目中的感觉，用心地骗，骗了几十年。

　　许知远：你最怀念人生中哪一段时光？
　　吴孟达：没想过这个问题，身边有最贴心的人的时光吧，比如和他们裸泳。我不会想自己的事业，或在演艺圈的点点滴滴。

　　许知远：有一天你们再去裸泳就好了，等到七十岁的时候一起去裸泳，多美好的事情。
　　吴孟达：幸好以前没有手机拍照。现在如果原班人马去裸泳，笑翻天。

　　许知远：现在是不是觉得自己的人生就是一场梦？
　　吴孟达：本来就是一场超大的梦，所有人都是。

1954 年　出生于台湾台北
1982 年　在台湾发行首张创作专辑《之乎者也》
1988 年　发行音乐专辑《爱人同志》
1990 年　于香港创办音乐工厂
2004 年　发行音乐专辑《美丽岛》
2009 年　与李宗盛、周华健、张震岳组成的纵贯线乐团展开为期一年的纵贯线世界巡回
　　　　演唱会
2017 年　发表第七张国语创作专辑《家 III》，为其阔别乐坛十三年的复出之作

扫码观看视频

罗大佑

这个世界还需要我们来抗议吗

Chapter 03

2000 年 9 月，我第一次前往上海。编辑王峰告诉我，罗大佑要在八万人体育场开演唱会。

比起罗大佑，我对上海的兴趣更强烈，街上布满咖啡馆，姑娘显然更摩登。我大学尚未毕业，还不是旅行爱好者，每天只生活于海淀与西城之间。

我忘记那晚罗大佑唱了什么，只记得那是个文艺青年们的盛大聚会。夜晚的衡山路上，到处是兴高采烈、醉醺醺的年轻人，京片子、沪语以及广式普通话交杂，像是一次同学会。

他们大多比我年长十岁上下，在八十年代入读大学，彼时，罗大佑正风靡整个华人世界。对于大陆青年而言，他的反叛、抒情以及迷惘，皆恰好击中他们的心。中国正从一场冰封中醒来，对一切充满饥渴。

我对于罗大佑真正的兴趣要晚得多。或许要在 2004 年前后，他的历史感与抒情性，成为我彼时迫切渴望的东西。往往在深夜，几瓶啤酒之后，我会循环播放他的每一张唱片，既像是对昔日的渴望，又像是寻找新的可能。

在北京见面之后，我前往台北西门町的一家将被遗弃的夜总会，听了半老歌女的一曲清唱，又在大风的鹿港的妈祖庙，上了一炷香。他在歌中所写只字片语，皆已成为现代传奇。

我是知识分子思维，
总想去看问题在哪里

许知远：你第一次来北京的第一印象是什么呢？

罗大佑：北京很大，气场很强，但是很不容易的一个地方。我来这里长住是 2002 年到 2003 年，那个时候的北京大概是全世界最大的工地，拆，然后建，晚上货车就载着所有打下来的泥和钢筋咣咣咣往城外送。大概几年时间，北京的整个气势、整个感觉都起来了。那段时间我相信是中国有史以来，北京变化最厉害的时候吧。

许知远：而且也是最亢奋的时候。这种变化的速度和规模，对你是不是一直有吸引力？

罗大佑：当然，因为它太提醒我们，生活其实就在巨大的改变里面。平常在别的地方，你看不到那么大的改变，人就随着走。可是当你这样活生生地、夜以继日地看着的时候，你就觉得原来所谓时代的改变就是这个样子。

许知远：但你待了不到一年就落荒而逃。

罗大佑：我落荒而逃是碰到了每个人大概都会落荒而逃的东西，我碰到"非典"了。我一直熬到北京开始隔离，大概是五月十号，离开的时候我看了一下，全天只有九班飞机，都是飞很远的。

许知远：其实你七十年代最初写歌的时候，台湾也是个高速建设的时期，蒋经国时代的改变。但那依然是一个蛮苦闷的年代吧？

罗大佑：当然苦闷。我念高中一直到大学毕业，是 1970 年到

1980年,这之间发生的最大的事情是尼克松访问大陆。1975年是越战结束,老蒋去世;1976年是大陆"文革"结束。我1977年写的《闪亮的日子》,第一首配乐的歌,那时候念大学,其实完全没有入世。到1978年,大陆这边改革开放。我1980年毕业,那时候,台湾的政治是非常非常乱的。

所以我成长的这个阶段,从高中一直到大学毕业,台湾的变化是很厉害的。因为它毕竟是个小岛,内外都是冲击。越战结束,有些反战的歌啊,什么自由、人权啊,就这样蜂拥着来。

许知远:那时候大家逃避压抑的方法是什么呢?比如你周围的同学,读小说还是听音乐?

罗大佑:都有。台湾大概是1974年左右开始有民歌运动。杨弦[1]那个时候跟余光中做了一些中国的民歌,校园民谣也是那个时候发展起来的。我觉得会不会是大家在潜意识里觉得自己就是被这些国际强权,被美国、日本所左右,所以一些民族意识开始抬头,用自己的语言——中文——开始写歌,开始表达。虽然是很简短,很单纯,很卑微的,但很本能的。比如那时的《走在乡间的小路上》啦,《小雨中的回忆》《野姜花的回忆》啦,这些东西代表了大学生对于用自己的语言来唱歌的愿望。

许知远:当时你怎么看台湾那个主流呢?

罗大佑:我觉得很好啊,他们写他们的,我也在写我自己的东西。

---

[1] 杨弦,台湾民谣歌手,曾将余光中的九首诗谱曲后收入他的首张专辑《中国现代民歌集》内。此专辑被公认为第一张有资格称作"民歌"的专辑,首版三万张,于一个月内销售一空。

许知远：不会觉得自己是孤立的声音吗？

罗大佑：有一点，但我觉得我还蛮享受这种孤立的感觉。像早期的《闪亮的日子》，是比较校园民谣的，我轻轻地唱，你慢慢地哼。但我总觉得这样好像不是讲话的方式。所以当初弄《童年》那首歌的歌词时，我是在找这种中文唱歌的节奏，而这个节奏跟模式是可以对应到像我们这样的一种谈话里面的。

许知远：总是曲子先在脑子中诞生，然后再去找歌词来对应它，是吧？

罗大佑：是的。

许知远：你自己当时作为一个医学院的学生，你的文学趣味、音乐趣味是什么样子的？受什么样的影响？

罗大佑：我在看诗，自己想写歌词。比如说《童年》，我从1974年开始写，搞了四五年。我就一直在奇怪，为什么我的歌词一直写不好，唱出来词不达意，音跟旋律扣不到一起。所以我开始大量看余光中的诗，看洛夫的诗，看纪弦[1]的诗，看很多人的诗，寻找诗跟歌词不同的地方。

诗就是不需要按照某种平仄韵律来走，但是歌词需要，因为歌词需要搭配旋律。所以大学的时候，我花了很多的时间研究怎样把中文配对到旋律里面。它有一些基本规则是不能违反的。然后听很多唱片，那时候正好是越战刚结束，全世界都是对于战争、对于核弹的那种恐惧的音乐。

---

1 纪弦，台湾现代著名诗人，被称为"台湾现代诗的点火人"。

许知远：那你自我分析一下，你歌曲里、歌词的那种文学的趣味、思想的趣味、曲风的趣味、音乐的趣味，是怎么形成的？比如文学趣味，是台湾的新诗给你带来的影响吗？

罗大佑：有很多方面。因为台湾是个海岛，不断地接受外来的文化。日本在占据台湾的时代带来大量的歌，尤其是1935年到一九四几年左右，因为"二战"，大量像流行歌的军歌进来了。那时候台湾有一个很伟大的流行作曲家叫作邓雨贤，他写了很多很好的流行歌，后期被强迫着跟军歌混合在一起。

国民党到台湾以后又带来大量的流行歌，六十年代又有西洋的歌曲开始进来，再加上还有评剧这种戏曲，台湾本身也有闽南的歌仔戏，所以台湾有很多元文化背景的歌曲，我不敢讲我受哪一种歌曲的影响最大。

我就是从小一路听，小时候听《绿岛小夜曲》，六七岁的时候听贺绿汀先生的《天涯歌女》，然后是姚敏[1]的《第二春》。从上海时期一直到香港时期，姚敏虽然一直没到台湾，可是他的音乐在台湾是很风行的。所以我受到的影响是很复杂的。我觉得你必须要用一个很简单的方式，多方吸收，产生你自己的一个美学概念，再表达出来。思考是复杂的，但是表达出来的那个东西得是最自然、最简单的。

许知远：你做第一张唱片的时候，这种文化表达的自觉性是模糊的还是已经开始变得清晰？

罗大佑：完全是模糊的，因为我不晓得怎么去定义自己的音乐。既然自己不是爵士也不是民歌的风格，不是特别西方也不是特别日

---

1 姚敏，著名作曲家，1917年出生于上海，1950年移居香港，是上海滩歌星姚莉的孪生哥哥。

本,台湾少数民族风格有一点,可又讲不出来是哪一块,干脆来个不一样的混合体吧。

许知远:那文学趣味呢,你会觉得自己跟"五四"白话诗的传统有关系吗?

罗大佑:我觉得有。我觉得像胡适、徐志摩、朱自清那些人,虽然是课本里教到的,但是他们对后世怎么讲话、怎么用简单的方式写文章,是有很大的影响的。是胡适吧,写了一句很简单的诗,"不要打哪,苍蝇搓他的手,搓他的脚呢"[1],这很简单嘛,但是再早以前的人讲话不是这样的。

许知远:对,他第一个作白话诗。

罗大佑:用这个方式来写,我觉得对我们的影响是很大的。后来李敖在台湾论战,写很多批评时局的文章,他对台湾的影响也是很大。

许知远:对你这代年轻人来说,李敖应该是特别让你们震撼吧?他的那种勇气和批判性。

罗大佑:对,很厉害。李敖跟我讲,他写批判文章的时候,是束起腰带的,打仗的时候人才束腰带,他真的是这样。

许知远:第一张唱片出来的时候,它的那种震撼性的影响是远超你的预料的吗?

罗大佑:远超我的预料。

---

[1] 这首诗并非胡适所写,乃周作人在其散文《苍蝇》中转引自日本著名俳句诗人小林一茶。

许知远：现在回忆起来，你当时什么感觉？

罗大佑：五味杂陈。其实我就是想把自己表达得比较清楚一点，没想要去当什么抗议歌手。只是，像刚刚提的，我们那个时代真的是比较苦闷，小时候被灌以教条式的东西，一定要跟大陆这边做一个……

许知远：对抗。

罗大佑：不只对抗，是火车头相撞。然后事实上大家也知道不会这样干，所以我们是在谎言里面成长的。我们是战后 baby boom（婴儿潮）那一代，成长的环境比较凶悍。但是我觉得表达自己是重要的，毕竟我是一个受过高等教育、出身医生家庭的人，人命是重要的，生命是必须要被尊重的。所以我去表达想法的时候，我的动机是单纯的。结果收获这么多尊重、这么多注意，我是有点惶恐的。我那时候戴墨镜、穿黑衣服，是想要去抵挡一些东西的。

许知远：其实是一种紧张感。

罗大佑：肯定有紧张，不知道怎么回事。因为大学刚毕业，毕业的时候二十五岁多点。

许知远：出唱片才二十八岁，真的是一下子成名。

罗大佑：对。

许知远：关键是接下来的三张唱片在台湾都非常成功。

罗大佑：还好吧，但也算是豁出去了，觉得要做这个就得把它做好。我觉得可能关键在另外一点，就是有些人说罗大佑敢讲一些别人不敢讲的话，实际那是因为我有医生这样一个职业，没有把自己当成纯歌手、纯创作，有比较大的空间去想一些事情。那个时候还没有所谓的市场,我其实是比较业余的心态,比较自由的发挥,社会也正好到了一个比较开放、争取开放的时候。

我出《家》那张唱片的时候是1984年,到1989年,"民进党"就成立了。八十年代走向九十年代的时候,整个台湾社会越来越争取更多的言论自由,有更多的发言权,在政治方面,更多人要求去表达自己。正好是碰到那个年代。

许知远:有点像从冬天到春天那种过渡的感觉,是吧?
罗大佑:对,它开始要百花齐放了。

许知远:当时这种时代情绪对你的刺激是非常直接的吗,让你的创造力有一个明显的上升?
罗大佑:我觉得是有的,但是我没有非要跟时代走在一起不可,还有一个当然是因为当时还在念医学院,得去医院见习,得穿白袍,所以没有去跟那时校园民谣的主流。

许知远:所以那时候你是白天穿着白大褂,夜晚过着一种戴墨镜的生活。黑与白。
罗大佑:对。白天就当医生,我选那个科是X光科,因为X光医师就是判读,不用直接面对病人,所以比较轻松一点。

许知远:X光是不是变成一个隐喻了?你用X光来面对这个社会。但是在这点上,你是不是觉得自己蛮矛盾的?一方面所有人都觉得你特别厉害地捕捉了这个时代的精神,另一方面你跟时代又保持某种疏离感,并不愿意完全沉浸到他人的世界里去。
罗大佑:我觉得这是我的矛盾,没办法,一个知识分子的思维,得去看问题在哪里,病在哪里,然后自己想办法。

许知远：分析强迫症。

罗大佑：对，分析强迫症。也想去帮点忙，有时候虽然帮不上忙，还搞得乱七八糟，但总是想在这里面有点贡献，至少不要把事情搞砸了，这是我们这个医生行业里很重要的一个共识。但后来这就造成我自己是很矛盾的人，必须要去做点事情，但又怕自己站得太前面，明目张胆。因为我是很怕，到现在都还不能适应。在这方面我是一个失败的歌手。

歌曲是语言的花朵，中文可发挥的空间很大

许知远：你在去纽约之前，其实是一个 icon，一个巨大的成功，当时你是什么感觉呢？

罗大佑：偶像什么的，是他们说的，我并不觉得那是我要的东西，这种名跟着表演、歌声，就变成那个样子了，其实还蛮恐怖的。所以 1984 年我出《家》那张唱片，年底就赶快离开了。因为会有很多压力、要求、期许随之而来，大家要你继续替社会把脉，那个压力太大了，我一开始没想干这个事。

许知远：所以你要反抗这种压力。

罗大佑：对，所以造成我后来这种比较矛盾的个性。到现在为止，大家跟我说，大佑，这次 MV 拍完了，演唱会剪完了，要不要来看看？我说不要看，你们帮我看就好。我还是没有办法面对自己

在台上表演的感觉,我不喜欢面对这种事情。

许知远:你最喜欢面对自己哪一部分呢?

罗大佑:这很难讲。我喜欢面对的不是我自己唱歌——因为一有歌声,那个罗大佑又跑出来了——而是弹乐器的那个部分,弹一些别人作的曲,我就很自在,很享受。因为我觉得那不是工作,不需要这么整体地面对大家。

许知远:是不是到了纽约,一下就觉得很自在?

罗大佑:对。纽约那个空间太大了。那个时候,它是一个暴力跟恐怖的都市,地铁里面常常会有抢劫的,勒死人的。那个时候在纽约大家也苦闷。最成功的企业家,最好的艺术家,没钱的艺术家,要饭的乞丐,在街上混的无家可归的人,什么样的人都有。我那时候住在农村,跟几个澳洲人租了一个房间,租金两百块一个月。大家都没钱,就互相帮忙,我帮你写点曲子,觉得好像真的找到了一些什么。

许知远:到了一个真正自由的地方,人会有不同的反应,一个是自由,一个是紧张,可能会迷失自我。你当时是什么心情?

罗大佑:我倒是没有紧张,到那边完全觉得自在。我记得我到的那一天应该是星期五的下午,我姐来接我,第二天进城去,坐那个东方快车,七号车,坐的都是东方人。从地铁一下来,咣一下,另一个世界,帝国大厦就在那边,看到的真的是美国很强盛的时候,这个国家主导全世界的流行文化。我觉得纽约给我的影响是非常健康的,我后来交了蛮多的朋友。

只是现在回头再去看,不管是迪士尼,还是好莱坞,都是在卖一种精神,很人文,很人道,跟这个国家后来做的事情有点不一样。

所以，我开始体会到，流行文化，不管是电影还是音乐，都是在讲理想化的故事。一个像美国这么自由、民主的国家，还是有很残酷的一面和需要完成的国家目标。从2000年以后开始的各种恐袭，"9·11"，到现在的特朗普当选，这个国家已经不像我们想象中的那个样子。

许知远：这是作为一个理念的美国和作为一个现实国家的美国之间的冲突。但是不是可以换个角度想，如果没有这些倡导人道主义的东西，它会变得更糟了？

罗大佑：当然。

许知远：回到那两年纽约的生活，它对你看待事物的方法，包括音乐本身的影响和塑造是什么？

罗大佑：我们以前还是比较从自己的角度看世界，到纽约以后什么乱七八糟的东西都有，它的表演就是越少的东西越好。我从纽约学到的一点，就是发觉我自己是什么，我身上到底有什么是西方那些前卫音乐家所没有的。

后来我到香港去，是杨凡[1]邀我去帮《海上花》做电影配乐——因为当时我不干医生而跑去做音乐时，答应了家里我可以活得不错，不用他们担心。所以我知道我不能变成一个很边缘的音乐家，不能写一些没有人听的歌，我还是得走在主流里，把主流音乐写得格调高一点。到了香港以后，像《海上花》《思念》《东方之珠》这种很东方化、很中式的歌曲就开始出来了。这么大的一个都市反映到你身上，你就想要把自己最内在的东西挖掘出来。反而在台湾，我最早写的是《鹿港小镇》《恋曲1980》这些蛮西化的东西。这有

---

1 杨凡，香港导演，曾执导电影《海上花》，由张艾嘉主演，罗大佑创作同名主题曲。

点儿诡异。

　　许知远：会有对西方的焦虑吗？当时在纽约的很多中国艺术家都会有这种焦虑，因为现在的流行音乐是他们创造出来的，我们只是一个效仿者。

　　罗大佑：对，有一点这种焦虑。但是我觉得只是时间还没有到，前面阻隔的时间实在太长了。歌曲是语言的花朵，我们却对语言本身设置了太多的限制，比如说要报批、审批、检查。可是，假如这些框框慢慢没有了，我相信，它的开花结果是会来的。

　　许知远：当时你在一个英语的环境中，你会重新理解中文，这是一种怎么样的感觉？

　　罗大佑：这就是为什么我喜欢到处搬家，去不一样的地方住。其实我们讲的都是中文，可是每个地方都不一样，上海，广州，福州，成都，每个地方讲的方言，它的节奏，语言里面的肉跟风，是不一样的，这点非常有趣。所以我在不一样的地方写的歌会不一样，因为你感受到了那个地方独特的表达，含蓄的，或者粗犷的。我觉得这就是歌本身需要的一种模式。

　　许知远：在更大的范围里面，因为你听英文歌、日文歌也多，然后又用中文创作，不同的语言和它们所产生的音乐之间的关系是什么呢？

　　罗大佑：中文因为有仄音，有四声，所以中文本身其实就有一些音乐感存在。我常常举一个例子，你把评剧里面的唱腔延续、夸张以后，就是一种音乐。

　　英文是一种符号语言，因为它只用了二十六个字母，重组所有的文字，这些文字是他们文学的基础。而中文是一个一个的字，来自象形会意，每个字里面都有它的情感，每个字都有结构，每个字的发音都有一种独特的力量，所以中文可以发挥的空间是很大的。中文的意境更深入，咀嚼中文的时候，也更有韵味。比如"亲爱的"，远比"dear"里面的亲爱多多了。

中文要想的是如何浅出，而不是更进去。我觉得我们的行为模式、言行举止，跟中文是很有关系的，讲话的模式大概造就了你思考的模式，造就了你的文化观，造就了你人格很大的一部分。

而且我在想，有那么多的少数民族，就像台湾，到后来，我们证明其实他们的音乐的养分最大，因为他们是从最自然的山、河流里汲取养分的。全天下最珍贵的东西都是免费的，空气，阳光，水，青草，这种东西才是歌的来源，才是艺术的来源，真正的创作的来源。我觉得每一个象形文字，都是从土地里面长出来的。

许知远：但是你又是一个在都市中成长、离土地蛮远的人。

罗大佑：所以要跑，逃离都市，"台北不是我的家"，它变成高楼，变成一格一格的封闭空间，让你必须得跑。现在比较好，你有一部好的车子，开车到外面到处兜一兜，就得到自己要的那种空间了。

许知远：所以在纽约的时候，吸收的欲望强，创作的欲望并没有那么强是吗？

罗大佑：我那个时候是另外一个阶段的开始。因为我离开台湾的时候，已经把很多东西都丢掉了，那个罗大佑我自己已经不太认识，而且已经没有力气，也不想去认识了。该远离自己，找一个新的自我，重新开始了。

许知远：你后来生活在香港，周围是一个充满粤语的世界，但其实对你来说，也是很陌生的？

罗大佑：对。别忘记香港人身上的另外一个矛盾是英国。英国这一层影响比日本在台湾殖民要更远。因为他们是远渡重洋，到东方来统治这样一个小岛。

许知远：而且是完全不同的文化。

罗大佑：完全不同。所以香港人是很会在东西文化里找一种撞击出来，找一种全新的模式出来的。但是香港人又怕失去自己中国的、东方的那一块。所以你看弥敦道上面的招牌都特别大，盖住整条街的一半给你看。招牌上的文字同时有直排的中文，也有横排的英文，直跟横就代表两种文化的撞击，直排的字都很大，横的就比较小，英文就像是中文的一种和音。这个太有趣了。

没有人告诉你一定得保留自己的文化，一定得把这样的习俗延续下去。但是如果没有我自己那块文化的话，就等于全部被征服了，"我"是说不过去的。所以香港人，甚至马来西亚、纽约那边的华侨，他们是有这个自觉的——保留那个文化，就是保留住你的DNA，你的长相，你的名字。所以很多北京的作家到香港去，就觉得晚清的世界保留在这里，没有动。

年轻人应该要知道人的心是怎么一回事

许知远：在香港的罗大佑，跟之前在台北的罗大佑、在纽约的罗大佑比较起来，有什么样的区别？

罗大佑：很不一样。我那时候用旋律跟他们沟通，做很多电影配乐，因为配乐不需要有语言，单纯就是音乐。跟徐克、杜琪峰、林岭东、施南生，大家一起研究配乐怎样让人物特性突显，或是让故事发展得更好，把电影的感情表达得更好一点，是这样来跟他们沟通。慢慢地，因为 1997 年也近了，香港人的国语越来越好，一路走来我的广东话也越来越可以，所以我就唱了半首《皇后大道东》，试着打进香港市场。

许知远：所以前几年算是处于某种失语状态，比在纽约还要失语。

罗大佑：对，还要失语。因为在香港，广东话你知道的，是绝对强势的一个东西。而且，我不知道你有没有研究过，用广东话骂人，它都是有画面的。

许知远：我顶你个肺。

罗大佑：顶你个肺，对，把肺都弄出来。他说"你做初一，我做十五"，十五的月亮那么大一个，意思是你先对不起我，我又报复你，还要让你看得到。很好笑。

许知远：其实广东话的对抗性蛮强的，产生孙中山是有道理的。

罗大佑：很厉害。所以在香港拍电影，我觉得每个香港人都是演员，因为他们都经过了这样的一种历练、竞争，在中环那边走路，要斜着身才能走得快，或者要跑到外面车道才能走得动。

许知远：对，茶餐厅那么挤，每个人都面对面吃饭。

罗大佑：他们可以接受，两个人不认识，可是可以一起吃饭。我还是没有办法接受这个状态，没有自己的空间。香港人是可以这个样子的，在西方的文化跟中国的文化之间找一个夹缝，慢慢找出他们自己的规律来。

许知远：给电影配乐，之前没做过，这是一个新体验，当时对你来说这个难度在哪里？

罗大佑：在台湾的时候，电影配乐我有做过一点，可是没香港这么厉害。因为我在的那段时期，从1987年一直到1995年，是香港电影业的黄金时代。每年至少两百部，这么可怕的产量。所以在香港做配乐，做得不够好是可以被原谅的，因为它一定要出产。

许知远：速度。

罗大佑：对。但是我尽量想让音乐、主题曲，跟故事里面的人物可以结合在一起，让音符在不同的人身上产生不同的反应，代表他们不同的个性。用故事来讲人的特性，这也是一种磨炼，我自己偷偷学了一种沟通的模式。

许知远：你会怎么看待电影配乐这个行业呢？你会觉得它是附属的吗？

罗大佑：其实它不附属。西方其实是蛮尊重配乐者的，它是另外一种语言。音乐是电影里面唯一可以抽出来、拿出来、独立出来，甚至可以当作另外一个产品发行的。它在电影院是看不到的，但它会影响整个电影的感情、情绪，加强气氛，以这样的方式来帮导演讲他可能还没有讲到的话。后来也是一个矛盾，当我1987年到香港的时候，数字音乐产生了，大量电子的东西就可以去完成那种管弦乐的配乐。但是不幸的是，跟别的音乐家之间的沟通少了。我正好赶上这个时代。

1990年初，每个录音室都已经有电脑了。到后来你就看到，大量的音乐家、鼓手、贝斯手开始失业，可以使用键盘和电脑的人却大量存在着。这也是二十世纪末全世界发生的一个音乐革命。电脑开始取代人脑，取代人的感情，一直到2000年以后，网络出现，各种各样的行业都受到了挑战。

许知远：你相信AI这种东西吗？它会取代所有的东西，你会恐惧吗？

罗大佑：我有这个恐惧。我其实对这种商业的、科技的、取代人类本身的智能都有恐惧，它发展得太快，取代得太快了。iPhone就是一个手机，你平时最多用它百分之五的功能，打打电话，收收短信，发发微信，看看天气，录录音，可是那个公司为了打赢其他所有人，花了那么多的钱，去把它弄成几乎无所不能的东西。我觉得蛮可怕的，因为他赢了以后，真的就是赢者全拿。我们自己深受其害，现在连电脑都会唱歌，会作曲，问题是它唱得还不错。

许知远：但电脑造不出一个罗大佑啊。

罗大佑：但是一个罗大佑没有用啊。很多年轻人应该要知道，人的心是怎么一回事，我觉得重点在这里，而不是电脑怎么帮我做出不同的音乐来。

为什么台湾现在很注重少数民族音乐，因为那个就是从山上，从树叶，从山泉，从土地，从太阳里面出来的音乐，那才是珍贵的。可如果你只需一个很好的软件，就可以做出比别人更好的音乐来，这个原本珍贵的价值就会被混淆掉，更不要说现在有那么多的社群网站。我们都多久没跟朋友打一通电话了，好像铃响一下会吓死所有人似的。通过铃声的提醒，我们去接个电话，"喂，什么事"——好像这个事情蛮久没有发生了。什么时候连打电话都变成那么侵犯别人的一件事，要靠微信来表达才比较有礼貌，比较不侵犯到人？

许知远：你现在回忆起来，做这种配乐工作，对你自身思维的塑造是什么样的？

罗大佑：有帮助。做配乐，你必须要在这段画面里面无中生有，有时候是很理所当然地配上去，有时候是很极端地配上去。做配乐让我学到，艺术创作不只是我们现在要的那个片断。其实音乐创作也是一样的，一样的节奏，一样的写法。有时候中间会出现一个巨大的转变，这个转变对一首歌蛮有用的。

许知远：那后来对歌词写作的影响呢？

罗大佑：我是在香港写的《爱人同志》，从《童年》《光阴的故事》《家》到《爱人同志》，其实是很大的转变。我还是保留早期摇滚乐的那种节奏，到了《皇后大道东》就比较调侃，但有一点点《爱人同志》的味道。在从皇后大道东、皇后大道西、皇后大道中里演绎和想象出来的那个世界里，对照现在的世界、未来的世界、过去的世界会发生的事情，它的趣味就会出来。比如那首《似是故人来》，"前世故人，忘忧的你，可曾记得起"，这真是绝妙的好词。你可以从这样的作词人身上发现，原来他们这种香港的大学中文系科班出身的人，是可以写出这种东西的。

许知远：对，某种意义上，香港的中文其实更古旧。在那段黄金时代，香港应该也是特别有魅力的时候。两个历史节点给它带来的那种紧张感，好像突然爆发出来了。

罗大佑：对。1986年那时候，我曾经跟徐小凤和《海上花》的导演杨凡一起，在铜锣湾的一条船上吃宵夜。那天是中秋节，那么大的月亮，在船上吃宵夜，还跟徐小凤这样一个古典美女在一起。那时候徐小凤在1986年办了八场演唱会，是破了香港纪录的。后来到了谭咏麟、张国荣、梅艳芳，就变成十几场，二十几场，三十几场,甚至四十场。当时股票又是一万五千点、两万点,一路往上爬。大家都斗志高昂,真是个躬逢其盛的时代。

许知远:对,黄金时代,人与事都是向上的。但是你看当时最受欢迎的演艺人,比如张国荣、梅艳芳,他们身上都有一种宿命感,好像不知道明天会怎样。你会有这种感觉吗?

罗大佑:因为香港人老是"搏到尽",把自己压榨到全部都没了,几乎是榨干,也许因为他们生活里的竞争太厉害吧。香港比美国、比英国更资本主义。对李嘉诚抽的税是16.5%,但苦哈哈一个月挣几万块甚至一万块也是16.5%,很资本主义。所以,大家都会说,你尽量去竞争,尽量把别人打倒,讲难听一点,甚至会互相踩得很厉害。香港人又很聪明,太聪明了,很知道团结。

许知远:那你一个台湾人在里面什么感觉?

罗大佑:我很辛苦,所以不太站到前面去。香港一线的歌手最红的时候,不但要把歌唱到最好,甚至要跟所有的歌迷打好关系,没事最好可以办一个歌迷会。你看刘德华常办这种歌迷会,唱歌、演戏都来不及,还有时间去办歌迷会,我的天,真的甘拜下风。而且刘德华是从来不迟到的。香港大师们的这种敬业精神,这种不能输,必须赢,太强了。

许知远:但这个东西又会伤害创造力,是不是?

罗大佑:我觉得会有一点,准时可以,但是不要准时到那个地步,让我有点怕。

我快不了，
也不能在快的世界里找到自己的位置

许知远：意识到自己在中国大陆有这么大的一个追随者群体，是什么时候？

罗大佑：不是自己意识到的，是有人跟我讲的。应该是1992年左右吧，一些朋友跟我讲的，可是我那时候也无缘自己过来。应该是1992年圣诞节，我有个香港朋友是上海人，他刚好返乡，那是他第一次回上海，也是我第一次到大陆来，我们在上海一家叫"老饭店"的餐馆吃饭，隔壁桌在办婚宴。我们小时候听说大陆同胞吃草根、啃树皮，结果一看怎么婚宴上剩下很多饭菜都不吃完，天哪，差距就有那么大。这种政治宣传的东西会把你拉得很远，我觉得大家多沟通是有好处的。

许知远：你离开台湾之后，台湾发生了特别大的变化，一种戏剧性的变化，但你不在历史现场。这种不在场的东西对你来说是遗憾吗？还是说你也不想在现场？

罗大佑：不，我觉得自己应该在现场，只是正好没在。我离开台湾是1985年。蒋经国1988年过世的时候，我正好在台北录音。这个时代里的事情，这个时代产生出来的人物，我比较不熟悉。台湾是分作三个时代，我们是战后婴儿潮，到下一代年轻人就是野百合时代，现在又是另一个时代。只是现在的年轻人好像越来越不满意现实，越来越觉得好像我们老的这一代把资源都掠夺走了，占着茅坑不拉屎，把资本全部抓在手里不放。所以我觉得对下一代，我们应该教他们一些走得更长远的方式。

许知远：你会觉得自己跟台湾脱节了吗？

罗大佑：后来我发现其实有一点脱节。因为整个九十年代我是一个比较混乱的情况，所以从香港回到台北住了一段时间。后来因为我父亲得了帕金森氏综合征，我回到纽约去照顾他，1998年我父亲就过世了。那段时间，我自己处在一个很困顿的情况下。接着，1999年台湾发生"9·21"大地震，2000年换届。2000年以后的世界，我觉得从实质上，从意义上，从各方面已经开始翻天覆地地变化了。

许知远：脱节感会让你不舒服吗？

罗大佑：不会。我这个人有时候比较懒散，就慢慢跟上吧，跟不上那也没办法。所以慢慢去了解他们这一代的人，了解他们怎样思考，多看一点书，跟年轻的音乐人多一点沟通。我们那个时候听的歌、受影响的歌、写的歌，跟后来的歌还是不一样的。周杰伦的唱腔跟写歌的方式，怎么会跟罗大佑一样呢？怎么会跟李宗盛、陈升一样呢？我在音乐圈已经蛮久了，大家的一些表达方式不同，一个时代里面同时包含那么多的不一样，我觉得也很好。

许知远：对你来说，这些时代会有高低之分吗？

罗大佑：只有这种比较受欢迎、那种比较不红的分别。从来没有哪一个时代的艺术特别不行，哪一个时代的艺术完全没有人做，哪一个时代的艺术是完全断层的，应该没有。

许知远：但是确实有一些时代更有创造力，有些时代更平庸。

罗大佑：是，那是因为各种各样的社会力的干预，政治的、经济的，或者什么。可是因为这些不同力量的干预，它反而会反弹得更厉害，不是吗？比如说经济不好的时候，人真的会写一些日常生活里的东西，平民百姓的东西。

许知远：好莱坞也是因为大萧条这么兴起的。

罗大佑：是这样。所以我觉得任何东西都没有办法阻止人表达自己的想法，表达自己的世界。

许知远：你开始写歌的时候，其实是从相对禁锢开始变成相对自由的这个阶段，台湾的文学也好，像林怀民他们跳舞也好，都是那个时代开始迸发出来的。在那种相对有点压抑，但是又想反抗的时候，好像最有创造力。

罗大佑：因为我们在那个时代出生，禁锢、教条，跟时代的那种矛盾都太强烈，所以我们那个时代的人的思考是用力的、深入的，是真的需要做功课的。而且，失意的时候也是用力的，因为你义无反顾，你不会去想第二条路，不会想用一个缓冲、模糊的方式来讲话。模糊的方式是我在香港慢慢学到的。八十年代的表达其实非常直接。人的构成就是这个样子。因为环境太残酷了，那时候我们对原子弹的理解不多，但是觉得战争随时可能来，人类随时有可能被毁灭掉。绝对强权的时代，那个张力是很强的，完全没有任何讨价还价。

许知远：你怎么看待这个时代的张力呢？包括你自己内在的张力。

罗大佑：我觉得现在的世界反而是互相牵制得很厉害的一个世界。比如说全球化，商品可以出去，语言可以出去，纽约、香港、伦敦的股市一起一跌，你就知道全世界经济的脉络今天是怎么走的。你能知道全球的整个大气，哪里有台风，哪里有飓风。可是，我反而觉得这变成一种钳制了。现在的人看起来什么都有，但是非常难以发挥。

因为这些媒体，这些商业科技的发明物，它们都太强了，强到年轻人要做什么都是快的，没有人可以真的投入。大家在拼命快速应用资源，快速投资，快速拿到回报。可是，这个时代的料在哪里，实质上的东西在哪里？像我们这种十三年才出一张唱片的，就没办法快。我们既快不了，也不觉得可以在快的世界里找到自己的位置。

许知远：如果晚生四十年，你现在是二十多岁的年轻人，开始写歌，你觉得你会是什么样的？

罗大佑：说不定我也会一天到晚玩自拍。我觉得人在出生以后，很多东西会影响你。不过，可能我还是会比较喜欢用比如木头、水晶去思考，我做任何事情大概都得回到很基本的地方。

许知远：手艺人。

罗大佑：对，比如说得确定这两只脚是不是踏得很稳，然后这个地面是在十七楼还是在一楼，一楼的话，我大概会比较安心一点。

许知远：年轻的时候也这样吗？

罗大佑：有一点。

许知远：某种内在的紧张感一直在，那怎么排解这些紧张呢？

罗大佑：深呼吸。我们这个行业是很不幸的，容易情绪化，但有个好处是可以唱唱歌、弹弹琴，帮助自己舒缓心情，借着那个音出来，其实就是在调你的呼吸。有些人是做瑜伽，有些人是打气功，有些人是打太极，就是在做这个事情。

许知远：但之前的紧张感是创造力的源头吗？

罗大佑：当然也是。比如失恋，就会把你逼到一个马上有东西出来的情况，这个跑不掉。

许知远：所以爱情是最重要的一个动力吗？

罗大佑：年轻的时候爱情是最重要的动力，恋爱得动，还失得起恋。现在当然也没有完全对女人绝望，年轻的时候整个人在上涨，荷尔蒙在分泌，世界那么宽，都陌生，对太多事情好奇。

许知远：什么时候开始觉得这种荷尔蒙减弱了？

罗大佑：应该是自己跑得比较少的时候吧。2014年我搬回台湾以后，已经成家了，就跟小朋友玩，给她讲故事，你好像觉得心定下来了。我想人会不会就是有了下一代以后，才觉得一些任务是要给下一代来完成的，所以必须要帮助她。这是天地之间的一种秘密，我不知道。

许知远：会担心自己创造力衰退吗？

罗大佑：我永远在担心自己创造力的减退，好在有这个自知之明。因为创作的东西不是你祈祷一下老天就给你，还是得从生活里来。不过我倒觉得，现在回到台北，我看到了台北的另一面。现在是一个新的台北，我要去消化，恍如隔世，又要强迫自己去适应这个新的时代，怎样使自己再活过来，去呼吸已经变成新空气的古老空气。现在心定下来，我觉得好像还可以写一段时间的歌，当然不会是《鹿港小镇》《爱人同志》那种很激情的东西。

现在的世界需要一些定下来的东西，各种各样的电子器械、数字沟通盛行。似乎我还可以写一些比较接近人味的东西。我那个女儿就是，还有什么比这个更接近人味的？她要哭就哭，你完全没有办法阻止她，然后你要哄个半天，想尽各种办法，威胁利诱，去让她得到满足，但又很小心，不要把她宠坏，所以我也在跟小朋友学习,学习怎么样帮她找到一个玩伴,跟他们玩伴的父母来做朋友,谈一谈怎么样教育下一代,怎么样欲擒故纵,怎么样收放,现在在想这种事情。

许知远:会觉得这种幸福的、温暖的东西,是一种自我麻醉、自我逃避吗?

罗大佑:以前会是,现在觉得还好。现在其实在过一种我以前没有过过的生活,一个屋檐下有三个人,以前的屋檐下都是两个人。三个人的生活变成我的一个新的生活模式了,它会帮助我去了解人的本质。人的本质是很有趣的。比如我牵着我女儿的手在街上走,突然感觉是她牵着我走而不是我牵着她在走。因为小朋友对这个世界没有那么多戒慎和恐惧,反而我们身上充满了防卫。小朋友牵着你的手的时候,其实在带你往一个比较自然的世界走,她手的温度,脚的节奏,让我觉得这样的世界是比较平和的,比较自然的,比较开心的。怎么样,像不像这个年纪的老人家该讲的话?

我们不需要再拥有那么多的愤怒,请饶了我吧

许知远:说到幸福,那这么多年最痛苦的时光是什么时候?

罗大佑:我一辈子其实痛苦的时光还蛮多的。最近的是1998年我父亲过世那段时间。亲人过世,才体验到人生有这么复杂的事情。其实家本来就不是一个很单纯的整体,它很复杂,因为爱是矛盾的,它的另一面产生出来的时候其实也会很强烈。

许知远：对。家也有很多压迫性的。

罗大佑：当然，它是个局，有固定的地方，窗子、门。所以，1998年、1999年、2000年那个时候，不管是自己、家庭、社会，都变天了。

2000年以后就愈演愈烈了，好像人类受的苦受的难还不够似的。2001年就来一个"9·11"，我那个时候其实在纽约买了个房子，没多久就请我太太把它处理掉了，因为在那个时候算是有点幻灭状态。2003年先是"非典"，接下来是伊拉克战争，然后2004年台湾"3·19"枪击案，很多的这种恐怖事件不断传来。同年还有东南亚那个大海啸，几十万人丧生。这种天灾人祸不断出现。我有一段时间失眠蛮厉害，从2004年开始一直到2008年。到2010年以后才好转一点。

许知远：你失眠的原因是什么呢？

罗大佑：我这个人有时候想得多一点，忧国忧民之类的。世界真的在产生巨大的改变，我们从宗教世界十字军东征的这种仇恨的报复行为开始，到整个世界因为产能过剩，全球化造成的好处跟坏处，再到英国的脱欧、特朗普的当选，整个世界跟我们那个时候想象的世界已经完全不一样了。我不觉得现在有人认识这个世界。

许知远：是不是也焦虑于作为一个创作者，找不出某种叙事方式、情感表达方式来描述这一切？

罗大佑：很不容易。有朋友问我，罗大佑你怎么不写一个抗议歌，你怎么不愤怒了，你当初的豪情去哪里了？我说天哪，这个世界还需要我们来抗议吗？年轻人已经那么多愤怒，还需要一个老人家来愤怒吗？他们对于世界的不满，对于买不起一栋小小的房子的焦虑，对于没办法参加世界各种各样重要活动的焦虑和愤怒已经够了。我们不需要再拥有那么多的愤怒，请饶了我吧。我倒觉得，需要回到人最简单的模式里，人为什么会心不平、气不和，人为什么会有那么多的欲望。

许知远：所以这张专辑里面蕴含的你的情感和思考，跟以前是非常不一样的？

罗大佑：对，这是因为阶段不一样，我在写歌的时候并没有这种自觉性。有些歌，比如说《家（Ⅲ）》，原来是唱过的，可是原来怎么唱都不对。回到台北我发现，中间那段转一下，低一点，唱得饱满一点，可以把家的温暖表达得更好一点。像《握手》，当初编这个曲子的时候，大家比较亢奋，比较焦虑，它其实应该要暖下来，冷静下来。你慢慢会把自己这些年来写的歌调整到这个位置。

许知远：这张专辑里面最难处理的部分是什么？

罗大佑：比较难处理的，我觉得是自己的嗓子。比如碰到一首歌叫《童话爱情》，是写给女儿的，这个事情没做过，以前都是写给女朋友，所以我不知道应该怎么样表达，唱了十几次，花了很多时间。人到这个年龄，显然是历经沧桑，可是活力跟弹性，还是得表达。比如说我现在还会很注重运动，让自己变得轻盈一点，千万不要在台上让人家觉得你重得好像动不了了。这是人的物理性质，很合乎我把自己放在一个人最基本的位置。

许知远：以前的很多创作是靠荷尔蒙驱动的，在荷尔蒙衰退的时候，要怎么寻找新的驱动力呢？

罗大佑：第一个就是不能急，因为以前是两年出一张唱片，现在的酝酿期会比较久。现在思考的事情也比较跟土地，跟空气，跟我们可能忽略了很久的事情有关系。比如说我写《致观音山》这首歌,因为我小时候看到的观音山是那个样子,而现在,旁边所有的建筑全部都不一样了。歌的名字叫观音,很女性,很有宗教意味,这样一个感觉,我觉得好像是我这个年纪该做的事情。

许知远:像科恩那样出唱片出到死、唱歌唱到死,这种生活吸引你吗?

罗大佑:我觉得这样挺好的,干一行就要像一行。如果一个搞创作的人,可以到死前才刚刚发表唱片,好像预言着某些事情,我觉得这样很好。士兵不就是应该死在前线吗?

许知远:说起这个,你就像个行吟诗人,去各种地方。如果我们换一个朝代,比如宋朝,你会想过柳永那样的生活吗?

罗大佑:会,但是结局是不是要落叶归根,回到自己生长的地方,我就不知道了。

许知远:是不是中国人的某种特性又开始浮现出来了?

罗大佑:我觉得是有。

许知远:你害怕这个吗?那种妥协的东西,应该是你年轻的时候最想反对的东西。

罗大佑:我不害怕这个,你生为什么样的人,就接受吧。年轻时反对它的心情是没有错的,因为你一定要证明自己的存在。但是现在对的事情在另外一个年龄不见得是对的,很多话不需要再重复了。你需要有一个新的智慧,来面对另外一个阶段里的人生。你旁边的人已经都不一样了,你是不是该对这些人有新的责任。

不同的时代,不同的阶段,你会做不同的事情,这是很自然的。在我们这个年纪,你还在台上非常摇滚,非要翻滚个三下不可,那就过分了。

1960 年　出生于日本福冈
1981 年　进入宝家剧团,开始表演生涯
1986 年　首次出演电影《化身》,获日本电影金像奖新人奖
1997 年　出演渡边淳一《失乐园》同名电影而名声大噪,夺得当年日本电影金像奖最佳女主角
2016 年　导演处女作《讨厌的女人》

扫码观看视频

黑木瞳

我最近一次失败,
是三十多年来第一次睡懒觉

Chapter 04

为何是黑木瞳？别人这样问时，我总感到一丝不解。这就像问一个女人，你为何要去见高仓健与木村拓哉。难道这还需要理由？

自从看到《失乐园》，她就永久性地留在我心中。那该是二十年前了，通过一张盗版碟，我感到一个女人的无穷魅力，少女式的天真与成熟女人的妩媚就这样集于一身。她如此富有秩序，却又能勇敢地触犯禁忌。

三十年来，黑木瞳在各种女性角色中切换自如，还加入了导演的行列。我想，即使与她沉默地共处两个小时，也是妙不可言的。

更何况，她是如此的聪慧。从少年起读到的谷川俊太郎、三岛由纪夫，到如何体会中年女人的爱情，她皆娓娓道来。

在别人心目中如此完美的一个形象又如何看待自己的人生？她心目中理想的女性角色又是谁？这次采访就如一场考试，我期望她喜欢我的问题，喜欢这次谈话。这就像一场被延长的青春期的正式终结。

我还特意去了宝冢。它将传统歌舞伎和现代的西洋舞蹈音乐混在一起，重新想象了世界。黑木瞳正是其中的最佳产物。

对作品投入的热情，
我认为是最强烈的爱

许知远：这个地方我觉得很神奇，我第一次在教堂做访问。

黑木瞳：确实很少见。不过，教堂是个非常神圣的地方，心情也会变得清爽。

许知远：最近我在做一个关于明治维新的节目，我也看了你主演的《鹿鸣馆》，很喜欢。你演的时候，是怎么体会当时明治时代伯爵夫人的那种心情的呢？

黑木瞳：明治时代紧接着江户时代，那个时代里，一切都发生了很大的转变。江户时代的男人，头上还梳着发髻，挎着刀，穿着和服。然后突然变了，变成要穿礼服的时代了，对日本来说，这是一个非常大的变革期。在这样的时代背景下，女性也顽强地适应着，也在发生变化。

所以我当时演《鹿鸣馆》里的伯爵夫人，首先是从江户时代的发型与和服开始呈现的。然后又转向学西洋人，虽说不是完全模仿，但也拼命地学习如何融入西洋文化中。

从某种意义上说，日本人是很认生的，但是只要你敞开怀抱，日本人就有扑到你怀抱里的巨大勇气，我认为这是日本人的一个特性。日本人具有随着变化而变化的特性。伯爵夫人也是这样，和服变成礼服，学跳交际舞，然后又学西洋礼仪。我觉得她是一位顽强的女性。

许知远：你可否想象，如果生活在明治时代，你会是一个什么样的女人？会做伯爵夫人那些事情吗？

黑木瞳：我觉得我会比任何人都更早地穿上洋装。怎么说呢？到底还是新事物、新风潮更能让人感受到时代的变化。我自己也非常喜欢新事物。我们在守卫古典与传统的同时，也要吸收新的事物。所以我如果生活在那个时代，我会在守卫日本传统的同时，带着挑战新事物的精神去穿洋装的。

许知远：你从小就发现自己很喜欢新鲜事物吗？

黑木瞳：我觉得我小时候不是这样的。我小时候倒是比较喜欢近现代文学，比如三岛由纪夫、芥川龙之介、岛崎藤村[1]、太宰治他们的小说。我很喜欢阅读，总是在追问何谓日本，何谓日本精神。那个时代的小说家们对这些都充满了兴趣。我读了这些小说以后，感觉与新事物相比，少年时代的我更感兴趣、更想知道的是，我究竟是谁？日本人到底是什么样的一种人？所以我喜欢接触新生事物，应该是进了宝冢[2]之后。进了宝冢，才第一次开始把自己的目光转向西洋。

许知远：如果你能碰到太宰治，很自由但又很颓废，你会想与他谈恋爱吗？

黑木瞳：他是小说家，依据自己的信念和想象写小说。在他的作品里，肯定潜藏了小说家本人的精神和思考。我一开始阅读时可能会比较感动，但要说见到这样的小说家，是否会与他恋爱，我自己也不知道。

---

1 岛崎藤村，原名岛崎春树，日本诗人、小说家，代表作有小说《破戒》。
2 大正三年（1914）由日本阪急企业创始人小林一三创立的大型歌舞剧团，团员全部为未婚的女性。

许知远：三岛由纪夫自杀时，你应该还是小学生。你对此有印象吗？

黑木瞳：我虽然出生在小小的乡野，但当时报纸用整版篇幅报道了这件事。三岛的自杀令人震惊，战争已经结束了，日本进入高速成长期，他却还在呼吁不要忘记日本之魂。在当时，我不太理解，即便现在，也实在难以简单地予以评价。

许知远：你开始写诗时具体是写的什么内容？本来想买你的诗集，但是在书店没有找到。

黑木瞳：你早说，我给你带一本。我是小学六年级的时候开始写诗的。最初的机缘是一位叫谷川俊太郎的诗人，他有一本叫《爱》的诗集。当时觉得"爱"这个字很性感，是一个大人的世界，所以非常好奇，很想窥探一下。

许知远：那你现在对爱是怎么理解的？

黑木瞳：我觉得爱有很多种类，对喜欢的男性的爱，对孩子的爱，工作中同事之间的关怀与温柔。看到悲惨之事的发生，心会痛会受伤，我认为这也是一种爱。

许知远：在你现在这个年纪，哪种爱是最强烈、最为燃烧的？

黑木瞳：我现在投身于演艺界，对每部作品都倾注了爱，并希望能把这种爱传递给我的观众。对作品投入的这种热情，我认为是最强烈的爱。

许知远：第一次看到宝冢的演出是什么感觉？看到《凡尔赛玫瑰》的时候，非常震惊吗？

黑木瞳：明明是日本人，却变身法国人站在舞台上。头发也是法国人的金发圈，然后穿上礼服。宝冢的所有人都是女性，女性演绎男性。那个震撼我是永远不会忘记的，这个精彩纷呈的世界居然在日本存在。

许知远：是不是如今想来，宝冢时代的你们这些日本女孩，要去扮演英国人、法国人，这种感觉蛮像明治时代，就是《鹿鸣馆》里的日本人扮演欧洲人，扮演美国人，学欧洲、美国文化的感觉？

黑木瞳：是的。我觉得宝冢比较有意思的地方就是你可以演各国的人，而且并没有不相容的感觉。现在我作为演员，去演各种角色之所以都能胜任，就在于宝冢真的非常培养人。

许知远：宝冢时代在后台等待演出的时候，紧张吗？
黑木瞳：非常紧张，心脏一直狂跳的那种。

许知远：一上台就不紧张了，还是说一直紧张？
黑木瞳：只要一踏上舞台，站在观众面前，我就安心了。不过，有时也有非常紧张，中途想放弃、想回家的那种感受。

许知远：刚才我等你的时候就是这种感觉。
黑木瞳：是吗？

许知远：我想我逃走算了。
黑木瞳：真有趣。

许知远：但现在不紧张了。
黑木瞳：所以在舞台上还是容易引发紧张的。我尽量通过排练让自己不紧张，拼命努力让自己更有自信。

许知远：当时在一个全都是女孩子的团体里生活，到底是一种什么感觉？而且每个人压力又很大，竞争很强。

黑木瞳：因为只有女性，反而觉得挺放松的。一群很有女人味的人，大家也很团结。所谓压力，都是自己给自己的。站在舞台上，要演一些比较困难的角色，你就必须突破一个又一个的困难之壁。想让观众看到更好的表演，就要不停地排练。

许知远：在宝冢的时候就意识到自己迟早要离开吗？还是说对自己的未来有其他设想？

黑木瞳：当时在宝冢完全没有这样的想法。后来我从宝冢毕业的时候，就不想继续干这行了。一旦决定之后，又在想今后干什么呢？然后想到了电影。我挺喜欢电影的。对，那就去拍电影试试吧。于是我就来到了东京。现在回想起来，怎么说呢，可能真的是因为年轻才有冲劲。我是二十四岁从宝冢毕业来到东京的，当时就漠然置之地想，如果到三十岁找不到工作，我就回老家福冈。

演员要投身各种虚幻的世界，所以日常对我很重要

许知远：你最初见渡边淳一是什么感觉？

黑木瞳：我当时非常紧张，毕竟他是位有名的作家。然后他带我去吃和食料理，但其实没有交谈很多，我也不知道该跟他聊些什么。当时好像点了鱼料理，我就一直埋头吃鱼，因为除了吃，也不

知道说什么好。最后渡边先生说，我从未见过一个人能把鱼吃得这么干净，光剩骨头了。

许知远：你当时读过他的小说吗？你对他的小说是什么感觉？因为他与三岛由纪夫、太宰治都很不一样。

黑木瞳：是的，我几乎全都读过。渡边先生原先是医生，对人的死亡有自己独特的感受。他始终有个很强的意识，死亡与活着的人一直相随相伴。从这个意义上说，虽然时代不同，但三岛对死的思考与渡边对死的思考，应该有相同的地方。渡边淳一的三部作品，《化身》《失乐园》和《无影灯》，我都演过。《化身》可能比较特殊，其他两部都是飘浮着死亡气息的，是活人在面对死亡时的那种悲哀和虚幻，而《化身》则是至死都要辉耀无比的。当然，这也与渡边先生的年岁重叠，在小说中也就自然地反映了人向死才能乐活，为了迎接这个死，人必须华丽地活着的这种死生观。

许知远：你个人想过死亡吗？

黑木瞳：尽量不去想它。但小时候，若遇到痛苦或悲伤之事，遭遇不顺或需要反省的时候，就会用"自己总有一天也会消失的"来安慰自己。

许知远：《失乐园》这部电影取得这么大的成功，是不是超出你当时的预料？

黑木瞳：对，是在我的预料之外。我当时感到难以胜任，作品角色的年龄要比我稍大一些，自己太年轻了，我觉得我来演渡边先生描写的凛子，可能会有点力不从心，所以在提案的时候就一直推脱。但导演森田芳光先生找到我，非常坚定自己的方案，最终我是被他说服的。我从来没有想过是否能一炮打响，那时想的最多的是

"我能行吗",一直夹杂着这种不安。

许知远:那当时怎么决定去演《东京塔》的呢?因为《东京塔》也要处理一个比较复杂的关系。

黑木瞳:《东京塔》是源孝志导演的作品,那个时候我也不知道他看上我什么地方了,他告诉我他想拍《东京塔》,然后给了我一个拍摄提案。后来我读完了江国香织的小说原作,觉得她的恋爱观非常有意思——跟比自己小的大学男孩陷入爱情。里面有句非常有名的台词是"恋爱不是用来谈的,而是用来坠入的"。我觉得这是个非常有趣的世界,就答应拍摄了。

但这个角色非常不好演。源孝志是用男人的眼光,把角色还原成一个欲求很深的人。但原作者是女性,演员也是女性,这时两方的构想就出现了差异。我们与导演讨论了很久,但最终还是选择接近导演的思路,遵照他的想法,尽量往剧本的形象上靠。我自己也认可这个形象。这花了很长时间,而且挺难的。

当我认可了导演的想法再去表演之后,我就会不断揣测这个角色应该发出什么样的声调,声音是高还是低,说话时的腔调又是如何。如果仅靠戏服,是无法进入角色的。第一天拍完以后,第二天也有拍摄任务。那天晚上我边喝着酒,边反复看脚本,并发声朗读。当读到一句台词的时候,突然有种一阵风迎面吹来的感觉。这个叫作诗史的女人,就像风那样说着这句台词,像风那样鲜活,跟那个比自己小的男孩也是一阵风吹过般陷入爱河。最后,也是一阵风吹过般与他分了手。风就是给人这样的感觉。

那时候我的心里也总能感觉到有风吹过,那种角色的感觉,一下子就找到了。虽然每个角色都很难,但像这样能捕捉到某种感觉,是非常幸运的。其实,有一些作品我最终也没能捕捉到感觉,所以说,我觉得每部作品都是挺难的。

许知远：" 一阵风"这个形容好美，如果《东京塔》是一阵风，那《失乐园》呢，是什么感觉？是一场雨吗？

黑木瞳：我觉得是没有空气的感觉。爱一个人爱到无法呼吸，然后因为无法呼吸而死去。《失乐园》大概就是这种。

许知远：那你在真实的生活中，又觉得是什么感觉呢？肯定不是那阵风，也不是窒息，是什么呢？

黑木瞳：我平常并不把自己当成一位女演员。跟家人在一起就挺幸福的。去家附近买东西，去超市购物，然后想今天做点什么。天气挺好的，就想洗点什么。这些理所当然的日常化的时间也是非常宝贵的。作为演员，要投身于各种虚幻的世界，进入各类如梦的物语，所以，日常对我很重要。

许知远：电影一拍就是几个月，你沉浸在这种感觉中这么长的时间，当拍完之后，会很不适应吗？因为拍完之后还要回到现实生活中。

黑木瞳：我很少会被角色拖住。我有自己的家，出了这个家门，就如同开关开启，女演员的样式得以展现。在作品的世界里，成为一个非现实的人，活在非现实的场景中。一旦回家进入玄关，就会想到家里是否有豆腐，今天做什么料理，明天为女儿做什么便当。

许知远：这两者之间从来不会错乱混淆吗？

黑木瞳：不会。如果不能复位，不能还原自己，下次的拍摄就会非常辛苦。如果一直被这种状态拖住，人是要崩溃的。所以一定要把自己重置一次，抱着好心情睡上一觉。第二天醒来，迎着朝阳说一句：哇，今天也是好日子。

许知远：你最喜欢东京的什么季节？秋天还是春天？
黑木瞳：我喜欢秋天。

许知远：为什么？
黑木瞳：我是秋天出生的。非常炎热、燃烧着的夏天过去，迎来一个艺术之秋、食欲之秋。

许知远：你相信星座吗？你好像是天秤座的吧？
黑木瞳：是的。我只信大好事。

许知远：其实我们是一个星座的。我也是秋天出生的。
黑木瞳：确实我们很相近。有人说天秤座的人平衡感很好，你认为是这样吗？

许知远：我至今还没找到平衡感，还在寻找中。
黑木瞳：我们是一样的。

许知远：不过你给人的感觉是平衡感特别好。这是真的这么好，还是给别人看起来这么好？
黑木瞳：所有东西都有阴和阳，好与不好的一面。我一直坚持不要只看一面。

许老师：如果碰到失衡和焦虑的时候，你是怎么面对的呢？
黑木瞳：有一句谚语叫作"因祸为福，因福为祸"，幸与不幸就好像织网一样交织综错。在不幸的时候祈愿幸福，而在幸福的时候则不能满足，要学会谦卑。我一直用这种心情调节自己，当有压力的时候就想到之后会有好事降临。

被人喜欢，被人讨厌，
都是我的职业

许知远：你觉得这么多年你经过最大的失败是什么？

黑木瞳：我有很多失败，所以很难马上说出哪一个失败。

许知远：最近的一个，最近的一次失败。

黑木瞳：最近睡了一次懒觉。

许知远：这也算失败吗？

黑木瞳：这是我三十多年来第一次睡过头。因为要拍摄，每天只能睡两三个小时，疲劳就一直在身体里堆积。

许知远：你三十多年里只有一次睡过头？

黑木瞳：对，应该是三十多岁以来的第一次，二十多岁的时候有一次。这是我成为演员后第二次睡过头。

许知远：你已经把我吓住了，太不可思议了，你怎么能对自己这么严苛呢？

黑木瞳：我觉得这没什么，守时是很普通的事，但到底还是睡过头了。这不是故意而为的，而是没有办法，所以现在想来也是可叹的。

许知远：你是每天都自我反省的人吗？

黑木瞳：是的。

许知远：每天都意识到自己的不足，也很痛苦吧？

黑木瞳：如果这么简单就能完美的话，人是不会成长的。我几乎每一天都站在摄像机面前，但一年中可能也只有某一个瞬间，会觉得这次演得挺好，会很开心。所以我每天都会反省，反省之后才睡觉。

许知远：所以你每天都感觉自己生活在悬崖边上？

黑木瞳：没有那么严重。总之就是不积攒压力，把反省作为明天的活力。这次的失败就是下一次的新生。

许知远：你演了很多不同的女性角色，你觉得现在的日本女性对自我的认知、社会地位是一种什么样的状况？或者说，日本社会对女性的看法，这些年发生了哪些改变？

黑木瞳：我在演艺界，看到的只是一个很狭窄的世界，所以我觉得我没有谈论整体日本女性的权利。现在日本的少子化现象很严重。我觉得工作与生育两不误的环境，在日本还没有营造好。怎么说呢，应该是创造出一个对女性更加体贴入微的社会，女性即便结婚生子，也能安心工作。我觉得这个环境应该更富足一些，社会福利应该更充实一些。这些大家都还在努力当中，我相信今后应该会变得更好。

许知远：你心中有没有特别理想的女性角色，觉得她是你的榜样，有这样的女性吗？

黑木瞳：怎么说呢，把自己变成一位更为得体的女性，我觉得这就是最为理想的女性形象。我也一直在努力中。

许知远：从小也没有吗？

黑木瞳：要是从小时候说起的话，我很憧憬的一部电影是《乱世佳人》。那部电影里的女主角斯嘉丽是一位坚韧不拔、充满活力的女性，我那时就很受感动，觉得自己面对生活也要成为这样坚韧不拔的女性。也想在屏幕上看到这样的自己。

许知远：会想成为像《鹿鸣馆》里的伯爵夫人那样的女性吗？她们也很强，要参与很多社会的改变。

黑木瞳：我不知道想不想变成那样。大政奉还[1]的明治时期，那些人想要把日本变成更好的国家，为此发生了日本人之间很多的交战、流血和牺牲，这才有了今天的日本。所以我认为从某种意义上说，没有明治维新，就没有今天的日本。

至于是否想生活在明治时代，我其实不知道怎么回答好。那个时代的女性应该很坚强，男性很有度量，大家都想守卫这个国家，都想把这个国家变得更好。我朦胧地感觉到，得益于他们每个人的奋斗不息，才有我们的今天。

许知远：我要来见你之前，我的很多朋友，特别是女孩们都想问你，怎么保持这样年轻的状态呢？她们觉得简直不可思议，你会给她们什么建议？

黑木瞳：也没有什么特别的。做自己喜欢的事。比如拍电影、电视剧、演舞台剧，等等，肯定都不轻松，但在痛苦的过程中，挣扎着完成自己的作品。之后会有充实感，或者想夸奖自己。在这样的瞬间，感觉自己还活着，或者它成了一个活下去的动力。而在平时，说起来真的很遗憾，我是啥也不干的人。

---

[1] 庆应三年（1867）十月，第十五代将军德川庆喜把政权还给天皇，标志着持续两百六十多年的德川幕府统治结束。大政奉还标志着日本封建时代的结束、近代日本的开始。

许知远：会因年龄的不断增长，对衰老有恐惧吗？

黑木瞳：我跟普通人一样，也会感到恐惧。但做演员有意思的是，在二十岁的时候可以演二十岁的角色，三十岁的时候可以演三十岁的角色，所以，随着年龄增长，你可以演一些从前你没有演过的角色。对演员来说，每个时期碰到的作品都是不一样的，不管到多少岁都可以表现自己的演技，这里有期待也有不安。演戏本身我是非常喜欢的，虽然很难，越演越难，但自己也越喜欢。这是一个连续的认识过程，总是想演得再好一点，总是想奢望更多再更多。

许知远：你演《东京塔》也好，《失乐园》也好，演这些"坏女人"的角色对你来说意味着什么？是一种很特别的感觉吗？因为整体来讲日本还是一个相对保守的社会，你害怕自己演"坏女人"所引发的这些争议吗？

黑木瞳：是的。我年轻时演这些坏人，总在想，这个人为什么是坏人呢？我跟编导们说，脚本里一定要写下一些理由，告诉我为什么这个人会变坏，然后一定要让我演出这个变化过程。但过了三十岁以后，我的意识开始发生变化，感觉到坏人就是坏人，是不需要特别明确的理由的。这个就是娱乐界很有趣的地方。

回到你的问题，观众之中，因为你演坏人，有的会表现出讨厌，但也有观众会觉得这样的角色你都能演，真厉害啊，表示赞赏。有各种各样的观众，就有各种各样的意见，这是非常重要的。比起结果，我觉得不管是哪种意见，能够在观众心中留下印象就是好的。这没什么可怕的，因为这是我的职业，被人喜欢、被人讨厌的职业。

许知远：我觉得演"坏女人"更迷人，更有意思，好人就不太有意思了。

黑木瞳：对的，我同意你这个说法，演坏人更有趣。作为演员，其实演好人更难，演坏人更有趣。

许知远：如果当时没有入学宝冢，你觉得你会做什么职业呢？
黑木瞳：我觉得我会去学校当老师。

许知远：会成为一个诗人吗？
黑木瞳：我觉得诗人连吃饭都成问题。

许知远：拍摄《化身》的时候，你才二十五岁，需要很大胆的演出，当时有所考虑吗？
黑木瞳：当时导演跟我说，你要把自己想象成砧板上的鱼，任人摆布才行。

许知远：砧板上的鱼，这是一种什么感觉？是自由还是紧张？
黑木瞳：没有自己的意志，没有自己的思考，全都是按照导演的思路。

许知远：那你做导演时，也希望你的演员做砧板上的鱼吗？
黑木瞳：让她们变成鱼肉，我认为这拍不了好作品。要尊重她们的想法，让她们所具有的特点转化为拍摄的素材。

许知远：作为导演的出道作品，当时为什么决定拍摄《讨厌的女人》？
黑木瞳：以女性为主演的电影，在当时意外地比较少。这些女性，她们是怎么生存的，她们是怎么想象生活的。让女性朋友能获得生活的勇气，能得到战胜困难的力量，这类作品我是非常喜欢的。

许知远：作为一个导演，你在现场会跟演员发脾气吗？

黑木瞳：我不会发火。做导演以后，我脑子里会有一个想象的影像，再与演员们分享。但即便是同样的一句话，由于取舍与感受的方式不同，会产生理解的不同，所以要把自己的表现力和情景力传递给他人。让他人理解是最为困难的。

许知远：电影是一个很综合的东西，对你来说什么元素特别能激发你的想象力和感受力？

黑木瞳：这还真的不好回答。有时是从音乐那里得到灵感，比如说《讨厌的女人》里，有竹内玛丽亚演唱的主题歌《生命之歌》。我在听到这首歌的时候，顿然预感到我要传递的就是这首歌的真谛。一首歌，定格了我的影片的形象和主题。

许知远：如果你晚生三十年或四十年，你是现在的年轻人，你会做什么呢？

黑木瞳：我觉得我会去外太空。

许知远：去外太空干什么？

黑木瞳：去找地球人之外的人类，为地球尽力，为和平尽力。

许知远：你现在还有什么特别想去实现的吗？

黑木瞳：估计我会再去拍个电影吧。

许知远：可能有机会将来跟 AI 一起拍电影。

黑木瞳：也可能会有那么一天吧。但如果出现那种虚拟的女演员就会很困惑，还是有血有肉的人是最好的。

1960 年　生于黑龙江哈尔滨
1985 年　参演电影《高山下的花环》
1986 年　毕业于中央戏剧学院
1991 年　参与拍摄首部电视剧作品《我是乡巴佬》
2007 年　凭电视剧《乔家大院》中孙茂才一角，获第 3 届电视剧风云盛典最佳男配角
　　　　搭档陈宝国、黄志忠出演《大明王朝 1566》，在剧中演严嵩一角
2014 年　出演《北平无战事》中谢培东这一角色
2019 年　凭家庭剧《都挺好》获第 25 届上海电视节白玉兰奖最佳男主角奖

扫码观看视频

倪大红

与时代差了半拍，
对我是一种眷顾

Chapter 05

我们彼此都有点手足无措。他说自己紧张，怕读的书不够多；我也紧张，他似乎有别样的力量，在屏幕上，他依靠言谈与行动的迟缓，给你一种暗示，沉默才是力量。

那是在保利剧院的后台，他刚结束话剧《银锭桥》的演出，舞台上的兴奋与疲倦尚未消退。此刻，他正因《都挺好》中的"苏大强"的角色，风靡全国。这是一个演员可遇不可求的时刻，你的角色，跨越出剧情，成为一种社会情绪，一个大众文化符号。

见面后，我特意走上舞台中央。尽管早已散场，台上台下皆空空荡荡，还是能感到被一种氛围包裹。那一刻突然意识到为什么有人会迷恋这种感觉。

两周后，我们去中戏闲逛。在过去的宿舍、练功房、篮球场上，他回忆起自己早熟又晚成的人生。而如今，他的愿望是杀死"苏大强"，期待新生。

那时我也开始留长发，
一扭头的时候特帅

许知远：你是哈尔滨人？

倪大红：我不是在那儿长大的。我生在哈尔滨，但很小就离开了，因为父母也确实照顾不了我。我跟着姥姥，去兰州、安徽、北京，每年回趟哈尔滨待几个月，然后又走了。

许知远：从小就是四处游。

倪大红：对，老是在不同的地方，学习也不是那么稳定，到哪儿都是新同学，都是重新开始认识。

许知远：现在回忆起来，最初对表演产生兴趣是什么时候？强烈地意识到"我真的是特别爱这件事"，是多大的时候？

倪大红：其实也就是考中戏之前的三年左右。我不到十七岁就下乡了，那会儿偷了我爸的一本斯坦尼斯拉夫斯基的书，《演员的自我修养》，带到了乡下。实话实说，里边大部分内容我不太能看得懂，什么告诉你怎么用胸腔发声，怎么找共鸣。其实那会儿我也就只是到刚才说的这种理解程度。但是没事会看看，而且那会儿也没有什么娱乐活动，什么都没有。

许知远：那个时候谁是你心目中最好的演员呢？那时候还只有几部电影可以看吧？

倪大红：那个时候好像只有八个样板戏，还没有什么电影出来，国产电影也没有，那都是后来的事了。

许知远：你很少说起插队那段时光，那时候是在黑龙江插队吧？

倪大红：黑龙江大庆那边，安达畜牧场。

许知远：你们应该属于最后一批知青了吧？

倪大红：对。下乡之后，我被分配在马车班，在马车上给师傅当小工，该拉菜拉菜，该拉黄豆拉黄豆。冬天赶着四匹马，给全农场的人上大庆拉石油，那个苦啊。本来我跟师傅两个人一辆马车，去拉石油的话，就再给搭配一个人。一般晚上九点钟出发，一直到天亮五六点钟到大庆。到了后，一块一块石油往车上拉。

许知远：那是冻成块的？

倪大红：冻成一块一块的，不会码的话，一车都不够装。怎么码特别是一个技术活，路途又远，还不能让它颠着，颠着就掉下来了。给它蒙上以后系好了，我们只能趴在上头，但是冷，趴不了一会儿，半个小时都趴不了，我就得下来，跟着车跑一会儿。

许知远：这种日子过了多久？

倪大红：我是1976年下乡，1980年去鸡西话剧团，户口一直就在乡下，什么都没赶上。1978年开始我就老请假，想考大学。

许知远：那时候所有年轻人都发疯了一样去考大学，是吗？

倪大红：是。到1979年底那会儿，我就不回去了，一门心思考戏剧学校。

许知远：这个决心是怎么下的？跟父母有关系吗？

倪大红：有关系。十二岁回哈尔滨，看母亲在台上演话剧，跟真的一样。他们演的什么戏我忘了，记得台上下雨，我在底下看，说坏了，下雨了，其实是人家剧场做的效果。我没接触过这些，眼睛不知道该从哪儿看，接受的东西一下太多了，不知道该吸收哪一块了。离开哈尔滨后，就老带着这种想法，忘不掉。再加上那会儿八个样板戏，什么《红灯记》《奇袭白虎团》《海港》，这些我也都喜欢，尤其喜欢《智取威虎山》。

许知远：杨子荣吗？

倪大红：杨子荣，少剑波，座山雕。然后自己还琢磨，要是我演座山雕，我能演成什么样。我不会唱，有时候就对着一面小镜子，比画座山雕瞪着眼睛的样子。后来我不还演了一个电视剧《林海雪原》吗，还真演了座山雕。

许知远：在鸡西呢？ 1980 年在鸡西的生活是什么样的？

倪大红：当时考戏剧学院没考上，正好鸡西话剧团到哈尔滨招学员，就去考，然后就真的去了鸡西，待了一年多不到两年。后来上中戏以后，我们班里，我和另外一个女孩都是从剧团来的，所以老师对我们是属于严加管教的那种，怕我们养成一种不好的创作人物的习惯。因为在鸡西话剧团，确实演了好多《雷锋》《钢铁是怎样炼成的》这样的话剧。当然也不是说鸡西话剧团的表演风格或者表演水平如何，也不能这样去理解，因为这个话剧团面对的是那一片煤矿的演出任务。剧场里观众的氛围也不是很安静，所以演起来也不是那么的带劲，就是你能喊我比你还能喊，我得镇得住你。

许知远：那时候对未来会不会挺困惑的？

倪大红：其实当时倒有一个简单的想法，觉得到了鸡西话剧团，也许将来就能回到哈尔滨话剧院，守着父母近点了。那会儿鸡西到哈尔滨好像火车得十八九个小时，那么长的距离。曾经想过的也就是这个。

但是考学的想法一直没断，而且在鸡西话剧团确实也表现得非常好，加入了共青团，团领导还想培养我，我就跟团领导谈，说还是想考学。领导还是很支持的，同意我考，也同意我提前回哈尔滨准备。

许知远：如果1982年没考上，你还会坚持考吗？

倪大红：考不了了，年龄到了，只能希望将来鸡西话剧团保送我到上海戏剧学院或者中央戏剧学院，或者其他什么艺术院校去进修，只能是这样。

许知远：在中戏那几年最开心的是什么时候？

倪大红：其实刚上学的那两年是最开心的，到后来就忙着毕业分配。

许知远：还记得第一天进校门是什么感觉吗？应该是九月底？

倪大红：好像是八月二十七八号，坐火车到北京站，各种接新生的横幅。不光是接我们这一个班，甭管哪个系的新生都等着，一大车子。

许知远：还记得那时的心情吗？第一天的心情应该挺特别的。

倪大红：确实是，我那时候也没来过几回北京，一路在大轿车里就四处看。到了中央戏剧学院，也是四处看。再往后那几天，就去找当时听说过的很有名气的老师，想去捕捉这些老师的身影，但是其实一个也没看到。后来才陆陆续续看到。那会儿姜文，我师哥，他愿意蹲在墙根吃饭，也不理人，也不说话，就吃。

许知远：他当时在学校里已经非常有名了，已经变成一个传奇，是吗？

倪大红：特别的不起眼。冬天穿着一个军大衣，老是低着个头，也不说话，反正老是溜边走。有时候我也跟他学，我也愿意溜边，但我那会儿没军大衣，人家有军大衣。

许知远：当时都有些什么课？

倪大红：主课是声乐、台词、表演、形体，我偏重表演和形体。其实台词和声乐也喜欢，但就是觉着是不是能够让自己先灵巧起来，随时随地都能把自己身体协调好，因为我要靠身体去创造角色。

许知远：采访姚晨的时候，她说她大多数时候也不是靠语言来表达的，是靠形体。所以你表演的时候会有意识地把日常动作用进去吗？

倪大红：得是适合这个人物的，如果不适合，不会做的。

许知远：你的身体反应是属于学得很快的吗？

倪大红：我属于肩膀老是放松不下来的那种。我们班好多都学过戏曲，学川剧的，学京戏的，或者是舞蹈演员。他们打小就练的，随随便便这腿说掰就掰上来了，打一飞脚，特别高，我就不行，腿沉。

许知远：会因此有点排斥这门课吗？

倪大红：那不会。因为觉得身体太硬，想跟得上同学们，有的时候自己就跑到练功室压压腿，劈劈叉，自己多下点功夫。边上还有个小一点的练功室，里面有钢琴，陈道明老师就弹一手好钢琴，经常晚上十一二点的时候，我这边练差不多了，那边钢琴声就起来了,我就知道陈道明老师来了。有时候我过去,他也不撵我,我就靠着杆,在那儿听一会儿。

许知远:听起来真浪漫啊。在八十年代的时候,中戏的男生怎么追女生?谈恋爱是个问题吗?

倪大红:不能公开,公开就退学了。

许知远:八十年代初,整个中国都变得越来越开放向上,出现各种新的时髦,外国的事物都涌进来,这种变化当时对你有什么影响吗?

倪大红:我们上学的时候还是比较朴实的。我还记得靠近南锣鼓巷巷口有一个火烧店,老板稍微有点瘸,但平时也吃不起火烧,一礼拜也就能吃上一次。三里屯往北一点有个食杂店,一个月能去买一回猪头肉,就是最好的生活了。那会儿学生也少,四个系加一块儿也就一百来人,非常安静。偶尔我们会聊一聊美院的事,八大艺术院校有时候还在一块儿搞活动,去了你就会接触到很多别的院校的学生。我首先接触的就是美院的长头发男生们。他们留那么长的头发,衣服都是这一口袋那一口袋,鞋也真漂亮,高帮的,皮的。

许知远:美院是最前卫的?

倪大红:对。然后我也开始留头发,表演系不让,我说我准备创作一个剧本片段,头发是长的,反正就不想剪。好不容易留起来一点,就觉得谁一喊我,"倪大红",这一扭头,头发"唰",特帅。

许知远:要是碰到那时候的大红,你想跟他聊什么?一个从东北赶来的小伙子,对未来又期待又有点害怕。

倪大红:会对他说什么……我觉着可能那会儿我还不太努力,

还没有真的忘我。可能在某些方面我坚持过那么一段时间，比如刚才说的练习形体，到大四的时候开始忙，拍大戏什么的，就觉得行了，还可以了，这腿一踢也能到这儿来，空翻也能翻了。其实这也是对自己的放松。

过去十年的角色我也很留恋，但还能往前再走一走

许知远：跟谢晋导演打交道什么感觉，当时对他什么印象？

倪大红：要说印象，只能是现在对他的印象，当时没敢有什么印象，就是心突突跳，老是突突突的，紧张。丛珊师姐说有部电影叫《高山下的花环》，谢晋导演想晚上见见你，我那会儿一听就开始哆嗦，就抖。晚上一个人不敢去，拉着我们班几个人一起陪着去的。谢导跟我聊天，第一句话就是，看见你了。我半天也不敢说话。后来我问他，谢导你搁哪儿看见我的？他就说在戏剧学院操场，吊儿郎当的。

他说话带着上海口音，有的时候我也听不太懂，反正他就是笑，老那么微笑着，然后让我演个小品。后来就没有音信了。得有将近一个半月左右，突然通知我和周海涛去上影厂试镜头、试妆，我们俩就去了，头一次坐飞机。

许知远：啥感觉？

倪大红：都叫首长，管我们俩孩子也叫首长。

许知远：拍电影的感觉跟在舞台上表演话剧的感觉，差别非常大吗？

倪大红：那会儿我还没走向舞台，还处在一个学生的状态，所以也没有那么多的区别，除了紧张没有别的。

许知远：现在回忆起来，当时谢晋的导演风格是什么样子的？

倪大红：不断地走戏，在拍摄前一天，最起码半天的时间都是在走戏，不排练，也不拍摄，就是上现场走。那边海拔高，有高原反应，不敢让演员跑太多，像冲锋这样的大场面，就慢慢地走一走，熟悉一下路线，告诉你们机位在哪儿，炸点在什么位置。其他的只要是文戏，不管是重场戏还是过场戏，全部都得走，来回地走，走得熟熟的。我的事不多，但也得去，去了以后就搁那儿站着看。在那种环境下，没有一个不认真的。

许知远：在屏幕上第一次看到自己是什么感觉？

倪大红：特傻，就觉得怎么能这样。当然同学都说挺好的，你还能把自己的身体放松下来，这已经很不容易了。戏里头我在石头那儿躺着，看着书，脚还抖着，其实我估计那脚当时是因为紧张在抖，但没想到他们说这个特别棒，你这脚还能那么松弛，还能抖着。

许知远：都是误会，是不是？拍完之后就没想过再去拍电影吗？肯定会有很多新的可能性出现。

倪大红：这个怎么说呢，其实我们班，包括系里的老师，是反对我们刚刚入学就出去接戏的。当时拍《高山上的花环》也是没有办法，因为这个题材送到了文化部，谢晋到文化部找人拿了调令来，要不学校是不让去的。老师问我，你自己什么态度？我说去也行，不去也行。但是我又有点舍不得这个机会。

许知远：那时候戏剧学院的学生对电影会有偏见吗？觉得戏剧是更高级的事情，电影更娱乐？

倪大红：可能还没有这样的偏见，但确实对出去拍戏的人有点不屑一顾，着什么急，你这辈子不就是干这个的嘛，踏踏实实把基础打好，别那么着急出去。所以回来以后其实挺灰溜溜的，恨不得哪没人我搁哪待着。形体老师更不用说，就是觉得"你这形体白练了，要不干脆你毕业就赶紧改行，别干演员了"。全是这种刺激我的意见，或者说这种不太好的表情。

许知远：逼得你更发奋了。

倪大红：就觉得，干了这行之后如果想好好地往前走，一定得是像当时拍完《高山上的花环》回来学校后的那个状态，一定要是那样的。

许知远：特别难以得意忘形，是吧？但每个人总有想嚣张的时候，想得意忘形的时候，这种冲突也是人的一部分，这种时候怎么办呢？

倪大红：拍完《高山上的花环》后，我拿了大概有三百块钱，当时算是巨款，给家里一百五十块，自己留了一百五十块，上秀水去，买了件衣裳，亮光的，什么材质也不知道，花了大概三十多块钱。那年的国庆，我们学校去天安门欢庆，放礼花，烟灰落身上了，回来一看，那衣裳就跟麻子似的，完了，这衣服算废了，没法穿，翻过来穿也不行，怎么都不行。这真的是特别难受。后来我在墙上钉了一钉子，就把衣服挂在那儿，告诉自己，以后，这种东西不能买。就那么一直挂着，后来也不知道谁给穿走了，也不知哪儿去了。所以有的时候我觉着，是不是就是因为有过这样的情况在我身上出现，我才会时时刻刻想着，其实我也没什么。

许知远：听到别人什么样的赞美最开心呢？会让你特别记入心里的。

倪大红：我其实喜欢舞台演出结束后的掌声，当然影视是没有的。你和不认识的观众，上千的观众，交流了两个来小时，然后他们给了你掌声。这都是很真实的。我真真实实地完成了一部作品，观众也认认真真地感受了这部作品。所以我喜欢这种掌声。

许知远：从中戏到北京人艺林兆华导演那儿，是一个非常大的变化吗？

倪大红：我觉得是一个翻天覆地的变化。刚开始和林兆华导演排练《哈姆雷特》的时候，我们就学孙道临老师那种台词的感觉，比如他配音的《王子复仇记》，结果到了林兆华那儿，全部是错的。他在台词上不要求这个，你就像正常说话一样，语速放快，能快到什么程度就快到什么程度，正说着，他说停，然后又让你接着说……后来他就说，你得自己停，你觉得你想停你就停。有的时候，我就故意说一句停一下，看他是什么感觉。因为他也不说什么是好，什么是坏，也不知道他让我找什么，所以我就一句一停，"生存还是毁灭"，停一下，"这是个值得思考的问题"。

但林导聪明，他说，"你别跟我来这套"。然后他就告诉我了，整个戏是有一个节奏的，但是他也不知道这个节奏应该是什么样子，他就想通过这个演员那个演员去说不同人物的台词，去快速地感受他想要一个什么东西。

许知远：这过程很刺激，就像在做实验一样。

倪大红：对，大家就会被激发起来，这才知道莎士比亚的戏还可以这样去弄，就真的逐渐忘掉了孙道临老师那种很棒的配音，什么都忘掉了。最后真的就是成了自己的表演，由衷地发出一种带有林兆华要求的那种节奏的说话方式。

许知远：认识到这一点，对你的表演是一个转折性的改变？

倪大红：可以说在台词方面对我是一个转折性的改变。如果说在表演方面的话，我觉得还是严嵩这个角色。在《大明王朝1566》里，我一个四十多岁的人来演八十多岁的、这么一个老态龙钟的严嵩，一人之下万人之上的一个角色。因为他老，所以我语速放得很慢。当然从林兆华导演那里我尝试的是《哈姆雷特》这样的话剧，但当人有过一种对语言节奏的实验或者说尝试之后，就会知道这种节奏应该怎样去变化，能借鉴得到。我把语速放得很慢，有的时候半天也不说话，黎叔（张黎）说，这就是严嵩。我就知道这个路数是对的，最起码我知道我可以奔着这种路数去走了。也巧了，《北平无战事》我演一个地下党，你总不能很有激情地说我是地下党，你只能老老实实地、慢慢地去演。我觉得这个慢是对的，后来创造了几个形象，都是这种路数。

许知远：我很好奇你进入一个人物的方式是什么？比如哈姆雷特，他面临着这么大的家庭变故，是这么一个犹豫的人，要怎么进入他？严嵩是理解权力的所有黑暗的这么一个人，你怎么进入这些人的内心呢？怎么去揣测他们？

倪大红：其实我刚才说了一点，就是林兆华的哈姆雷特，让我忘掉了所有其他的哈姆雷特。也就是说，一个导演他想把这个戏做成一个什么样的风格，会和你的表演有关系，你得和整台戏的演员与导演统一。不是说我是怎么做到的，是我们全体都靠近了林兆华想做的风格，所以最后是那样的一台《哈姆雷特》。

创作其实就是导演和演员之间的沟通，我先尽量地给他东西，行不行的，我先释放出来，等着接受导演给我的指令。他觉得这样是好的，我就按照他说的往下走。当我走远了，他会把我拉回来。

许知远：好像和黑木瞳的回答一模一样。好像演艺界都觉得这个是对的。但如果你是空白的话，你也是无法表现的，你肯定还是在调动之前的经验。这些不同角色，他们都带有自己鲜明的个人经验，你怎么去接近这些角色呢？靠什么呢？

倪大红：以前创造伟人形象就有那种伟人操，总理就是一二三，把这个动作练好了，基本上总理的感觉就有了。我倒没有什么理论依据，或者说掌握创造角色的这种诀窍，没有这些东西。

我创作人物的习惯是没事就瞎想，没事就琢磨。一个演员确实得会观察生活，作为我来说，我知道什么是我需要的。可能我会先寻找一个外部的形象，再看内心的感觉和我看到的这种形象能不能搭在一起。也许我在前门看见一个人，我觉得这人像严嵩，我就记住他。演《都挺好》时，我看了很多个认识的不认识的老头，但是没有看中的，因为确实我没有想到父亲是这样的一个形象。

许知远：父亲本该是肩扛着家庭重担的，但他没有。

倪大红：父亲就是一肩膀。好，苏大强这老头，是这样一个父亲，我感受不到共鸣，我想去捕捉，真的捕捉不到。但是后来我抓住了一个什么细节呢？歪脖。一个老是歪脖的老头，我感觉那个老头心里边故事非常多，这一生一定是一蹬一蹬的阶梯式走上来的这样一个老头。所以我要充实我的内心，就先找这种外部的感觉。

许知远：如果生活中碰到苏大强这样的人，你会和他做朋友吗，还是会很烦他？

倪大红：我觉得我会跟他成为朋友。其实苏大强有时候作，是作得有道理的，他就是想把儿女们作到他身边来。妈也没了，孩子之间打小就有矛盾，我这作作，你们能多到我身边来，也许你们也能缓和一下关系？作回到他身边来，他踏实了。

许知远：你觉得苏大强和司马懿、严嵩有相似的地方吗？

倪大红：你要是这么说的话，也能找到相似的地方。比如司马懿也作，说要杀他，当着皇上的面躺地下就闹。你看你一说这个问题，我立马就飞了，开始琢磨哪些角色之间还有这种重叠。这对演员也可以说是一个课题吧，演员每创造一个角色，会吸纳很多东西，当你再去释放的时候，一定会带有你自己本身的特点。

许知远：是，肯定有些会留在身上，一层层叠在一起。而且很多人就冲这个去看的，这种连续性是仅仅属于你个人的东西。

倪大红：所以有些演员聪明，他拍续集，这就不存在再创造人物的过程，只是把这一个人物一直延续。

许知远：你会厌倦的吧？

倪大红：对，就没有创造力了。再让我演一个苏大强我已经没有创造力了。我确实有点担心自己，以后的影视作品要怎么拍下去。前一段参加了一个中央电视台的活动，我去做一个讲述人，讲述泸定桥那场战役，扯着国旗走了一段。虽说我也很严肃，但后来我自己看现场的视频，觉得这不就是苏大强吗？可能是因为我这发型的问题，明天我打算先把发型变一变。

许知远：你过去十年属于创造力特别旺盛的时候吗？还是尚未到来呢？

倪大红：怎么说呢，过去十年的角色我也很留恋，但认为自己还能往前再走一走。现在摆在我面前的是苏大强这个角色，他已经太深入人心了，所以我想把苏大强给摁下去。

许知远：杀死苏大强。

倪大红：也许不是立马就能出现一部影视作品，我一去演就能把他给摁下去，但在不远的将来一定会的，还会有一个新的东西搁在这儿。

一二一齐步向前是好，但也可以有自己的节奏

许知远：刚刚很多的表达都是在说怎么革自己的命，你有没有觉得现在创作者实验性的欲望比以前弱了？现在都是很模式化的。包括《都挺好》，它其实把每个人脸谱化了。对于创作本身，这是有问题的，它把人的复杂情感变得这么简单。但也因为这种模式特别引起话题，大家就会讨论它。这种类型化有点挡不住的感觉。

倪大红：这大概是一个趋势。有人曾经跟我聊过，问，倪大红，你喜欢观众给你画的那套漫画吗？我说特别喜欢。其实他话里话外的意思我也听见了，就是说这个作品从艺术水准来说，它是不够格的。但它是统一的，所以它挺好，它成功了。

许知远：在我们所有人可见的范围里，你是演什么角色都很成功的，有没有一个对你来说特别明显的失败？

倪大红：有，很多年前，我曾经主演了一部电视剧，就被人换了，他们认为我演不了这样的角色，可能也确实是因为我的形象的局限性，拍了几天，然后换了。

许知远：多久之前？当时对你打击很大吗？

倪大红：二十五年以上了。确实有打击。

许知远：现在还会有一种特别的成就吸引着你想马上去实现吗？有没有一种更深刻地被认可的渴望？

倪大红：我听过那么一个小故事，有一个行者问得道者，您得道之前干吗？他说我劈柴、担水、做饭。行者接着问，那您得道以后都干吗？他说劈柴、担水、做饭。这个行者又问，那您怎么得道的啊？他说我以前劈柴，得想着待会儿还要担水，然后还同时想着做饭，现在劈柴是劈柴，担水是担水。可能我现在比较像这样的状态。

许知远：过去最焦灼困惑的时候是什么时候？

倪大红：九十年代，其实就是1995年左右。当时想放弃这个职业，努力学外语，出国去学习，学导演，学摄影，或者学灯光，反正当时确实就想离开。为什么没离开？就是因为不知道要做什么，目的还不是很明确，所以没离开。当然也出不去，经济实力不够。

许知远：为什么想放弃做演员呢？

倪大红：那会儿已经被分配到实验话剧院了，跟着林兆华导演拍完了话剧《哈姆雷特》。其实我是非常喜欢舞台的，而且没有想到毕业以后能有这么多机会在舞台上创造形象，但是当时有点——也不是说想和别人不同，也不是说非要独树一帜，都不是，但是确实有点不太敢苟同当时的表演，觉着怎么那么假，也不说人话。

许知远：那是一种很孤立的感觉。怎么面对这种孤立呢？

倪大红：其实我就老是自己和自己比较，心里面觉得我这坚持是对的。

许知远：对你来说，话剧舞台的魅力是什么？

倪大红：有次演出结束了，我又在那个空舞台上站了一会儿。尽管台下没有人了，但我立刻感觉到了一股力量。舞台的魅力是什么？是人生突然在那一刻被聚焦了，各种张力显现出来，这个感觉是很奇妙的。

许知远：你的表演很好，但是特别大的名声倒来得相对比较晚，有时候会觉得和时代有一种错位的感觉吗？

倪大红：也许就是因为错开的这种节奏，让我还能够静下来，这就足矣。差这半拍是对我的一种眷顾。其实从中戏毕业以后，我这些年最大的一个支撑，是还没有离开演员这个职业，在我完成的这些角色当中，可能还能具有我自己的风格式样。

许知远：你会羡慕那些总是合拍的人吗？

倪大红：当然一二一齐步向前是好，但也可以有自己的节奏。其实我有时候想，我也许是一个幸运儿，可能确实是一个幸运儿。上学期间，老师甚至陪伴我们练习到夜里两三点，把家里做的好吃的拿到班里来，一碗牛肉，一人一块，告诉我们谁也不许多吃。老师的条件也不是那么好，而且还要大量备课，他们还能花时间给学生做点吃的，所以我们班有的同学边嚼着牛肉边流眼泪。这不是假的，虽然没发生在我身上，但我觉得这绝对是真诚的。

上学期间我跟谢晋导演合作过，毕业后，北京人艺的大导——

大家都叫他大导——林兆华导演让我跟着他一块儿做话剧,从《哈姆雷特》开始,后来到《罗慕路斯大帝》《浮士德》,再后来又和张艺谋导演合作,再往后,是胡玫导演、张黎导演,又是张艺谋导演……我就老趴在巨人的肩膀上,跟他们也确实学到很多,是潜移默化的影响。

张艺谋是个不太说话的人,而且是很沉得住气的那么一个人。甭管是对他的作品的质疑也好,还是个人生活中的磨难也好,什么样的事情他都经历过,但他都可以化解。我看到的全是他在工作当中的状态。我记得跟他合作的第一出戏是《活着》,都1993年的事了。他的屋子里贴了满墙的纸,谁跟谁之间的人物关系,每个场次之间怎么衔接,整个屋子全是和剧本创作有关系的东西。然后他也不睡觉,我跟他在一个楼层,他在最那边,我是在最这边,有的时候我也不睡,两三点了,看见他自个还在楼道里转悠。

胡玫导演也是。她不是那种女强人,在现场就是看报纸。拍《乔家大院》时,摄影师池小宁对光的要求,对摄影的要求,实在是已经够可以了吧?但她觉得还不行。一个场景的光,她可能就要布一上午。我觉得他们能够在艺术上有造诣,能够出好东西,可能和他们这样一种心态有关。张黎导演也是,绝对不会催什么,有了什么事情,不着急,总有解决的办法,先冷静下来。在我身边都是这样的一种潜移默化。

许知远:你演过这么多不同的角色,还有什么角色或者人物是你特别想去演的,觉得可以再把他创造出来?

倪大红:其实特想演一个话不多的。演过这么多的类型戏,帝王将相也好,旧上海的资本家也好,各种爹也好,我可能不想动,不想说话了。

许知远：所以下一部电影叫《静物》。

倪大红：想创造一个这样的角色，哪怕这个角色最后已经土埋半截了，只剩脖子以上在演，我都觉得可能会很有意思。如果是这样的一个人物，他应该是一个什么样的故事？还要有故事吗？我想去尝试这样的。

许知远：你觉得你人生的这五十多年是靠什么推动的？靠创作的快感驱动的吗？

倪大红：靠什么推动的？这粮食和菜是肯定有的了。

许知远：有的人特别喜欢自己的青春，有的人觉得中年以后更理解自己和世界，你最喜欢自己哪段时间的生活？

倪大红：其实我从前也没有什么故事。有那么一句话，好汉不提当年勇，那一定是说他年轻的时候是有故事的，我觉着我的故事只是考学失败，只有这样的故事和经历。所以我就少回忆从前了，就展望未来吧。

许知远：这未来会怎么展望？摁掉苏大强肯定是其中之一了，还有什么特别想实现的？

倪大红：还是那句话，劈柴的事就归劈柴的事，再有一个健康的身体。

1961 年　出生于上海
1976 年　首次出演电影《青春》
1980 年　凭电影《小花》获百花奖最佳女演员
1981 年　赴美留学，只身勇闯好莱坞
1987 年　主演贝托鲁奇执导的电影《末代皇帝》
1994 年　凭《红玫瑰白玫瑰》获得第 31 届台湾电影金马奖最佳女主角
1998 年　执导电影《天浴》，获第 35 届台湾电影金马奖最佳剧情片、最佳导演等 6 项大奖
2007 年　凭电影《意》获第 44 届台湾电影金马奖最佳女主角
2017 年　执导电影《英格力士》，未上映
2019 年　主演电影《误杀》

扫码观看视频

陈冲

我喜欢那些不实用的激情

Chapter 06

"城市之光因疫情陷入困境",陈冲将这则新闻转给我,她知道我会对此感兴趣。我们都热爱书店,旧金山哥伦布大街上的这一家,尤其引人赞叹。自二十世纪五十年代创立以来,它不仅出售书籍,更塑造文化趣味、时代风尚。它出版"垮掉一代"作家的骇俗之作,是旧金山文艺复兴运动中的重要一员。

我回应说,真想赚一大笔钱,做一个白马骑士,去援助它。陈冲令人放松,在她面前,我可以随意作出任何感叹,她都会理解。

在上海一家老洋房改造的茶馆,我第一次见到陈冲。我兴奋,亦不无紧张。我对她的深刻印象,不是来自她早年的《小花》《末代皇帝》,而是《太阳照常升起》。湿漉漉的头发、天真又过分热情的笑声,以及白大褂下的浑圆臀部,都令我再难忘却。似乎只有在她身上,"性感"一词才被确切地体现。

她的谈话妙趣横生,尤令我难忘的是,她说起多年前与略萨的交往,在伦敦,她跨过一座桥,就能去到他的公寓谈剧本。她也仍有某种谨慎,或许是对一个陌生人的本能反应。

这种界限感在旧金山消失了。在唐人街的一家二手书店,我们即刻发现,对于书籍、作家的热忱,冲淡了之前的谨慎。

回忆是奢侈的，
但人有回忆的欲望

许知远：雨快停了。

陈冲：你希望它停，还是不希望它停？

许知远：还是别停吧。你喜欢这种潮湿的天气吗？

陈冲：挺喜欢的。这让我有点想要回忆。

许知远：你不怎么回忆，是吗？

陈冲：回忆是奢侈的吧。生活有那么多琐碎的事情，能够坐下来回忆一下，应该是一种奢侈吧。人有回忆的欲望，是各种各样复杂的欲望之一。

许知远：等你的时候我在听猫王。记得你说小时候喜欢听他，那时候听到"Love Me Tender"是什么感觉？

陈冲：有点爆炸性，有点颠覆性，好像会让人颤抖的感觉。

许知远：最初听邓丽君是什么时候？

陈冲：1978年吧，很早。我存了一点钱，背着父母，托人从南方带回来一个小小的录音机，然后就听到了邓丽君的歌，惊讶极了。那时候我们还用她的歌跳交际舞呢，觉得简直腐败透顶，堕落到极点了。

许知远：到了雷·普莱斯会觉得更堕落了吗？那样脆弱的男性声音。

陈冲：对，他是很脆弱的，他是磁性的，他没有慷慨激昂地歌颂某一种你根本不能理解的情感，他唱的正是你不知道你心底里饥渴的东西。邓丽君在1978年的时候，也给人这种感觉。她创造了一种孤独，而这种孤独，你原来也不知道它存在于你的内心。

许知远：在上海外国语学院读英美文学时，有哪些书也会让你产生类似的感受？

陈冲：其实当年学英语，大部分是不学英美文学的。后来我又重看了当年的课文，真是挺好笑的，翻译也不是特别准确。上外的老师都是国内的教师，好多也没有出过国。就有那么一位老的老师，是圣约翰大学毕业的，我的英语名字就是他起的，Joan。

许知远：这个名字是什么来头呢？

陈冲：就是Joan of Arc，圣女贞德。

许知远：是这么一个渊源啊。老师认为你身体里住了一个这么强大的女人吗？

陈冲：没有，他只是觉得这名字很好。他知道我在申请出国，说要勇敢。

许知远：上海曾经处在一个非常世界主义的时代，你外公外婆都是那个时代的人，家里有学英语的传统吗？

陈冲：也有。那时候不知道是中央人民广播电台还是上海人民广播电台，教英语，我很愿意听，到时间就要听广播。我母亲跟我一块儿听。她原来读教会学校，稍微有那么一点基础。学英语的时候才发现，我外婆特别勇敢地把唱机保存下来了。"文革"时，大部分的照片、日记都被烧了，但她有一个小皮箱，里面保存了很多连环画。当年的连环画真是好啊,最好的艺术家们画的。

许知远:只能画连环画了。

陈冲:对,只能画连环画了。我生病的时候,不能上学,感冒啊,伤风啊,一般是冬天,外婆会把厚厚的窗帘放下来,给我讲故事,给我看这些连环画。

许知远:印象特别深的是哪本?

陈冲:《哈姆雷特》。她和我母亲还有我都挺喜欢看。有一些东西,居然我们三代人都喜欢,现在回想起来挺温暖的。

许知远:你想起外公外婆是什么感觉呢?他们生活在(上海)非常开放的时代,那时候的上海也非常迷人。

陈冲:我觉得真不容易。我外公其实不是出身于什么优越的家庭,他是一个很贫穷的教师,他的好学勤奋、他对科学的那种激情,使得他当年能够到英国、到美国去,回国后又得到这样的成就。他有一个梦想,是研究阿片受体,但回国以后战争会有许多其他的需要,比如研究磺胺类药物替代抗生素,解放后研究血吸虫病的治疗,他一而再再而三地等待。后来到了七十年代,他原来在英国的同事把它给研究出来了。这原本是他的一份最爱,他根本就是为它而生的,但最终实现不了。

许知远:你们家庭其实是二十世纪中国动荡的某种缩影吧,无数的遗憾,未遂的志向,这些对你有什么样的影响?

陈冲:我为他可惜。从我读到的资料当中,可以看到他是怎么样的一个人。我想,也许我们可以是忘年交,我希望我认识他。从文学的角度,或者从电影的角度,这种未遂的梦想更有戏剧性,但对一个人的人生来说，却是遗憾。

许知远：彻底的悲剧。

陈冲：我外公是在"文革"中自杀的，对一个孩子来说，你根本不懂，你也不理解，没有人会和你谈论，死这件事情是不可以说的。这会让你思考，到底生命是为了什么，到底怎么样的生存条件是你不应该接受的。

许知远：这么多年过去，你有什么特别的无奈吗？

陈冲：可能等到老透了，临死前，会有总结吧。我相信每个人的生命当中都会有很多无奈，但不能沉浸其中，不可自拔。心情不好的时候，无望的时候，想抓头发的时候，我会把它承担下来，我会承认它的。

电影工作者本身的信念很重要，怀着真诚的理解才可能把电影拍好

许知远：什么时候读到《英格力士》[1]的？

陈冲：挺晚的。那时候我没有太关注国内的书，是合作过的一位朋友让我看的，那时他们已经准备要拍这个戏了。

---

[1] 由作家王刚创作的长篇小说《英格力士》，讲述了一群上海知识分子在新疆生活、成长的故事。

许知远：为什么选择拍它？

陈冲：我觉得我还可以给予它一些东西吧。过去几年当中，也有其他人找我导戏，但我找不到感觉。感觉对我很重要，我不是科班出身，不太可能工匠式地完成一部电影——其实这是一门技巧。但读完这本小说，我觉得我是可以给它加分的。

许知远：你觉得自己能加什么分呢？

陈冲：我给它的是我的情感，是我自己的这份回忆。

许知远：这部小说里什么最击中你呢？

陈冲：主人公刘爱和他英语老师的关系。在那样一个贫乏的、艰难的岁月，他的老师让刘爱感受到了内心最柔软的那一部分，在那个年代这是危险的，是被杜绝的。在青春期，有一个人能够让你感受这种对美好的渴望，这是最打动我的。

许知远：上海女人去想象新疆这样一种巨大的背景，有困难吗？

陈冲：当我到一个完全陌生的地方，完全陌生的文化、色彩或者气候，离开生活中熟悉的细节，不再有任何功利的考虑——这个功利也不是平常说的那种功利，而是指不用再考虑去哪儿吃饭去哪儿顺便买些什么，再也没有任何顺便的东西了——这个时候你所接受的，完全是审美上的感受，某种程度上你的敏锐性会增加。所以我一直在寻找一些陌生的感觉，而不是去寻找最熟悉的东西。

许知远：对《英格力士》中那个最迷人的角色——英语老师，你是什么态度呢？

陈冲：他其实有很唯唯诺诺的那一面，说话声音轻轻的，也没有任何特别勇敢的行为，但他是整部电影中最坚强的人，因为他是唯一一个真正有信念的人。我比较反感有些电影对坚强的表现，那其实是对坚强的某一种想象。比如被砍头之前，你根本就在颤抖，你在恐惧，你根本不想再等待下一时刻的生命了，可是因为某一种信念，你挺过来了。挺过来的时候，你可能是躬着背，弯着腰，可能在尖叫，但是你没有做叛徒。这才是坚强的某种真实样貌。

我脑子里的英语老师，是一个那么普通的人，但他有一份他要保持的生活品质，他和刘爱之间那种温柔的情感，在那个年代是最有颠覆性的。他没有按照时代的脚步，像牛群里的牛那样去生活，他不是见机行事的，不是看着风向做事的，而是以一种永恒的脚步走在生命的路上。这就是我对英语老师的那一份爱，也是我希望自己能做到的。

许知远：那一代人在革命叙事或者说唯物主义叙事的塑造和影响下，都有一个逐渐挣脱的过程，然后重新寻找。对你个人来讲，这种挣脱是怎么发生的呢？

陈冲：套路式的表达，其实我当年是完全接受的，我也会站在舞台上朗诵。但潜意识里可能知道这就是一种表演吧，好像生活在一个大舞台上。对我个人来说，一个比较大的转变是出国。我记得出国后看了一部电影，《烈火战车》[1]，看完我才知道，英雄人物原来可以这样来表达，它是对人性本身的肯定，你不能去抹杀他的个性。所以我在电影里感受到的是生命力，而不是一个空大的口号。还有就是，电影工作者本身的信念也很重要。如果今天让我去拍一个主旋律的题材，那我首先肯定要相信这个信念，怀着一种真诚的理解，才可能把它拍好。

1　1981年出品的英国电影，讲述了两名运动员通过努力赢得奥运短跑金牌的故事。

许知远：《英格力士》里有两种信念，一种是宗教式的，另一种是希腊式的，为了某种个体的、人的拓展。这两种信念，哪种对你更有吸引力呢？

陈冲：可能更认可个人意义上的吧。

许知远：个体的丰沛性。

陈冲：对。女飞行员埃尔哈特[1]，为什么至今人们还在想着她？她不是为了未来的航空事业去冒险，她是出于一种非常个体的冲动，一种对航空的激情和偏好。这样的人最有创造力。我喜欢那些不实用的激情，那是对人本身的一种拓展。

许知远：当年《小花》这么打动人，其实也是因为它有着某种对人的更本能情感的表达，是不是？

陈冲：是，《小花》的表达的确是和之前其他的电影叙事完全不同的。兄妹之情、上一代与下一代之情、一些暧昧的恋爱关系，很模糊地给人带来了爱与向往。

许知远：你对谢晋是什么印象？当时还是一个挺懵懂的小姑娘，怎么去面对他提供的那个世界呢？

陈冲：当时我很害怕他，每次拍完戏，我肯定是待在照明的卡车上，绝对不会跟他坐在一个车里，我太怕了。那会儿确实有点太年轻了，而且当时的十七八岁跟今天不能比，我们是在特别闭塞的情况下成长的，几乎就是一张白纸。我记得他为这部电影写了许多

---

1 阿梅莉亚·埃尔哈特，著名美国女飞行员、女权运动者，第一位独自飞越大西洋的女飞行员。1937年尝试全球首次环球飞行时在太平洋上空失踪。

剧本以外的小品，是戏与戏之间被留白的内容，我们差不多花了一个月的时间来排练。这是我每天特别害怕的一件事，害怕自己的无知，害怕做不到。这一个月的排练是我一生当中上过的最好的表演课程，改变了我的人生。

许知远：当时对刘晓庆是什么印象？

陈冲：很豪爽的个性。我进组的时候才十七岁，是在《小花》剧组过的十八岁生日。所以她不怎么带我玩，把我当孩子，没什么可多跟我聊的。我就觉得特别羡慕她，会唱歌，会弹洋琴，这都是我不会的。还有就是，不知道为什么她老有午餐肉吃，羡慕得不行。那时候我特别馋，一顿能吃四五个大馒头。

许知远：在一个剧组里，几个月时间生活在一起，彼此感情迅速加剧，突然又都散去，这对一个人情感的考验是怎么样的？

陈冲：小的时候，每次离开摄制组，就是大病一场的感觉。那种惆怅根本不是一个少年应该有的。所以我现在看到剧组里的小朋友道别的样子，觉得太理解了。当然等到老了，就不当一回事了，也不能当一回事了。其实这就是一种马戏团式的生活方式，大家在一部大篷车里坐了好几个月，然后你去其他城市演出，跟了其他队。

许知远：马戏团似的情感方式会对更日常的现实情感带来什么样的直接影响？

陈冲：这种生活方式，是一群人特别紧密地在一起，从早到晚。现在有网络了，你还可以去关心其他事情，过去没有，它是封闭式的，好像世上就这两三百人，这就是全世界了。这种感情会很畸形，会畸形得很激烈。

许知远：这对现实的情感会有什么样的影响呢？

陈冲：可能会让你有点上瘾吧。

许知远：因为强度足够大吗？

陈冲：对。

许知远：会更受不了日常生活的平淡吗？

陈冲：其实也挺渴望的。人都是这样，需要色彩，也需要平淡，很贪婪。

许知远：你拍过的哪部电影最让你释放内心的感受？

陈冲：目前还没有吧。每次都会有很多后悔，每次都会有很多遗憾，每次都是隔靴搔痒的那种感觉。

许知远：到目前为止，哪个角色让你觉得特别难，特别有挑战性？

陈冲：特别有挑战性的都是特别烂的角色，你怎么演才能不让自己无地自容啊！

许知远：比如呢？能说说吗？

陈冲：我都记不住了，我演过好多烂戏。好在做演员的，你演烂戏人家没看过，因为那戏烂，没人去看。

推翻自己的过去，
是一件困难而且痛苦的事情

许知远：如果当时没出国，命运会怎么样？

陈冲：那肯定有另外的挣扎，人就是在挣扎当中度过的这一生。出去的这么些年，我挣扎着的这么些年，的确拓宽了我的地平线，我不能想象没有它会怎样。不出国的话，我肯定会比现在狭隘一些，视角会不一样。我喜欢现在的视角，更宽容。这种宽容不是一种慈悲，而是一种理解。

许知远：你去纽约的时候，是很茫然、莽撞地去的，并没有完全意识到后果？

陈冲：没有任何后果的概念，就是对远方的憧憬。那天我看了《布鲁克林》，讲一个爱尔兰姑娘移民到纽约，特别想家。比起我来，至少她的语言还是通的。现在回想，当时那份想家的感觉、那种思念真是我这一生体验过的最强烈的情感，可能比思念一个情人还要强烈。你失去一切熟悉的东西，这种牺牲是很大的。

许知远：远方的代价啊。中间有特别动摇过吗？

陈冲：好像也没有。没有因为感情上的痛苦就改变自己的决定，没有过。

许知远：你是那种生活在此刻的人吗？

陈冲：我希望是，我的理想状态是这样的，但也不很容易做到。其实我挺固守的，跟其他到美国的同一代留学生相比，我融入得比较慢。他们没有祖国的概念，而我总是在考虑价值观，考虑某种文化上的冲突，负担就比较重。

许知远：除了亲人，当时中国还有什么意象让你特别留恋？
陈冲：集体主义吧。美国是完全个体化的。

许知远：非常孤立的、原子化的。
陈冲：我是一个"文革"中成长起来的孩子，一下飞机，突然就把我撂在了纽约，所有的价值观一下子没了，突然间要对自己负起责任来了。我当时不知道个人意志是什么，所有的对是别人教给我的对，所有的错是别人教给我的错，现在要用自己的良心去分析，用自己的良心去感受对错，这对我来说是完全陌生的。集体主义容易得多，它会提供一种安全感。所以当所有的决定都要自己做的时候，很艰难。但这其实是人应该有的，一个人没有自我意志就很难有道德底线，因为你没有办法担当。

许知远：你是什么时候真的建立起这种个人意志的？
陈冲：很难说，这个过程太漫长了。就像一个三岁的孩子，一切要从头开始学。推翻自己的过去，是一件困难而且痛苦的事。

许知远：最初对纽约最强烈的记忆是什么？
陈冲：想马上写信，看到许许多多的东西都想马上写信，这是我最强烈的记忆。还有就是我在学校的时候口语是比较强的，但是你突然发现，即便是乞丐，口语都特强，你就知道口语强也没什么用。

许知远：多么痛的领悟。洛杉矶呢？
陈冲：我在洛杉矶的时候，不是特别快乐。整个电影工业的气氛老是在你的生命中震荡着，你很难松弛，很难有那种望着窗外的时刻。

许知远:那一段应该是最斗争的时候,是吧?

陈冲:那是比较艰难的十年,各方面都有许多困惑。那时毕竟还年轻,今天再让我去过那种日子,我受不了。

许知远:现在回忆起当年《大班》引起的争论,还会不舒服吗?早就不会了吧?

陈冲:就好像在看别人一样,像别人的人生。

许知远:1986年拍《大班》的时候,中西方正发生特别强烈的冲突,到现在中西方关系又发生了新的变化,这些对你个人会造成什么影响?你会去想吗?

陈冲:我不大去想。

许知远:但你又是这种融合与冲突的一个象征性的人物。

陈冲:融合与冲突都是一种误解,从来就没有真正地互相理解过,突然和解也都是一种误解。就像两个人结婚了,相爱当中也有着某种偏见,因为这种偏见而结婚了,因为这种偏见而离婚了,没有一刻是真正刻骨的、切肤的认识。

许知远:你也是这个巨大的误解中的一部分?

陈冲:是。我因为在两种文化中都比较深层地生活过,所以能够看到这种荒诞性。误解主导了这一切。

许知远:其实中国也在发生巨大的变化,年轻一代的思维方式、生活状态都在改变,你怎么理解这种变化?

陈冲：那天我在外滩和朋友一起散步的时候，我说中国人真挺伟大的，改变了整个地平线。我有种刘姥姥进大观园的感觉，所有的楼都在闪动着，我觉得自己像在一个动画片里，被震撼了。但作为一个上海人，同时我也会突然有一种思念，对儿时那种特别人性化的建筑和城市规划的思念，这个可能就是老人言吧。对今天的年轻人，我有很多特别欣赏的地方，我很喜欢和年轻人聊天。

许知远：某种意义上他们应该更个人化吧。你觉得他们普遍的弱点是什么呢？如果有的话。

陈冲：我不知道。他们好像更追求真实，不愿意为你做太多的戏，但与此同时，又失去了一种真实的质感，可能这也不算是弱点，是一个文化的潮流吧。他们情愿把粗糙的质感摩擦掉，一切都可以PS，一切都很光滑。这种缺乏可能会造成一些后果吧。

许知远：对他们的创造力会有影响吗？

陈冲：肯定有。失去对生活本身的一种关注，肯定影响创造力吧。还有一层影响就是，你的头脑每一秒钟都在被刺激，颜色的变化、光线的变化、消息的变化……短暂的小小的刺激，你永远都在被娱乐着，所以你没有机会觉得单调，没有机会更深刻地欣赏某种东西。而创造力必须要单调，在独自单调的情境下，它必须用想象力去弥补。现在的孩子们缺乏这样特别单调的时刻，这个杀伤力是很大的。

许知远：缺乏那种真正的耐心。

陈冲：看着窗外太阳慢慢沉下去，觉得夏天好长啊，一个下午好长啊，缺乏这样的时光。

许知远：这种时光你现在还多吗？

陈冲：我需要这种时光。我要有空白，我要有不少的空白。生活太繁忙了，而且人总觉得自己不繁忙的话就不够努力，但这样会失去很多。

许知远：忙碌是美国人当初最大的输出，美国人特别爱忙碌？

陈冲：对。但美国因为历史比较短，对自然还是很热爱的。只要还有足够的机会接触自然的话，不管怎么说，诗意的一面仍然被培育着。

许知远：你很早就发现自己是需要独处的吗？

陈冲：谁说的来着，最好的事情都是你一个人的时候发生的。

许知远：那你怎么跟人相处啊，要是这种事情总是一个人的时候才发生？

陈冲：幸福与幸福之间，总得要有其他内容吧。说最好的事情都是一个人的时候发生的，可能稍微过了一点，但没有独处的话，我的其他感受肯定就没了。你发现自己喜欢独处是什么时候呢？

许知远：中学吧，特别喜欢应该是三十岁以后，四十岁以后就非常清晰地意识到必须要独处，必须要有那种自由的感觉，不然就什么也做不了。

陈冲：那种时候就是天马行空的时候。

许知远：觉得在任何时间都应该有欲望，或者勇气，或者可能性，开始一种完全不同的生活。这些现在都是陈词滥调，但我还是挺渴望的。普鲁斯特说，只有一个内心很匮乏的人，才喜欢不断地见识外面的风景,我想我可能就是内心匮乏吧。

陈冲:没有啦,你其实是在那里见识内心的风景。独处就是在见识内心的风景。这个时候你应该就是你自己。

许知远:越是自己的时候,整个世界就越丰沛。所有的时空都向你涌来。

陈冲:对。因为太难做自己了,尤其在人跟前,太难做自己了。

许知远:你已经做得非常好了呀。

陈冲:所以需要独处啊。

电影应该是更接近诗的

许知远:说说意大利老先生贝托鲁奇吧,我很着迷他。他对色彩的控制,对演员的把握,他的音乐感,多好。

陈冲:其实就是诗意吧。电影应该是更接近诗的。他的父亲是诗人,他自己也是一个诗人,是一个可以在日常生活中看见诗的那样一个人。

许知远:《末代皇帝》确实给你带来很大的改变吧?

陈冲:我还记得到北京加入《末代皇帝》摄制组那天,正好在拍小溥仪的母亲把他留给宫里的奶妈,自己回家那一场戏。溥仪的母亲当时是北京饭店的一个服务员扮演的。一个满族的女孩子,没有演过戏。她把溥仪抱给奶妈,转身就走。不知道为什么,我就震惊在那儿了。整个场面，那种光线、质感、色彩，那种考究……我就在那儿站了一天，看他们把整场戏拍完。我十几岁就开始拍戏，但那天让我觉得好像第一次到现场，从来没想过电影拍摄给我带来那么大的惊喜，让我那么振奋。导演、摄影、美术设计、服装设计，一切都能理想地综合起来时，你站在面前，是被震撼的。后来我开始导戏，可能也是因为有这样一种记忆。我还记得特别深的是，我们的传奇的摄影师讲话时的那种温柔，轻轻地，整个现场有一种爱在其中。

许知远：你能在你的剧组贯彻这种感觉吗？

陈冲：不是那么容易。但至少有一点，我从来不会提高了声音去骂人。

许知远：你很少发火？

陈冲：我发火很厉害的，但我觉得现场发火是很不好的。

许知远：像贝托鲁奇或者姜文，他们都对历史的变化充满热情。对巨大的权力、场景的理解，某种意义上是非常雄性的，这对你有影响吗？

陈冲：贝托鲁奇其实比较双性。他有特别女性的部分，有一种偏执，一定要把他的观点在你头上狠敲几棒，一定要你接受。姜文属于特别帅的，他的那种场面感，让你很难在他拍电影的时候觉得单调。

许知远：关锦鹏是另一种方式？

陈冲：对，他有一种对女性的羡慕和冷眼的剖析。这些导演都是我很喜欢的。其实导演是需要很个性化的，如果模仿了任何一个人,那就彻底地失败了。

许知远:作为一个导演,在创作的过程中,你觉得自己特别敏锐的部分是什么?

陈冲:不知道。

许知远:特别不强的部分是什么?

陈冲:在技术上不是特别熟练。在监视器前,我可以看到哪里不对,可是应该把机器移到哪里才是最好的,我不一定马上就知道。我是凭着直觉在工作,当然我也有很多的经验,但是在技术上不是那么熟练的。我完全缺乏导演需要的那一份工匠性技巧,去弥补它就只有靠个人感受。

许知远:什么样的状态下会让你感觉自己有特别多的想法跑出来?

陈冲:我还真不知道,我要知道就好了。有的时候会觉得枯竭,有的时候会觉得很有创作欲,有的时候会感受到它,有的时候感受不到,好像挺神秘的。

许知远:在这个过程中,女性的意识强吗?

陈冲:我没做过男人,也没法比较,只能说是作为人吧。当然也肯定是女人,因为我的确是女人——我应该还算是。

许知远:你怎么看待创作者和他的某种情结的关系?比如说奥利弗·斯通对越战有情结,贝托鲁奇对权力有情结,你的情结是什么呢?从《天浴》到《英格力士》,你的情结到底是什么?是对少年时候的记忆吗?

陈冲：我不能够完整地回答这个问题，因为有一些我想拍的东西可能拍不了，但我可以说，更多的是和中国有关系的东西。虽然我在国外已经生活得很流利了，但要在那里拍一部电影，我还没有找到最切肤的点。你所选择的主题，其实不是你选择的，是你的人生选择了这个主题，你是被选择的。当我被打动的时候，当我被引起冲动的时候，我知道我被选择了。

许知远：你怎么看李安式的尝试，他可以拍美国人，也可以进入中国人的世界？

陈冲：他非常有才华的地方就在于，他可以把所有这些国外的故事，用他自己的情结表达出来。他是有这样一种本事的。他非常专注于自己的那一种情结，每一部电影里都有，这种表达才是由衷的。所以他虽然接触了那么多种不同的题材，但不是工匠型的导演。

许知远：我很喜欢《喜福会》这部电影，如果现在让你处理海外华人的题材，你会怎么处理？

陈冲：每个人的幻想是不一样的，这会是你叙述里很重要、很独特的一部分。《喜福会》对母亲的世界有一种遥远的幻想，而对我来说，我的幻想可能是某一个让我对它存有迷恋的世界。但这个其实是非常下意识的，准确地去分析的话，肯定是谎言。有些东西是不可言语的，你要自圆其说的话，就是谎言。

许知远：到美国之后，你怎么理解其他海外华人的行为，或者说他们的思维方式、情感方式？

陈冲：他们比我脆弱。那个时候，在很长一段时间里，有着一张华人的面孔，你就永远是一个外国人。即便你生在那里，长在那里，即便你半点也不懂中国话和中国文化，人家也不会把你当成自己国家的人,人家是把你当成中国人——那当然是一个非常易受伤害的地位,会很敏感,所以他们总是很敏感。

许知远:你和尊龙合作的时候是什么感觉呢?

陈冲:我的感觉是,跟他在一块儿的时候,他总想唱歌,总想请你吃饭。他很快乐,很热情,有一种感染力,然后突然一下子就不见了,他人就失踪了,我的印象是这样的。

许知远:那是非常好的马戏团人。

陈冲:他有一种可看性,是让你想看的那种人。你会觉得他的生命经历里,一定有许多不为人知甚至不可告人的秘密。这样的脸,这样的眼睛,在银幕上容易有魅力。银幕是很厉害的,你在里面会发现天生就有故事的人。

许知远:你会特别被这种人吸引吗?

陈冲:年轻的时候会,现在也会。当然了,这个人他得有起码的人格,不是说光有神秘感就行。

坚持理想的人,
在我的心目中非常耀眼

许知远:你的阅读量非常大,文学趣味对你的影响是什么?

陈冲:我的生活经历有限,读书可以丰富你,因为你不可能把各种生活都活一遍。而且好的小说能够让你体会到人格、人性和人的一种梦想，比现实更有感染力。

许知远：因为它的浓度更大。
陈冲：我有一段异常爱书的年代，不光是爱书，是需要书。

许知远：书是很大的一个陪伴和慰藉。
陈冲：其实是我太困惑了，总觉得也许可以在书里找到一些什么。前阵子翻出来我和我先生之间的传真交流，上面写着：请给我带以下这五样东西。有一样是裙子，再一样是最配它的一双精致的鞋子，后面三样都是书，而且都是以前看熟了的书。我这才想起来，那时候真是需要书啊。

许知远：是啊，那么年轻，怎么面对那样大的一个世界呢？
陈冲：我都能想象当时寻求的心态，真的就是拼命在寻找。最近挺有意思的是，我女儿在大学里读的一些书，是我刚到美国时迷恋上的书。我们全家共用一个亚马逊账号，我会知道她现在在读什么，然后捡起来重读一遍。

许知远：是什么呢？
陈冲：比方说《夜色温柔》《了不起的盖茨比》《洛丽塔》。

许知远：你觉得盖茨比身上那种脆弱性吸引你吗？
陈冲：他有一种特别的精神，是暴发户身上的一种诗意，我认为的美国精神就是这样的。

许知远：说到诗意，你什么时候意识到电影应该是更诗歌性的，而不是散文，不是小说？

陈冲：好的作品不跟你解释任何东西，在那么模糊的状态下，有一份准确性，然后给你带来震撼，直入你的灵魂。这不就是诗歌吗？这才是电影的力量，而不是用台词去叙事。我肯定是做不到的，但这是我的理想。

许知远：你觉得你接触的导演里，除了贝托鲁奇以外，谁特别有诗性？

陈冲：好的导演都有。他必须用一个诗人的眼光来重叙。如果不是，他就不是好导演。

许知远：刚才提到《洛丽塔》，这本小说也特别诗性，你对它有什么感受呢？

陈冲：太厉害了。到美国很多年以后，我自认为英语已经很好了，但读《洛丽塔》时还不停地翻字典。它不会用同一个词的，一个词跟一个词之间都有微妙的不同。

许知远：你看过它的电影吧，是什么感觉？

陈冲：没法拍。

许知远：所以文字上的东西很难真正被传达，必须找到一种方式是吗？

陈冲：需要一个天才的翻译，不是每一本书都可以拍成电影的。

许知远：越好的文学作品越难拍吗？

陈冲：我不能这么说。看它是不是属于电影，或者你正好看见了某一颗电影的种子，人们说它不是电影，但你可以把它变成电影。

许知远：对你来说，电影的种子是什么呢？有的人是突然的音乐感，有的人可能是突然的色彩，对你来说是什么？

陈冲：都有吧。比如阅读的时候，你可能突然看到了电影，这里应该就是电影的结尾，会有那样的感觉。这个电影跟你最后拍出来的可能并不是同一部，但在阅读的时候，你看见了那场戏。

许知远：这样说或许不太礼貌，说到《洛丽塔》，我觉得你身上有洛丽塔式的精神，有一种成熟的天真，有一种丰富的天真。

陈冲：我肯定有天真，因为我对某一种成熟是拒绝的。很小的时候我就有挺成熟的心智——我是说另外一种成熟，只是理论上的，其实不是真的懂得。

许知远：这种理论上的成熟，是阅读带来的吗？

陈冲：不知道，与生俱来的吧。

许知远：你最爱的作家是谁？

陈冲：不同的阶段不一样吧。刚到美国，读过最难的书是《百年孤独》和《霍乱时期的爱情》。《霍乱时期的爱情》这本书对我来说挺有革命性的。

许知远：它是爱情的百科全书，里面描绘了各种各样的爱情，最打动你的是哪部分？是他们最后坐船走吗？是他们苍老了赤裸着坐在一起吗？

陈冲：在阿里萨和那么多不同女性的经历当中，他感受最深的不是同那个最漂亮的，而是那个骨瘦如柴的、黑黑的，他认为这种女性是最美味的，这个对我来说挺好玩的。

许知远：很大一个冲击，是吧？

陈冲：这样的女人有一种她们的饥渴，这种饥渴很有质感，是能够让我心动的那种。

许知远：你演过《白玫瑰红玫瑰》，张爱玲对你有吸引力吗？

陈冲：有一定的吸引力吧。

许知远：她其实很硬的。

陈冲：对，她写很细腻的感情，但不是那种煽情法。这个部分对我是有吸引力的。但其实我还是共产主义理想培养出来的人，更向往那种伟大的人格，那种道德的勇气，像约翰·克利斯朵夫那样。

许知远：什么时候读的《约翰·克利斯朵夫》？

陈冲：小时候就是帮着大孩子手抄，没有全读，还是到了美国才开始读英文版。但小时候哪怕只读了几页，也知道它是很厉害的，你想一想，一本法国老书能够在当时中国的青年中引起如此的震撼。

许知远：它确实对一代人的人格有很大的塑造。这种浪漫的英雄主义不知从什么时候开始好像消失了，大家好像对这个已经不感兴趣了。

陈冲：其实罗曼·罗兰自己就是这样的人。他是一个坚持理想的人，这样的人很不容易的，前后左右也找不着。但其实存在过。只不过他没有价值，只不过现实没有把这种理想主义衡量为有价值的东西，所以你看不到他，可他一定在，一定有这样的人。我在《英格力士》里要讲的也是这样一个人，可能很不起眼，但在我的心目中非常耀眼。

许知远：罗曼·罗兰写《约翰·克利斯朵夫》的时代，也是处在从一种黑暗到另一种黑暗的过程中。

陈冲：当时他很痛苦。十年，把自己关在一间小公寓里，但他就是那么有信念、有才华。

许知远：你接近过这种类似的人吗？

陈冲：有啊，有接近过这样的人，你会知道他是有人格力量的，特别是与生俱来的正义感。其实我丈夫就有点是这样的人，他对我的吸引力就在于此。

许知远：你觉得在这么一个世俗标准无孔不入的时代，一个年轻人想保持某种意义上的自主性，包括你说的理想主义、英雄主义，他怎么面对自己的孤立呢？

陈冲：如果必须如此的话，他会面对的。你不能说我有理想，我坚持信念，我就是一个英雄。英雄肯定有前提，他得有一种自我牺牲的精神，他是可以舍弃的，所以才叫英雄嘛。要不然我也有理想，可我不是英雄啊。

许知远：要不被世俗范式影响，真是太难了。

陈冲：去迎合的时候，你知道你在迎合，这也还是可接受的。

许知远：有自觉意识，就还可以拯救。

陈冲：也不能要求太高了，对吧？

许知远：如果你知道自己迎合了，会讨厌自己吗？

陈冲：会啊。所以我迎合的时候总是不够流利啊。真的，我自己都能观察到，有一个自己在看着呢，直摇头。

许知远：你也是那种能随时做一个旁观者来打量自己的人吗？

陈冲：对。我不喜欢这样，但有时候忍不住会这样。我特别欣赏那种百分百全心全意投入的人。

我对生活一直很有胃口

许知远：除了要完成电影之外，你现在还有什么特别困惑的事情吗？

陈冲：跟孩子们的关系，跟孩子们的情感，跟孩子们的交流，这些是我比较困惑的。可能我成长的年代和他们是完全不一样的，反正我就觉得我做得不好。有一回在谢晋纪念日的时候，我突然想起他对他两个智障儿子的那种笑容。他会说，你看，阿四今天把拖鞋放到鞋架上了，或者说，出门的时候帮我把雨伞撑开了。他说这些的时候，特别的高兴，特别的幸福。他没有一点望子成龙，就是那种父亲对孩子的纯粹的爱。我对我女儿却是经常严厉地批评。

许知远：是不够理解她们吗？

陈冲：在我那个年代，在我们的文化里，父母和孩子之间的关系跟美国人是不一样的。可能我人生最大的遗憾，都是跟孩子有关的吧。

许知远：演《意》时，母亲的角色对你来说是什么样的感觉？

陈冲：第一次看完剧本时，我说真没见过这样写母亲的。我总是想给她一个救赎的价值,总是想给她另外一个结局,总是希望她有所认识。但导演说,这是他自己的妈妈,他无法这样给予,然后他跟我讲了一句话,让我把这个角色承担下来了。他说他妈妈不识字。所以你要想象,一个完全不识字的单身女人,曾经在风月场所工作过,带着儿女闯进一个陌生的世界里,她能有多少生存的办法。导演只跟我说了这一句,我就觉得我好像可以把它翻译成某种东西了。这种生存的手段,这种不智慧,以及很多活生生的情感,其实现在回头看,我更能够体会。因为我自己是一个充满了缺陷的母亲。

许知远:母亲必然是充满缺陷的。那部片子里,我感受最强烈的是她的那种生命力,太动人了。

陈冲:她必须这样。有点像郝思嘉,明天又是新的一天。新的一天她又开始想象,跟了这个男人一切都会好的。其实就是这种希望让她动人。

许知远:你怎么看待自己的生命力呢?

陈冲:我也不知道,我经常觉得自己没什么生命力。

许知远:但你看起来这么有生命力。换过不同的地方,做过不同的尝试,生命力很惊人的,活了好几辈子似的。

陈冲:可能还是有一些好学吧。

许知远:你觉得自己对生命的胃口最强的是什么时候?

陈冲:我对生活一直很有胃口。其实生活当中的确也有过很多苦难,但那些烙印是打在另外一个地方的。它不是不存在,但是不会影响胃口。

许知远：会有"明天又是新的一天"的这种信心吗？

陈冲：就我天生的个性来说，我不是这样一个人。但是我欣赏她，人在还有精力的情况下，还没有完全老的情况下，会慢慢去尝试做她理想中的自己吧。

许知远：有没有一个特别想去的地方？为什么？

陈冲：秘鲁。我曾经遇见一个好的作家，略萨。

许知远：我很爱他的。

陈冲：我在伦敦跟他长谈过很多次。当时我在拍一部史泰龙的电影，非常没意思，但居然在伦敦找到了略萨。我经常在点着台灯的暗暗的光线下和他聊天。我见他的时候，正好是他选举总统失败的时候。

许知远：输给藤森嘛。生活中他是什么样的人？

陈冲：很儒雅，一个很丰富的人。他是个绝对的理想主义者。

许知远：我特别喜欢一个作家，波兰诗人米沃什，他流亡到加州后，写了一些关于加州的文章。他觉得那里是一个非常野蛮的地方，树那么高大，人好像处在完全野生的状态下。那是我第一次感觉，原来也可以这么看待加州。你怎么看加州呢？

陈冲：在加州的时候，我很喜欢一个人到树林里走路，那些树就好像是一个寡言的男人，你会感到你所向往的一种无声的雄辩。我女儿三岁的时候，有人问她，你长大以后想做什么呀？她想了想，非常严肃地说，我想做一棵树。疲惫的时候，我也会突然想做一棵树。

许知远：你喜欢那种沉默又有力量的东西？

陈冲：对。而且它就是一个简单的力量，从种子开始，自始至终就是为了完成自己，本身是什么就是什么了。这种状态其实是令人羡慕的。

许知远：对，是既幸运又有力量的传统。你觉得你是那颗简单的种子吗？

陈冲：我呀？歪七歪八。

许知远：对海是什么感受呢？

陈冲：宽阔吧。其实也不一定要巨大的海景，生命欣喜若狂地向你展示的时候，即使是很小的东西，也可以感受到那种宽阔。我记得在澳大利亚拍电影时，在沙漠待了很久，后来有一天居然下了一场大雨。早上起来的时候，看见一些小小的花，星星点点，这个时候你的心一下就被自然擒住了。自然一定会给人类最好的礼物，如果我们不可劲糟蹋的话。你喜欢自然吗？

许知远：以前不太感兴趣，现在开始慢慢有更强的感受。我特别喜欢爱默生那个年代，我觉得那个年代里的人的那种自信和胸怀，真是让人羡慕。

爱默生是我最大的偶像。我心目中的知识分子就应该是爱默生那样的。

陈冲：这几乎是美国最棒的一个作家了。

许知远：是。那个时候美国的元气非常充沛。我是读爱默生、海明威长大的，以前这个国家的某些东西会让我兴奋，现在不会了。

我也不知道为什么,可能和我过了四十岁有关系。

陈冲:最后一次让你兴奋的地方是哪里?

许知远:以色列让我很兴奋,那种历史层层累积的感觉。

陈冲:我没去过。

许知远:你会喜欢的,我觉得。

陈冲:可以尝试一下。刚刚出生的时候,全世界宽敞地躺在你面前,越长越大,世界就变得越来越小。但不管怎么说,还是可以尝试的。

许知远:所以人生多郁闷啊,从充满可能到越来越单调,年轻时觉得人生有千条万条路,最后你发现其实只有一条路。

陈冲:其实只有一条路,只是你的感觉在和你开玩笑。但是你知道,它是很漫长的。

许知远:岁月对你意味着什么呢?

陈冲:岁月,就只是意味着岁月吧。

许知远:如果遇到十八岁的那个自己,你会和她聊什么呢?

陈冲:她能有什么聊的。

许知远:一个什么都不懂的小姑娘,是吧?

陈冲:我会说,没事啦,只会这样。

许知远:如果遇到在纽约的那个小姑娘呢,跟她说什么?

陈冲：她就不一样了，她经历过很多很多痛苦了。

许知远：在美国已经折腾一番了。

陈冲：其实也仍然是那句话，都没事的，都没那么紧要，明天就来了，不用着急，不用担心。

1968 年　生于湖南浏阳
1985 年　考入陕西机械学院（现西安理工大学）土木工程系
1987 年　辍学赴北京发展
1993 年　发行首张专辑《一颗不肯媚俗的心》
1994 年　发行《孤独的人是可耻的》，与窦唯、何勇并称"魔岩三杰"，同年赴香港举行"中国摇滚乐势力"演唱会
1997 年　发行专辑《造飞机的工厂》
2016 年　发行专辑《不在绳子上的珍珠》

扫码观看视频

张楚

我与自己的个人缺陷战斗一生

Chapter 07

张楚与我的青春时光紧密相联。大学二年级的冬日，每晚九时，我从图书馆走出，沿着燕南园的外墙走回二十八楼，一路上总在听《孤独的人是可耻的》。我用的是Sony的随身听，因为不断地倒带，磁带的音质已有了擦擦声。磁带宣传照上，有张楚迷惘的眼神，还有制作人张培仁一段煽情的文案。

"生命像鲜花一样绽开，我们不能让自己枯萎"，这两句歌词尤其徘徊在我脑海中。这与我当时的心境有关，我正着迷于法语系的一位姑娘，她有一张带着浅浅哀怨的面庞与一双结实的大腿。在一个上午，我推开了她所在课堂的门，对着一脸茫然的法语系外教念了一句法语的"对不起"，然后径直走到她的课桌前，放下一枝玫瑰花，念了四句张楚的歌词。

我实在太紧张了，忘记了她是否因为窘迫还是害羞而涨红了脸，又接着把脸埋到了桌子上。这是一次失败的尝试，我最终也未能抚摸到她的大腿，但张楚却对我有了特别的意义。据说，这个法语系的姑娘早已嫁为人妇，而且成了硅谷的一名程序员。

对于大学期间的我来说，张楚不仅是抒情的，也代表某种知识分子立场。一位余姓的师兄，也是我的思想启蒙者之一，曾洋洋洒洒地分析张楚歌词中的平民精神，他作为一个吟游诗人、社会观察者的身份。是的，在我心中，张楚与其他歌手都不一样。

多年之后，我认识了张楚。此时，"魔岩三杰"已被定格在二十世纪九十年代的神话中，他们在新时代的遭遇，被视作一个乌托邦破灭之后的感伤故事。但张楚却比我想象的开朗与有趣得多，他说起对外星人、宇宙的兴趣，对于自己的人生轨迹相当诚恳。他也在竭力进行新的创造，但也坦然接受，他或许会一直生活于昔日盛名的长长阴影之下。

我们不是文化英雄，
而成了一种文化精神势力

许知远：咱们从头说，你对西安的记忆是什么？

张楚：西安给我的印象就是一个比较工业化的城市。我们家的那个区是在东郊，除了古迹以外，全都是大的国营工厂。像我们这种小孩没事就跑到工厂里玩，二十几个小孩一块爬到房顶上，跑到废水循环池去游泳。

许知远：你青春期的时候有什么特别的，书也好，电影也好，音乐也好，对你影响很大的？

张楚：我也不知道，我们那个工厂每个星期都会放一部电影，国产的、进口的电影都会有，上海电影译制片厂嘛，《哈姆雷特》什么的都看过。中国电影就是战争片，或者城市趣味片，或者就上海美影厂《大闹天宫》这种片子。

许知远：没有印象特别深的？

张楚：没有。

许知远：上大学为什么选土木工程呢？

张楚：因为偏工科嘛，我的思维其实按现在来讲，是比较天蝎座吧，需要逻辑去做推演。

许知远：1986年、1987年其实中国的文化气氛是非常活跃的，崔健已经开始唱《一无所有》了，你最初听到他是什么时候？

张楚：应该是1986年吧，听完以后非常震撼，就是觉得很粗犷、很有精神力量，我觉得那种算英雄主义的一个启蒙吧。

许知远：那时候想过去做音乐吗？

张楚：没有，到那都没有。后来是我姐姐给了我一把吉他，我跟着她弹了一些古典吉他，也弹了一些流行歌曲。

许知远：当时台湾校园民谣也传进来了吧？刘文正那些人。

张楚：那种我倒觉得不是特别近。我们班同学也会听克莱德曼，就是优美的钢琴曲嘛。

许知远：还有什么特别的？

张楚：我那时会拿收音机听广播，比如听香港的一个基督教电台，那个主持人会弹着吉他唱，solo 似的，不是传统的唱法，是用白人学黑人那种挺活泼的唱法。其实那个时候瑜伽也传进了国内，也是赶上了八十年代西方文化的一种精神。

许知远：一个热潮。

张楚：对。抛弃传统，把一些新的东西引到生活里来，是那样一个过程。我印象中有一部法国电影叫《红气球》，是吧？一个小孩背了一根法式的长棍面包。然后我就满西安市找，哪有法式长棍面包，终于找到了一家，就买了一根。吃了也就跟普通面包没什么差别，但是那么一根长棍面包，装纸袋子里觉得特开心。

许知远：决定来北京是什么原因？

张楚：是因为在大学弹琴，很无聊，还跟同学打架，心理状态特别不好。再后来就不想上学了，我就拿了个吉他跑到北大来。因为不知道去哪儿嘛，就跑到北大来找我的同学，抱着试一试的态度。

许知远：你从什么时候对诗感兴趣的？

张楚：我想想，高中就有兴趣，那时候就读泰戈尔的诗，也读过什么西方现代主义那些，大部分都已经忘了。

许知远：国内一些诗人呢？北岛他们，读吗？

张楚：那是后来，跟伊沙他们交流。他们读北岛、伊沙的诗。伊沙很喜欢给我们朗诵"撒娇派"[1]嘛，我觉得那个东西有一种少年的叛逆和鲁莽，很吸引人。

许知远：伊沙的语言很有劲。

张楚：对。他太热情了，和他一起生活你会被他的热情完全感染到，你生活的质量一下都高了。他干一件什么事都饱含激情地去干，吃个饭都是饱含激情地吃。他的生命里有一份很充沛的激情，跟他在一起真的是一种享受。有时候他的情绪也会低落，但是大部分时间只要他从低落里出来，他就是那样的状态。

许知远：八十年代，你心中有没有那种所谓的文化英雄？

张楚：比如老侯啊，侯牧人[2]。他就是文化英雄主义的，还有他身边的一些朋友，都是带着希望的那种。那个时候国家单位里的很多知识分子也很有激情，当时位于中心的是很多青年导演，心里还是有社会热情吧。

---

[1] 1985年，由京不特、默默发起的"撒娇"诗社在上海成立。"撒娇派"对现实选择迁回着"撒娇"，也就是"温柔的反抗"。

[2] 侯牧人，中国第一代摇滚人，参与创作了《红色摇滚》专辑。

许知远：那时候你对未来有设想吗？

张楚：我实际上是一个自我搏斗的人，还真的还有点像杰克·伦敦那种人，是一个和个人缺陷战斗一生的人，属于那种想找到终极自我的人。因为理想主义的热情过了，像我这种人只能通过这样的方式寻求自己的精神。比如我自己也读加缪、格雷厄姆·格林这样的作家。我觉得那时候格林的书给我的影响很深，他带着一个年轻人对基督教社会的怀疑，但一辈子过着边缘又华而不实的生活，审视着自己与他人，寻求人性的真谛。毛姆对我的影响也很深刻。格林更尖锐，对自己更凶，更压榨吧。毛姆更坚强一些。

许知远：你最主要的缺陷是什么，你想与它搏斗的？

张楚：我也不知道，我自己进了一个圈套，必须去自我分析、自我搏斗，它变成一个思维套路。实际上也许我没有这个问题，但是我就要把这个问题代入这种思维方式里去看。

许知远：这种情绪是从什么时候开始显著的？

张楚：九十年代初。《孤独的人是可耻的》就带有这种特征嘛。

许知远：你认为早期比较成熟的作品是哪个，《姐姐》吗？

张楚：《西出阳关》吧。在音乐上算是比较成熟、有个性的一个作品。

许知远：你刚才说《孤独的人是可耻的》是一个自我搏斗的产物，当时是在什么情景下写出来的呢？这首歌对我影响也特别大，尽管当时也没听懂，正在上高中。

张楚：那时是我跟中戏的女朋友在谈恋爱嘛。看着中戏的学生们毕业有一点点慌张，想到要选择自己的路，就那么一个情绪吧。

许知远：《姐姐》到底是在什么样的场景下写的？

张楚：1989年冬天写的，在北大边上的漏斗巷，西门外面一个胡同里，来抒发我和社会的一种情绪吧。

许知远：你碰到张培仁他们是什么时候？

张楚：1992年吧。那时候很多乐队在北京演出，比如何勇、高旗他们，我们一起演出。当时国内几乎没有唱片工业，香港的劲石唱片签了黑豹，他们是第一个。除了做做乐队，演演出，我会去做一些卡拉OK周边的服务工作。中国那时候刚开始有卡拉OK，他们要在中国重新生产母带，有大量这样的工作，我就做这种工作挣一点钱，维持生活。

许知远：所以你是卡拉OK先驱嘛。

张楚：嗯，我看着卡拉OK在中国普及起来。

许知远：无聊吗？当时做的时候。

张楚：极无聊。一个少年怎么能忍受那种生活？在卡拉OK里，周围人都在喝酒，推杯换盏，而你要负责给他们放音乐，极无聊。

许知远：在马克西姆餐厅演出是什么感觉？这么一群茫然的年轻人在那儿演出。

张楚：是一个小乌托邦吧。比如说演出一点钟结束，结束也不散，又躁到两三点钟，大家在舞台上瞎玩，三点钟离北京最早一班地铁还差几个小时，所有人都坐在那儿聊天。

许知远：你当时是个话少的人吗？

张楚：志同道合也会聊聊，因为音乐嘛，大家都在讲究，你有什么个性啊，有什么创造性啊，都是这些话题。

许知远：你什么时候感到创造力进入一个非常顺畅的状态了？

张楚：我觉得我到现在都没有过，我只是试图接近这种状态，但从来没有。

比如说《西出阳关》是进去了，《孤独的人是可耻的》那一张是陈述了一些东西，《造飞机的工厂》完全就是一个极端的东西。我觉得是因为我们想完全地为精神服务吧，一方面它跟商业的东西有点不通，另一方面，纯精神服务是一个很西方的东西，你完全进到那里头呢，也跟现实的物质走向完全不在一个频道。但是你必须得表现出你能够压得住那种东西，你还得是英雄主义。可我们很茫然啊，有的时候不知道怎么支撑自己，来了一些商业的支撑，大家又觉得我们应该用一个商业的管理体系来完成这件事情，但是我们的文化积淀和自信心又不够去输出这样一个文化。我觉得这个"不够"是自己的不勇敢，是在面对商业的时候，有一种没有必要的伪装的抵触，其实你就是用一个合作团队的方式去做事嘛。

许知远：我印象很深，1994年我买了一盒磁带，张培仁写了一个文案，他说，这是1994年的春天，空气里有一种富裕的气氛，每个人似乎都站在一场洪流之中，等待着来自欲望的冲击，张楚也置身其中，看着从身边汹涌而过的人群，他依稀想起生命里的许多画面。你当时什么感觉？

张楚：这是从全局上的概括，而从我的角度来说，我更觉得这个美术设计有意思。

许知远：设计非常好。你第一次碰到窦唯和何勇是什么时候？

也是在马克西姆吗?

张楚:对,就那段时间。

许知远:他们造出那样一个概念,当时你心里是愿意的吗?

张楚:其实这个概念不是故意制造的,只是十三个人的唱片到了那个阶段都要发行,就打包发了。

许知远:美术上很好,概括上很好,商业包装上很好,会给你的音乐本身带来一些影响吗?

张楚:我特别认同这种唱片工业化的工作方式。

许知远:在香港红磡那次演唱会是你第一次面对那么大的舞台吧,什么感觉?

张楚:人群意味着欢呼声的杂乱。

许知远:让你不舒服?

张楚:你既希望表达自己的精神,又感觉到这个欢呼声里的杂乱无章。

许知远:你可能不敏感,但你从什么时候意识到获得了世俗上的成功的?

张楚:我从来没有觉得成功过,虽然获得了一些影响,但其实真正的成功叫影响力,然而总会出现不同的甚至是贬损的杂音。有的乐迷很喜欢我们,但我们也只是做了两场演出,一场在南京五台山,一场在长春。当时乐队最多的是电声乐队,跳霹雳舞那种,但是摇滚乐的声压要比那个还高几倍,所以整个声音系统都会比那个要求高出很多，所以我们的演出也并不多。但是后来慢慢会碰到各种各样的人，发现那么多人喜欢摇滚乐。

许知远：刚才我们说到八十年代那些文化英雄，你什么时候意识到你们可能成了文化英雄，甚至是最后一代文化英雄呢？

张楚：我们没有到英雄主义，而是成了一种文化精神势力，但精神势力也会变得嘈杂，而且大家喜欢提意见嘛，但提意见也不会让自己的表达更真切与鲜明。

许知远：到1997年发行《造飞机的工厂》的时候，你最想表达的是什么呢？

张楚：那时候唱片有点反主流音乐，因为我再往前走一步就是主流音乐了，但是又不想完全踏进去。

许知远：是之前所有的训练、你个人的经验使你拒绝主流吗？你在担心什么呢？

张楚：担心别人狂热的膜拜。观众完全不知道他是谁，只能膜拜。

许知远：被吞噬，个人的感受被吞噬。

张楚：对。

许知远：他们天然把你设定为某一个角色，被钉住的感觉对你来说是什么？

张楚：就一个监牢嘛。

许知远：但你会觉得也受益于此吗？因为再没有人有机会被突

然挂在那么一个地方了，再后来一代人就没有机会了。

张楚：对我们来说，坐在这个牢房里也有一种脱离现实的自由吧。

许知远：也是一种保护。什么时候意识到自己被钉在上面了？

张楚：我发现我挣来挣去也挣扎不出来，就知道了，就在里头了。

许知远：什么时候开始觉得有点服了？

张楚：我做唱片，有的时候和记者、和群体在沟通的时候，发现我老错拍，错了一个时空似的。我自己也尽量调，感觉一下也踏不到这个泥泞里。

年轻人有的时候还把我们标榜为一种梦想的召唤吧。所以我就觉得，管他呢，反正你是年轻人嘛。有个梦，只要你不怕碎，就这样吧。

许知远：二十多岁的时候你最想实现什么？

张楚：成为一个世界级的超级明星。

许知远：什么时候开始不想的？

张楚：最近这些年，年龄一下就大了，发现我根本就做不到。好像每个人都是英雄，各自的英雄，大家又缺少彼此尊重。当一些东西瓦解之后，大家全部掉下去成老百姓了。但是英雄至少要建立一点精神上的东西吧。

许知远：你最欣赏的国际性的明星是谁呢？

张楚：比如像鲍勃·迪伦。我看过他在北京的演出。我没想到他的舞美能做成那样，像纽约的一个老酒吧。我是这么来的，那我就给你看我是怎么来的。其实这才是知识分子的尊重，而不是渲染，把自己夸大，或者去跟什么对立。我觉得他都这么大了，还能选得那么对，真的让人敬佩。

回到心里那部分，
是我下半辈子最重要的事情

许知远：2000 年左右，你感觉到时代精神又发生新的变化了吗？

张楚：那时候我回西安，看到了新一代校园歌手，他们已经乐队化了，西安的年轻人都是激情澎湃的，但不是那种英雄化的，而是个人的表达，摩登天空模式吧。

许知远：对，摩登天空精神，你喜欢吗？

张楚：喜欢啊，青春活力啊。

许知远：那你觉得他们缺少什么呢？

张楚：我觉得他们缺少世界化唱片工业的观点。

许知远：你九十年代进入唱片工业，会刻意地将你们的创作方式、精神力量跟英国、德国或者日本的做比较吗？

张楚：对，我会和每个国家都做一些比较，比如美国偏向于这样，英国偏向于那样。

许知远：比较起来，你觉得中国乐手有没有一种独特的精神方式是跟他们有明显区别的？

张楚：我总结啊，一个音乐人想要进行创造，他必须超越嘈杂现实，他的精神层面必须不愿意和现实对话，才能建立起自己的东西。我觉得做到这样的不多，高旗后来做的一张专辑我觉得有这种影子。

许知远：你自己呢？

张楚：在这个部分我觉得我是一个很中庸的人，有的时候我是在依赖中不能自拔的一个人。

许知远：这是怎么造成的？

张楚：我觉得要通过这种依赖来相互关怀，但是在相互关怀中那种嘈杂又永远扯不清楚。

许知远：所以你觉得自己不是一个特别坚决的人。

张楚：对，我不是一个特别坚决的人。

许知远：出于对温暖的渴望吗？

张楚：也许是，甚至认为这个东西能给予人一种辅助吧。

许知远：九十年代末一直到2000年之后的几年，算归隐也好，算游离也好，为什么会这样？

张楚：2000年到2005年吧，那时候其实是港台音乐全面的胜利，一直胜利到2008年，是吧？因为大众对他们的热情，我们是完全失语的状态。

许知远：也没想去反抗？

张楚：本来也不是那种性格的人。

许知远：你怎么面对 2000 年之后的游离状态呢？

张楚：那个时候我全部的快乐都在互联网上。那时候网络工程软件兴起，网络数字知识开启，我在 2000 年就买了一台苹果电脑。那时候苹果还是那种很小的专卖店，在一大堆 IBM 的店旁显得很渺小。本来我是学工科的嘛，对科技的魅力也是有瘾。

许知远：所以那三四年你是在另一种巨大的新发现里？

张楚：对，在科学的世界里寻求快乐。

许知远：有对时代的焦虑吗？比如你的声音可能没有了。

张楚：没有，因为我自己都跑出来了，有没有我，这社会这么宏大，我算什么呀？

许知远：那回到 2004 年、2005 年，那时你准备再出来嘛，心情是什么样的？

张楚：2005 年我回到北京来。我走的时候，大概只有三四环的概念，但回来以后这个城市显得如此年轻和商业、有活力、匆忙。实际上，我感觉历史断了，我要重新在一个地方补一个什么东西。

2005 年以后，中国开始有一些音乐节演出。我自己很无聊，但还是得选一家唱片公司工作。我还是排斥商业化的东西，找了一家小公司签约。签约以后很多年其实挺痛苦的，因为这家公司所有的工作经验都是在北京组织一些像我们 1994 年在马克西姆那样的演出。就是这样一个商业认识基础。所以工作特别不顺畅，它没有办法规矩化,一直没有一个工业的规矩。我的创作也让我回避过去的那种摇滚乐,那种呐喊。人都这么匆忙了,你要解决的是匆忙的问题,而不是你呐喊的问题,对吧?我觉得已经完全不一样了。

许知远:那你怎么面对这个匆忙的时代呢?

张楚:从科技的那种快餐、进步当中你是感觉到快乐的,软件从1.0到4.0,是变得更有意思,但是消费也太迅速了。大家只要最简单、最容易的文化,挺苍白的,音乐这一块也是挺苍白的,我的感觉是这样的。2000年以后,号称打口一代的人进入音乐这个体系,我自己跟他们有的时候也玩不来。我觉得他们从来没有站在唱片是工业的角度来看待自己的工作,他们还是个性青年。你听音乐听得多,到自己手上再去用,实际上经验和含量也不多。有的时候跟一些乐手工作,你会觉得玩不到一块儿去。

许知远:你这种新的感受力怎么能变成一种创作呢?

张楚:比如我后来出的《向日葵》和《海边》,是在青岛写的,无非是读读心理学的书,还是积极的。我在抑郁的时候也会特别抑郁,心脏都会不舒服,半夜睡不着觉,然后就想找这种自然的东西让自己平衡。你在匆忙的时代又觉得自己是一个做艺术文化的,所以还会想找到一种善待生命的道理,而不是过去那种呐喊式的东西。到了后来,我们"魔岩三杰"又到上海做了一次演出,之后陆陆续续又写了这张唱片的很多歌,一直特别想用一个新的方式来做音乐,特别想特别想。

许知远:我们说一些具体的,你创造一首歌的过程是什么样的?你是怎么发现意象,意象又是怎么慢慢地扩大,变成完整作品的?

张楚：比如写那个《晃动一下》，无非是说大部分中国人一方面还被捆绑在职业追求上，而另一方面被捆绑在社会的不安上，你有这种感觉吗？这种不安全感。

感觉我非得有一个房子。好像只有这样才能摆脱不安，但是又摆脱不了，因为你心里从来没有建立过自己。我喜欢探索，这也不算神秘主义吧，朋友带我去四川玩，晚上去了一个荒郊野岭，当你看着周围的树和月光，当自己的思绪都放下来的时候，作为一个单纯的人，你会发现自然跟你的关系，而不是文学描述出来的那种。为什么你会觉得少数民族反倒挺有创造性的，那是因为他们没有一个像我们一样被长期灌输的社会人性。

回到人性本身，一瞬间，你会突然发现，原来那个夜晚是如此丰富。森林里的一棵植物，在它还是一个苞蕊、叶子还没长出来的时候，你会感受到那种力量，又单纯，又很有力，它马上就要打开了。就在那一瞬间，你会发现人有一个内在的东西。这个也是我从不断的旅行中和别人看到的不一样的地方。当人把自己的社会属性全部放下的时候，那个属性才是真实的，很多巫师之类的人无非就是在这里找到了一个新的工具，可是我们很少人去找这样的工具。

许知远：我们这一两代的知识分子、艺术家都对西方有焦虑，因为标准是他们设定的，你会有吗？

张楚：我觉得到现在，这个焦虑真没必要。大家无非就是为了这个世界好，有一个相对来说比较好的秩序，中国古代有过，西方人自己也有过，你没必要认为人家的那个秩序要捆绑你嘛。

许知远：西方世界很多好的音乐家、作家，他们的创作周期是很长的，一直到六七十岁都可以写出很好的书、很好的歌。但我们好像就和青春期消费一样，三十岁很厉害，到四十岁可能就不行了。

你觉得这个原因是什么呢?

张楚:因为社会主流喜欢。问题和主流都还是在青春期上。

许知远:那你觉得你能克服吗?

张楚:这个对我已经不重要了,我觉得我的心能够回家是最重要的。回到心里那部分,是我下半辈子最重要的事情。

1969 年　生于北京
1982 年　考入北京市戏曲学校相声班学艺
1995 年　于北京电影学院影视导演系进修班结业
2000 年　开始与郭德纲合作表演相声
2004 年　正式加入德云社，与郭德纲结为固定搭档
2013 年　与郭德纲首次登上中央电视台春节联欢晚会
2019 年　凭《老师·好》获得第 11 届澳门国际电影节最佳男主角奖

扫码观看视频

于谦

小时候我最大的愿望，
就是当动物饲养员

Chapter 08

于谦代表了一个陌生又令我羡慕的世界。他关注生活的细节，花花草草、动物、羊蝎子火锅、哥们儿欢聚，他的生活具体又生动。

这也是王世襄、马未都的北京传统。他们是精致又达观的享乐主义者，在很多事物中发现乐趣，是日常生活的哲学家。我是在书籍中成长的。我热爱的作家们，都教导我与日常保持紧张。我喜欢史努比、加菲猫，远远胜过真实的狗和猫。我认定自己应该逃离而非拥抱日常。

对很多人来讲，于谦还拥有一种令人羡慕的处世哲学。他能圆通地应对人际关系以及生活挑战，同时仍保持某种个性，似乎还可以轻易化解人生的种种焦虑。

我总觉得，这种处世原则定有其紧张一面，他如何应对？尤其难忘的是在他位于北京大兴的私人动物园的一刻。一匹骏马，据说来自瑞典，迎面向我走来，眼神里流露着难言的忧伤，不知为何，它让我想起了安娜·卡列尼娜。

说相声的都是斗虫，
你总得有较劲的心思

许知远：去加拿大演出累吗？

于谦：还好，主要我们也习惯了这种状态。不过现在最苦恼的就是时差，因为我也不能踏踏实实倒时差，演两天就走了，永远跟要转场的城市之间差了几个小时。

许知远：国外演出时是不是观众的反应都特别强烈？

于谦：相对比国内强烈，因为观众是带着思乡之情来看的，可能感受更强烈一些，一边乐一边哭。演出完之后，所有观众涌到台前来，一边找我签名一边哭。

许知远：那就是共情了。而且这十年，大家因为有互联网，在网上可以听到很多你的相声，会觉得很亲切，这种长期的陪伴之后终于见到活人了。

于谦：对这种艺术形式他们不陌生，对所有的演员也很熟悉，包括对我们表演的内容都很熟悉，他们底下跟我互动得很热烈，我下一句什么话他们都知道。

许知远：更像老朋友的聚会。

于谦：以前我们有一个说法，说相声一过长江就死了。现在为什么这么多人接受？一个是普通话的推广，一个是互联网，再有一个就是移民城市，就这三点。现在各大城市的人都在互相跑，从交通方面来说，南方北方、国内国外都不叫事了，所以有华人的地方都能接受。

许知远：这个变迁其实非常有意思，过去在天津，在北京天桥说相声的人怎么也不会想到，有一天它会是一个全球性的文化。

于谦：这是一个比较大的飞跃，包括现在相声演员都有一些流量，以前根本就没有。

许知远：对，它把新型的娱乐方式全都结合起来了。那天我还去新街口听了一段，表演者把英语都带进来，我觉得很有意思，年轻一代会挺接受这个东西。

于谦：要变化，以前的相声也不是不变化，对吧？从清朝到民国就肯定有变化，因为相声毕竟有一些时代感的东西在里面。而且它必须有时代感，才能被人接受。

许知远：对，要不然变成博物馆就完了，就没戏了。我觉得整个曲艺界都需要这种新的更新，新的语言。我看到日本那些讲漫才[1]的，因为上电视就改变了一个行业，北野武他们就上电视讲漫才，导致这种艺术形式发生了很大的变化，还有落语[2]。

于谦：所以这跟环境和出身有关系，相声本身就是一个街头文化。我们老说在野外生的东西，就在野外长得最好，在温室里生的东西，在温室里长得最好，把它挪到野外就死了。相声是街头文化，所以它生长起来的这块土壤是最适合它的，把它挪进剧场来只是一个形式，是一个宣传窗口，为了让更多的人看到。

许知远：但现在街头开始消失了。

---

1 漫才是日本的一种站台喜剧表演，类似中国的对口相声。
2 落语是日本的传统曲艺形式之一，在表演形式和内容上都与中国的传统单口相声相似。

于谦：小剧场实际上就是街头的演变。相声上电视是有了一个窗口，让更多人知道相声，但你要真正想看原汁原味的相声，就得回到小剧场去看。

许知远：你带徒弟，怎么去训练他们对生活的体验？因为这是最重要的事情，但现在我们的生活越来越趋同，越来越抽象，怎么办？

于谦：这些东西训练不了，一个是性格，再有一个就是要给他指导，让他接触更多的东西，但他要是没有兴趣的话，一切都没有用。包括相声在内，我觉得艺术最重要的还是天赋，不是后天的努力。前几天也做了一个采访，问我听到过最大的谎言是什么。我说就是告诉学艺术的孩子，只要努力就能成功。艺术门类最重要的是天赋，但是这天赋你怎么看？你看不出来。我们挑学员、挑徒弟都一样，首先我们看人好，第二他自个也喜欢，就可以了。咱就拿岳云鹏来举例子，他扫了那么多年地，搬了那么多年桌子，突然一下开窍了，人就成了，但是这一下你要来不了，这一辈子都成不了。可这一下是怎么来的呢？师父指点不了的。

许知远：你是什么时候发现自己的天赋的？
于谦：我到现在也没发现。

许知远：我们今儿发现发现，追溯一下。
于谦：还是那句话，我干什么，都是凭爱好，所以我写的那本书也叫《玩儿》，我比较喜欢"玩"这个字，玩是"干一行爱一行"的延展意思。你只要有兴趣，你就能把它干好，因为在干的过程中能得到快乐，对吧？至于别人承认不承认，那是另外一个层面上的事。别人要是承认了，承认你的人很多，那就证明你在公众视野当中是一个成功的典范；如果都没有人承认的话，那么你自己一辈子干一个特别喜欢的事也是成功的，最起码对你的人生来讲你是成功的，你过得快乐，这不就完了？考虑太多没有用。

许知远：你小时候在胡同里长大，什么时候开始发现自己对语言特别感兴趣？

于谦：一直都有。首先最有感觉的就是相声，那时候只能从收音机里听相声，从能够听懂相声那时起我就开始喜欢了，喜欢语言当中的幽默和智慧。那时又正好粉碎"四人帮"，有所谓的新相声，就是讽刺、批判这些东西。

许知远：对，跟改革开放那个新的精神也有关系，那种新的自由感出现了。

于谦：时代变化了，整个社会都在变化，这是相声一个特别主要的话题，而且是往好的方向变。所以那时候一些改编的好相声层出不穷，因为话题多，而且可说。

许知远：而且你想之前的几十年，只能说一种话，突然大家可以说自己的话，这多让人兴奋啊。

于谦：一下就感觉这个语言怎么那么丰富啊。人就是靠语言来表达、交流的。

许知远：所以你当时还挺勇敢的，你要退学去考戏曲学校，这还挺大胆的。上学的时候你有没有偶像，比如想成为什么样的相声演员？

于谦：马季、姜昆，包括侯耀文。时势造英雄，那个时代出来的名家也比较多。

许知远：中国人经过之前那些时代，突然想找个充满人味儿的生活，想笑，因为以前常年不能笑。所以那个时候是不是想成为他们那样的年轻人也很多？

于谦：最起码我们学曲艺的都是那样想的。一个是对艺术的追求，一个是对名望的追求。

许知远：刚才你提到的这些人，他们表演的其实是新时期的相声，而在此之前，相声有很长的传统，你们会对传统相声感兴趣吗？

于谦：会的，因为我们还算是有点造化，赶上了一些从民国沿袭过来的老先生，那些老先生很重视传统的基本功，一个是从教学理念上给我们灌输，一个是从手段上进行指导。老先生也真有本事，真能教我们点什么，所以我们这代人接受的相声，可能还是传统的东西更多。

许知远：这些老先生身上什么东西特别让你印象深刻，让你觉得他们真厉害？

于谦：我觉得还是咱们所谓的"道"，行规。你是相声演员，你要被人尊重，那么首先要人好，第二是有本事。投名师，访高友，老先生讲，这个名师不是有名的师父，而是明白的师父，所谓明白指的是在为人处事上得明白，以及不说糊涂相声，知道这相声为什么要这么说。传统相声总共一两百段，甚至几百段，每个老先生都说过，但是每个人说的都不一样。之所以它有生命力，就是因为所有人都把自己的智慧加入到里头，后边的人就能博采众长了，对吧？哪个好我用哪个，然后我再加入我自己的东西，这点我觉得是相声最能传承的东西。

许知远：等于它有个核心文本，要不断地演示。

于谦：对，历代的老先生一起打造它，就成精品了。一个人的能力毕竟有限，所以不能狗熊掰棒子，这就叫传统，这就叫传承。

许知远：这种核心文本，哪些是特别打动你的？

于谦：可能还是技巧。我也一直坚持一个观点：语言类的喜剧，玩的就是语言节奏。几百年下来，一个老段子的语言节奏大家都还在痴迷，那就证明你还没有把它研究透，或者说它还有它的魅力。所以，我们几代人研究的其实就是语言节奏在各种场合的应用，说起来简单，其实很深奥。

许知远：你觉得你现在对这些节奏的把握怎么样？

于谦：相声越说越觉得难，变化无穷。就像我们老说的，在小剧场怎么演，大剧场怎么演，电视台怎么演，今天遇到一醉鬼怎么办，遇到都是小孩怎么办，都是老头怎么办，都是工人，都是学生，这些情况下演得都不一样。

许知远：所以你们一站在那儿，就会立刻对台下做出判断？

于谦：不用站那儿，在台下就能了解一半。包括别人在那儿演着，我在台下坐着，马上能预判出来，台下烦了，他如果再没有包袱、笑料的话，观众就会往外轰了。这种情绪都能感知到，但其实都不是通过语言传达的，很好玩。

许知远：有印象最深的被轰下来的经历吗？

于谦：我刚毕业那时候，相声慢慢就进入低谷了。整个社会上甚至都没有什么相声，大伙儿都不听了，改革开放后，各种娱乐形式也多了，什么流行歌曲、迪斯科、霹雳舞，大家都寻求刺激，相声慢慢没人听了。那时候上台表演,几乎一报相声观众就往外轰人。我们就是顶着喝倒彩的声音往台上走,不想办法就没法活。

许知远:怎么克服的?那时候你十七八岁吧。

于谦:所以才有吉他相声,以唱为主的那种,都是那时候出来的,虽然传统相声里边也有唱,但唱是辅助说的,那个时候出现了很多以说辅助唱,完全本末倒置。我跟你说我听过朱逢博老师[1]唱《一无所有》,你都想象不到。那时候你不唱这个不行了,即使是这些传统的歌唱家也得沾点流行元素,其实听着特别难受,那些艺术家就被这个现实摧残了。

许知远:你那时候唱什么?

于谦:干什么活唱什么,尤其是相声演员,本身唱不是你的专业,你可以选用副歌,最好听的那一段,唱几句就可以了。你只要把观众抓住了,他认可你了,你这一场说什么都可以。

许知远:摸索了多久才找到窍门的?

于谦:这也不是我摸索的,那时候整个行业都在摸索。谁火你就能看见谁,那时候你提把吉他上去,观众就不轰你。那时心里就老有这么一股劲,我非得站在上面,站住了,较劲。老先生说干这行的都是斗虫,你总得有好胜心,总得有较劲的心思你才能好,当然不是较死劲。

许知远:也是,你想他们过去的老先生站在街头要让人来听,

---

[1] 朱逢博,中国著名歌唱表演艺术家,有"中国夜莺""中国新民歌之母"的美誉。

人随时都可以走。

于谦：对，你要没点能耐，你怎么把人家兜里的钱说到你兜里来？想当初我师爷高凤山先生[1]，他是北京曲艺团第一任团长，想当初是彭真市长给他发的委任状。

老先生是数来宝、快板的开宗立派的人物。电台来采访，就问高先生您是怎么从一个街头艺人发展为现在的大艺术家的。这老头没有文化，他就说，因为饿啊。

许知远：好实在。

于谦：太经典了。所以那时候不牵扯到"摘你鸟食罐"，你练不出。

许知远：过去这些老先生，他们都觉得自己是下九流，他们对自己的身份始终有一种焦虑或紧张感。你去学相声的时候，大家已经没这感觉了吧？

于谦：一直有的。咱说点心里面比较别扭的话，就像"戏子"这个词，我开始学相声的时候已经没人说了，这几年又出来了，就证明演员这个行当在观众心目中的地位还是在那层次上。我个人不喜欢"艺术家""演员"之类的词，这都不是一个特别准确的定位，作为相声这种传统曲艺形式的从业者，我觉得用"艺人"来称呼是最准确的。"艺术家"有点抬高，"戏子"又有点贬低，我不喜欢那个词，但是这两年在大众嘴里又出来了这个词，而且有官方的用法，还是能感觉到这种根深蒂固的偏见，还没有变化。

---

1 高凤山，著名快板书表演艺术家和相声表演艺术家，他是快板史上第一个站起来唱快板的人。

许知远：对，我觉得这也是好几代人努力想克服的东西。所以你看传统段子里面，其实好多说的都是人生的苦涩。

于谦：相声演员可能身份地位没有那么高，但是他讲的这些东西，你可以挖掘到很深的层面上，很多人情世故，世态炎凉，对吧？这些东西能给人造成一些心理上的涟漪、波浪，能让你想些什么。

许知远：现在想起来，为什么在七十年末到八十年代中期，相声在看起来是这么如日中天的时候，突然间就面临巨大下滑？

于谦：我觉得这是一个时代的必然阶段。改革开放后发生了一些大变化，带来很多信息，很多新鲜的东西，我们得接受一下。现在又反过来，我们要重新接受传统的东西，这肯定是必然的过程。

上台就是为了玩儿，满足自己的兴趣最重要

许知远：你是一个很努力地去寻找自己风格的人，还是说比较顺其自然？

于谦：顺其自然。我相信这种风格完全是自然带出来的，因为每个人都有自己的个性。相声本身就是张扬个性，它不像京剧，没有流派，你自己就是自己的一派，不管你说得好还是坏，都是你的一派。比如学京剧，你要学马派，你就得跟马派唱得一模一样才叫马派，对吧？包括先生的缺点，你都得学它。相声不行，相声你要

是学侯宝林先生，虽然他是大师，你完全学他，你就完了。那我不如就去听侯宝林先生，又有影像，又有音频，是吧？

许知远：情况最不好的时候想放弃吗？

于谦：没有。即使是那段时间没有演出了，也没钱了，就在家这么忍着的时候，几个学员班的哥们儿吃完饭，喝完酒，自个还互相说着玩，媳妇给录像——这就是喜欢，没办法，要是不喜欢的事早就放弃了。

许知远：现在那些同学都在干吗？还有继续在说的？

于谦：有，毕竟那时候是为了兴趣来的，所以他兴趣依然在，即便是不干这一行了，他也对这个事非常关注。

许知远：所以人生第一阶段挺有意思的，在一个潮流高涨的时候进入了，结果突然潮流没了。

于谦：对，那时候作为从业者来讲是很失落的。

许知远：这对性格影响也挺大的吧？

于谦：应该还好，我不痛苦。

许知远：失落但不痛苦。

于谦：不痛苦，那时候玩得最欢。不说就不说，我自己能说就完了，我自己喜欢，我本身上台也是玩，就这么一种性格。

许知远：八十年代的中国社会多火热，各种讨论，各种思潮，但是你也不兴奋，还是躲在自己的世界里面玩。

于谦：对，满足自己的兴趣是最重要的，不是说给别人听的。

许知远：现在好多人怀念那个时代，你个人对那个时候有什么感觉？

于谦：挺怀念。那几年当中，你一往上走，人就往下轰，你得顶着这个轰的声音，上去站住了再说。按现在的角度来想，那段时间是最练能力的，你得想各种办法来应付观众，来应对各种各样的现场状态。要没有那段经历的话，我现在没有这么些手段。现在坐在台下，听着台上，我就能感知到各种状况，都是那时的经验总结。

许知远：要是这种应变失败，还是被轰下去了，怎么办？

于谦：如果真要被轰的话，我就只能坐在下边，总结一下为什么被轰。那时候老先生也给我们总结，你站在舞台上不等于说你就能永远火爆，永远受欢迎，如果被轰了，你就知道观众都已经烦了，你就得赶紧变化一下，把这个东西提前或者删减段落，这都是有处理方法的。

这都是经验。干我们这行的，语言节奏不是拿尺子量出来的，而是讲究耳濡目染。就是跟老先生聊天，聊天过程当中，只要你有心，你就长能耐。包括老先生在这儿聊天，你就端茶倒水，伺候牌局，都是长能耐的过程，只要你有心，听得进去就可以。

许知远：这个东西必须是学徒制，不可能放到学校去教育？

于谦：对，必须是师带徒，一对一。我们一直觉得这种方式是最适合相声的，要上大课，完全是敷衍。

许知远：我觉得你的敏感性非常有意思。

于谦：你要是体会不到台下观众的感觉，你就不会迎合他的感觉走，那你不迎合他就不喜欢。当然也不能一味迎合，这中间又牵扯到很多手段，就是你要带着观众进入你的情绪里去。

许知远：现在你已经有这么好的声誉了，在台上仍然要非常敏感吗？

于谦：必须很敏感，虽然观众事先对你可能有一定认可，但你说上三句话他没听进去，他依然对你有抵触。

许知远：最近一次有这种感觉是什么时候？

于谦：随时都在体验。这是一种随时的对峙，现在已经成为惯习了。

许知远：所以长期做这个，人很难变得迟钝，必须有高度的敏感。

于谦：你看相声演员到死都没有得老年痴呆的，很少，因为脑子永远是动的。

许知远：你去海外演出或者在上海演出的时候，虽然说现在地域性不明显了，但是不是还会有地域差别？

于谦：还是存在的，但可能现在不再限制在语言上，以前因为语言差异，他听不懂。到上海去演时，语速要放慢。现在根本不是放慢语速的问题了，得说一些跟南方文化有关系的东西，让他接受起来更便捷一些，完全提高了一个层次。

许知远：周立波还在说的时候，他那些东西对你们有启发吗？

于谦：这是两种不同的形式，他那种海派清口完全是上海地区的文化造就的，就跟二人转在东北地区是主流一样。

许知远：相声中那些老段子对现在的年轻人来说很陌生了，你觉得里面那些文本怎么才能传达给他们？

于谦：你要是行业外的人，或者观众，接不接受传统都没有关系；但作为从业者，你就必须接受，或者说你就必须接受传统中那些对说相声有好处的基本功，你先全盘接收过去，你再变。我们老说六分继承，四分发展，这是对的，我觉得一直就应该是这样，你要没有继承你怎么发展？

许知远：不了解旧的，也不会有新的。

于谦：对，尤其是这种传统艺术。

许知远：现在还有什么让你特别困惑的，或者特别想克服的弱点？

于谦：没有了。可能是因为我还在不断地学习，活到老学到老。只不过有的时候事是明白的，道理是讲得通的，但是真正做事是跟道理相违背的。

现在老犯的错误就老犯呗。我都五十了我还改什么啊？这错误又不致命，我也活得挺好，交了很多朋友，我的人生目标已经达到了，我很满足了。我对生活的要求不是很高——能有个住的地方，能吃上可口的菜，身边有很多朋友，随时有酒喝，随时跟朋友能聊天，还要干吗啊？家里面媳妇孩子都挺好的，这就挺好了，要啥自行车啊？

我没有寂寞的时候，
我的爱好太多了

许知远：我很喜欢你演的那部电影[1]。而且里面很多感情我觉得特别好，可能跟你的性格也有很大的关系。

于谦：本身这个戏就是我们在喝酒时聊起来的，把所有素材都聊出来了。那天聊得很兴奋，就聊到了老师，所以它其实源于我们在饭桌上对当年老师的一个回忆、一个怀念。那个年代，老师唯一的目的不是让你这孩子得一百分，他对孩子的标准很低，他是要把孩子推向社会，你到社会上，有一技之长，有安身立命之本，这是最低标准。但是他同时很执着，就是所谓的"一个都不能少"。这种老师的学生毕业以后，对他感情特别深的都是学习成绩特别差的孩子，这些孩子毕业以后对老师特别感激。我就是那种孩子，所以我就觉得那个时候的老师是非常伟大的。

许知远：现在的社会越来越抽象化了，更丰富的情感都越来越少了。

于谦：正好当时一块儿聊天的就是我们现在这部戏的导演和编剧，导演本身也是编剧之一，他们就问我能否拿这个题材写个本子，我说那就写吧。写了一年本子出来了，就拿给我看。结果我一看这本子，没看上，我就不想演了。为什么没看上呢？没看下去，因为我觉得这故事的走向应该按我脑子里的走，结果他写出来跟我的路数不一样，我就觉得这不对。我就不演。他说那您看谁演合适。我说，你想要谁演咱们联系去，没有问题。找这个找那个弄了一圈，

---

1 此处指于谦监制、主演的电影《老师·好》。

最后正赶上我媳妇带孩子出国,家里就我一个人,我也没事干,我就说你过来跟我喝酒吧。这一喝就喝了一宿,喝到两点多的时候,他就差不多了,我估计他那天是处心积虑的。

许知远:有备而来的。

于谦:对,他说您再看一遍这本子。我说我看过了。他说您再当一个新本子看一看,把您脑子里那个印象甩开。我一想也有道理,我从夜里两点,一直看到早上五点多就把这个本子看完了,抛开了以前的那种思路再看,这本子确实感觉不错。看完了以后就说,那你找我经纪人聊吧。就从那儿开始筹备拍戏。

拍摄过程很快,四十多天就拍完了,结果跟投资方、宣发方一接触,人家说这个结尾得改。就问为什么结尾得改。他说按照艺术的走向、导演的思路来看,电影本身就是导演的世界观,这个结尾没有什么毛病,我们没有什么可说的。但是从观众欣赏的角度,它还是需要一个大团圆结局的,你们这个结局太悲伤了。现在都是网络评分,观众最后给你差评你怎么办?这会影响你的票房。最后我们也同意了,毕竟票房也是验证这个戏到底成功与否的标志。

许知远:你在生活里会害怕悲伤的结局吗?

于谦:会的,很害怕。小的时候最不爱看电影,结果大了还上了电影学院,所以人生就没法预估。

小时候害怕看电影,因为什么呢?因为家里大人带我去看的第一部电影就是《卖花姑娘》[1],里面有悲惨情节,音乐也挺瘆人的。那个时候我就蹲在椅子底下不看,出了电影院以后就什么都不知道,

---

[1] 《卖花姑娘》是1972年出品的朝鲜电影,讲述了朝鲜日治时期一个卖花姑娘一家的悲惨遭遇。同年在中国上映之后,引起巨大反响。

从那以后我就不进电影院了。生活中也是,远离悲伤的事情,远离让你不高兴、不痛快的事情,而且我还有办法把它从心里剥离出去。

许知远:怎么剥离?
于谦:就不想它。

许知远:能做到?
于谦:能做到。"当这个事没有逼到你眼前的时候,你可以不想它",我基本能做到这一点。

许知远:你想过为什么这么害怕这些东西吗?
于谦:我觉得是这样的,就是心里边的、想象中的那种美是根深蒂固的,人可以做不到那种美,但可以想得到那种美,当想到的时候,就会非常高兴。当心里边想到一些美的时候,感官是次要的,而内心真实的感受才最重要,所以我能用这种想象中的美来丰富自己,远离那些让人悲伤的东西。

许知远:所以你从小就有一个心里的世界,在里面待得特别自在、特别开心。
于谦:对,而且这个世界挺丰富的。所以我没有寂寞的时候,我也不怕一个人待着,你说要在深山老林里让我待一个月、两个月的,都是小意思。

许知远:现在心里的世界中最美的场景是什么样子的?
于谦:最美的场景就是把我一个人放在深山老林。真的,城市喧嚣、钢筋水泥我是最烦的,我之所以住在市中心就是因为我儿子上学。当初我儿子刚上学,要搬到市里来,为了离他的学校近,我媳妇跟我商量，我说不去。好不容易混那么多年从城里搬出来了，怎么又活回去了呢？最后也是被逼无奈，为了孩子上学近。

　　许知远：你的那个世界，到底是什么样的感觉呢？
　　于谦：我这个人自认为有一个优点——看什么都能看进去。当我眼前没朋友，也没有任何可以消遣的东西时，我就看这个茶杯，我就琢磨它，从它里面找到好玩的东西，茶杯没有有茶壶，茶壶没有有其他的，我身边不可能没东西，只要有东西我就能发现它哪儿好玩。农村田边上窝一头牛，我看牛能看三个多小时，就看它反刍能看半天，什么都能吸引我，所以我爱好太多了。前几年他们说，谦哥你看看那扇子，现在时兴玩那个。我说我不看，爱好太多了，实在不能再下你这道了。看什么都喜欢，所以不能什么都接触。

　　许知远：会觉得精力被分散得很厉害吗？这么多爱好，每个都想进去。
　　于谦：有一点疲于奔命，但原因不在于爱好多少，是在你爱好这个的同时，有很多附加的条件是你不爱的。像我喜欢马、喜欢动物，我做一个马场，做一个动物园，这是我特别喜欢的。但是我并不能天天坐在那儿看动物，我得给马场跑手续去，我这地属于什么性质、什么时候拆迁、跟当地的关系如何，我得天天忙这个，非常烦，但是没有烦人的部分，你怎么能有这个结果呢？

　　许知远：爱好的代价。
　　于谦：这是代价，没办法，疲于奔命的是这些东西。有的时候就烦，还不如不弄这个呢。但思来想去，不弄也不行。

　　许知远：对你来说危险和未知是很大的诱惑吗？
　　于谦：是的，有吸引人的地方，它就有危险。

许知远：你身上那种谨慎性和危险性都挺强的，是吧？

于谦：是的。小时候就这样，我干一个事拍脑门就干，当然真正在干的过程当中，对风险和危险的判断还是有。做一个事可能很草率，但是对危险的感知不一样。

许知远：过程之中你马上就会进入某种逻辑的方式。

于谦：对。一般有计划的人都是先计划，想好了再做，我是先做，做了以后在过程当中摸索。

许知远：对，而且你要是计划好你就没劲了，你就不想玩了。所以寻找各种体验可能是你人生最重要的驱动力？

于谦：对，其实包括说相声，包括拍戏、养动物、音乐，这些东西我都愿意尝试，愿意体验，想知道在其中是什么滋味，再体验一下它们的内涵，能体验多少体验多少。

许知远：所以你是个体验收集者，是吧？

于谦：我就是喜欢一切刺激的、户外的，室内的那些不行，棋牌类的我就不行，培养不出兴趣。我还是比较喜欢自然的东西。

许知远：棋牌类是另一种玩法，我也特别恐惧，斗智斗勇的，太累了。而且那种竞争性太强。

于谦：对，老有人算计，这不放松。就怕这种算计，勾心斗角。

许知远：对，即使你说去赛马，其实也是跟自己赛。

于谦：对，这种面上的竞争是没有问题的。一花一世界，一叶一菩提嘛。我这个杏儿品种特别好，因为我媳妇特别喜欢吃杏儿，所以我院里边老有很多杏树。

许知远：所以我们吃的不是杏儿，是爱情的滋味，是吧？

于谦：各种品种的杏儿。也很琐碎，每年一入秋就要考虑今年冬天动物和植物的防寒保暖，一到春天就要想夏天的防暑降温，各种各样的东西，都要想到、照顾到，这么多年也都形成一种习惯了，到什么时候就得往后想。

每年天一冷下来，这些怕凉的树就要用稻草给它包上，所有兽舍的窗户要用塑料布之类的东西给它封闭住，该进屋的进屋，该出来晒太阳的晒太阳，饲养条件和手段都要随着四季变化。

许知远：我们俩看这里，看到的都是生命力，树在长，还有这些动物。这里有这么多生命，也有很多死亡，死亡对你来说是什么？

于谦：因为养得太多了，不像是各家各户养一只狗，养一只小猫，遇上生老病死就很伤心。我也伤心，但是这种伤心多了，就已经形成一种习惯了，该怎么处理怎么处理。过去的那些东西还在脑子里，还在电脑里，还在我们的谈话当中，都能带出来，都没有忘，但是处理的方式也就平淡多了。就像我书里写的那样，正常死亡的归正常死亡，意外死亡的你只要总结出经验来，你再接着来，这个就叫真正的喜欢或者叫爱。我不赞成死了我再也不养了的那种说法，那就有点过于悲伤了，或者是没有什么动力了。

其实我在书里也写到了，这些家禽家畜首先不太可能会在自然界当中独立生存，它们是需要饲养的，包括一些自然界的野生动物，它在自然界的死亡是你没看见，并不是它不会死，对吧？专家分析，在人的饲养条件下和在自然界的条件下相比起来，在自然界当中动物淘汰率更高，相对来说在人的饲养环境下动物更长寿。

人要是完全正常，
反而就是最大的病

许知远：你说其实你最想躲进深山老林自己待着，人世间什么事让你那么烦，要躲那儿去？

于谦：其实让我特别烦的也没有什么，只不过我追求的可能更纯粹。我看这一片树叶我就能看半天，这个就让我很满足，我坐在这儿欣赏环境，什么都不说，也让我的心灵得到很大的慰藉。实际上我觉得我追求的是一种绝对纯粹，不是相对纯粹。

许知远：但观察人的复杂，也很好玩。

于谦：这个我不行，虽然可能我能够应付，但是我还是不太愿意沾染到这里面去。人跟人之间都复杂。我可以说我把所有人都当朋友。我也有酒肉朋友，我觉得酒肉朋友特别重要，因为在你有压力的时候，聚一帮人，能够陪你喝酒，能够聊天，聊得很畅快，能帮你解压，这是你得到快乐的一个重要源泉。所以酒肉朋友特别重要。相反的，能够给你人生启发，能够说一句话让你受用半辈子，这种朋友不会多。我觉得也相对不重要，因为我用不着他给我启发，我自个儿就启发了，对吧？而且他给我启发未见得能真的启发到我，我也未见得能够按照他说的改，因为我还有很多客观原因导致我改不了，对吧？

许知远：其实本质上人都是很难改的。

于谦：对，都特别固执，江山易改，秉性难移。

许知远：你觉得自己身上有什么特别讨厌的东西？

于谦：谁都觉得自己挺好的。

许知远：你刚才说到酒肉朋友嘛，或者什么样的友谊让你觉得特别的珍贵？

于谦：我觉得能够敞开说话，有什么想法能够完全剖析后拿到你的面前，就很珍贵。

许知远：不担心被误解，被判断。

于谦：对，即便是误解了你也能接受，或者说你不接受，你也能咽下去，这种朋友是最重要、最可贵的。但这种朋友必须经过时间的检验，以前我的性格是不求别人，别人求我可以，我不求人家。我把自己封闭得很紧，后来慢慢改了。因为我发现当你不求人家的时候，你也不知道人家能不能真正接受你，因为你只有把自己打开了，让他看到才行。

许知远：某种意义上也是自己放松了。

于谦：对。就是说我为什么不求你，或者说我为什么不把自己的想法剖析给你看？就是因为怕你看到我的弱点和缺点。如果我有缺点我不怕你看到，我这缺点也不太致命，那么你了解我的同时，我也了解你，这样就放松了，这也是一种自信。

许知远：这是很大的一个坎。人过了这坎就很舒服。但是你说你小时候是这么一个乱玩、自得其乐的人，为什么后来会把自己封闭起来？

于谦：这跟成长过程中的环境关系很大。我不是在父母身边长大的，我是姥姥带大的，我姥姥家里有五个姨，我不缺爱，我也不缺关心，但同时带来的就是监督，就是唠叨。三个女人就一台戏，你想我有五个姨,两台戏跟我耳边唠叨。我要给她们留下一个小把柄,她们能唠叨我一辈子。所以我小时候很大一部分精力是用于自我保护,用于收缩,别给人留下一个抓住我的把柄。我要把自己缩成一个小团,没有刺儿,没有可挑剔的东西,我尽量保住这圆滑的、表面的东西。

许知远:这么小就体会到爱的专制、爱的暴政,那真的对小孩挺不容易的,所以你必须有自己的小世界,花鸟鱼虫的小世界,才能抵抗这个东西。这不是幸福的童年,是不幸的童年。

于谦:确实有不幸的一面。我的抵触心理、逆反心理特别强。比如我要喝茶,其实喝一杯也没关系,顶多就晚上睡不着觉,对吧?但是我肯定喝不上,她们有一百个道理告诉我,这么小的孩子不能喝茶。而且在遇到别的事的时候,还会拿这个举例子,这就给我脑子里留下深刻的印象:我千万不能再喝茶了。

许知远:巨大的心理阴影。

于谦:对,因此滋生的就是,我长大后喝茶给你瞧瞧。我儿子,三岁就让他喝茶,我看看到底他睡得着睡不着,他长得大长不大。我就是一方面收缩自己,另一方面滋生逆反情绪。

许知远:所以你也特别讨厌说教的人、说教的世界,是吧?

于谦:对,讨厌这个,而且到现在都特别不能受束缚,当你有一点要约束我的时候,马上就反弹起来了。

许知远:其实这是你生活的底色了。

于谦:我的马场之所以发展到这么大,就是因为小时候养个狗养个鸽子,人跟我说,"哎呀,你才多大岁数,你就养个狗,你就天天提个笼子养个鸟，你退休了吗"？我凭什么要退休才养鸟，对吧？

许知远：是。
于谦：说我"少秧子"，未老先衰，我就给你们看看，从年轻时候起我就养，说我打鱼摸虾，耽误庄稼，那好了，我种庄稼就吃螃蟹，我看看你能怎么着。

许知远：结果这不务正业的人过得最爽，证明给他们看了，是吧？
于谦：实际上这都是伤造成的。所以说有因有果，一切都是有根源的，它不是平白无故就造成这么一个性格。

许知远：说明伤有伤的好处，人有他的弹性。
于谦：按照心理学家的说法，在理论上没有正常人。

许知远：而且正常是很可怕的一件事情。
于谦：还真是，你要是完全正常了，一点心理疾病都没有，本身就是最大的病。

许知远：太可怕了。人就变得毫无魅力，一点都不好玩。
于谦：对，没有个性。

许知远：你觉得你和郭德纲的友谊是什么样的友谊？
于谦：我觉得首先我们都是很善良的人，第二是我们在相声的理念上是一样的，做事方法那是很表面的，不重要。就这两点。

许知远：你觉得男人之间的这种友谊，这种价值和理念上的相似，是一个最根本的事情吗？

于谦：对。首先是要善良，第二是一起合作的，要有一个共同的理念，剩下就是互相尊重了。至于你有什么个性，能包容的包容，不能包容的远离，或者有时候这都不牵扯到两个人交朋友，对吧？

许知远：因为我一直好奇，就是说搭档在舞台上其实既需要彼此理解和彼此信任的那种亲密感，同时又需要紧张感，没有紧张感也很难，也做不起来这件事。就这种亲密和紧张，或者说信任和紧张之间的关系，我觉得这很有意义。

于谦：我不缺紧张感，因为我从说相声开始逗哏捧哏都学，但学完了以后马上就归到捧哏这个队伍里来了，因为我本身喜欢捧哏，先生们、老师们也都觉得我适合捧哏，那么作为捧哏首先这种紧张感就有了。

许知远：为什么一开始老师们就觉得你适合捧哏？

于谦：这个跟我本身的状态和语言表达的方式、节奏，包括对语言的理解可能都有关系，但确实是一个天性的作用。

许知远：其实在某种意义上，捧哏也是舞台上的反抗者，它是另一种反抗的方式。

于谦：对，他代表观众，观众有时候需要刺一下，有时候需要反抗一下，他代表观众的视角和感受。

许知远：他看似某种弱者，但其实是反抗者。中间你想过去做逗哏吗？

于谦：没有。

许知远：真的一点诱惑都没有？

于谦：一点没有。因为我觉得捧哏过瘾。

许知远：在舞台上有状态好、状态不好的时候，如果一开始捧的是乱的，步伐乱了，你会怎么去修正，你会慌吗？

于谦：到现在已经不会慌了，但是有时候也修正不了，因为毕竟这个状态是把握不了的，不能说状态不好，我得好点，这不是说好就能好的。所以也未见得能修正，顺着它尽量往好了走，也就这样下来了，这就是现场演出的可贵性。

许知远：对。包括那种即兴，因为在舞台上最有趣的就是说出自己都没想到的东西，突然蹦出来一段。

于谦：对。但是这也跟状态有关系，这个叫可遇不可求，也不能说追求这个。

许知远：灵光乍现的一刻。

于谦：有时候是脱口而出的，就是嘴比脑子快，但是追求不了。

许知远：从2004年到现在，德云社发展这么快，然后因为所有的组织都必然有它的复杂性，包括人的关系，你是怎么应对这些事情的，还是说不应对？

于谦：我是以静制动。你就别想它，这不是你想的事儿，而且你想了也没用，你既不是管理者，也不是主导者，你又把控不了人的思想，你又解决不了问题，何必跟着操心呢？我觉得人这一辈子最大的一个事儿，就是做好自己，你不要老挑别人毛病，你把自己做好了就行了。各行各业都做好自己了，这社会就特好。

小时候我最大的愿望，
就是当动物饲养员

许知远：其实你成长的时候，北京还有玩的气氛，整个社会发展没有那么系统，没有那么规范。到后来越来越规范，最后花花草草都没了，就消失在你的生活里了。

于谦：对，实际上北京人以前的生活不在于钱，它主要是一个心态。这种心态也不是钱能够创造出来的，它就是要求过得滋润，内心要丰富，我得让我自己好，让我自己高兴，就这种东西。

许知远：方寸之间它有个小天地。

于谦：对。

许知远：院子里不都这种感觉吗？方寸之间，样样东西放在一起，做一个小世界。

于谦：是的是的。尤其是养动物，虽然你要为了动物做出一些很大的改变，但这种付出是特别自愿的。谁要把我这弄死了，我跟谁玩命，我不活了，我也得把它弄好。对吧，就是这种掌控感，是心里的东西。

许知远：有一归属感。你说现在的方寸之间，全都在手机屏幕上了。

于谦：对，我深恶痛绝。不管是平板、手机，还是电脑上的游戏，我一个都不玩，而且真的可以叫深恶痛绝，不共戴天。

许知远：但对现在的小孩来讲，他打开游戏，那就是他的花，他的马，他的兔子，他的鹰。对他来说，就是这样一个世界了。

于谦：我觉得，中国现在的教育，可能这几代人停留在社会科学上的东西太多了，对自然科学的探知太少了，但是孩子首先需要了解自然科学，是吧。当你走进社会的时候，你的社会科学认知已经确定得差不多了，已经过了探知自然科学的阶段。

许知远：是的。所以我看见你，我就特羡慕，因为我是在大院里长大的，大院里就没有这样的花花草草，只有我的篮球架子、集体澡堂子，然后都是一样的楼、军人、来自五湖四海的家庭，人的亲切的关系、花花草草就很少。因为缺这种东西，所以我小时候都看史努比、加菲猫。我看他们那时候写老北平，我觉得太有意思了。

于谦：我也喜欢看写那个年代北京的人文的东西。

许知远：你不觉得他们每个人都有个性吗？

于谦：个性还都不一样。

许知远：你想活在那个时候吗？

于谦：想。

许知远：你觉得你活在那时候会是什么样的？

于谦：我感觉我会特别融入他们那个氛围，会很自在。我在旁边听着就是一种享受，听着所有人聊天就是一种享受，因为那种语言的结构，那种北京人骨子里的幽默——北京人这种语言特点和习惯，很难形容，你只能在氛围里体会。北京人说话，实际上跟那个高级幽默紧紧相连。

许知远：因为他有贵族传统，这东西没了。

于谦：所以都歪曲了，慢慢也消失了。

许知远：你觉得是不是彻底不可能再找回来了？

于谦：不可能了，那氛围没有了，就跟养鸽子似的，大杂院、四合院都没了，养鸽子的环境也没了。

许知远：我觉得我们小时候看电视剧《骆驼祥子》《四世同堂》，听那个军人打鼓，现在这个气氛里的青年人，都已经很难理解这个东西了。

于谦：现在可能电视剧里面一飞鸽子，一出来红墙绿瓦，有军人打鼓，就代表老北京了，但是它怎么代表老北京了？

许知远：就完全符号化了。

于谦：我是大杂院里长大的，所以对那个老北京的氛围特别接受。那时候人跟人的关系，有矛盾都没关系，大杂院里这家跟那家打架了，这都很正常，如今想想还挺亲切。

要有几家关系好的，各家谁炒了菜，给谁送点去，包了饺子，那端过去一盘。然后夏天的晚上吃饭，搬个小桌在外边，老爷子喝口酒，看看孩子这么一闹一玩。那时候咱说坏人也少，孩子成批成拨就天天在胡同里面跑。现在哪敢啊，车也多，人也多，坏人也多。谁也不认识谁，住一个楼里，碰了面，点点头，你也不知道他几楼的。

许知远：现在的温情，主要靠在微信群里发红包来表达了。

于谦：这个也不得不随大流，微信群里发红包，我是永远发的，但我永远不抢。我不主张发红包，但是我要不发也不合适，只抢不发就更不合适了。我不太喜欢这种交流方式。你平时的爱好是什么？

许知远：听音乐、读书、旅行。读书算工作了，我也对陌生的事情感兴趣，特别想知道那些陌生的东西，陌生的经验。

于谦：其实我也特别喜欢旅行，就是没时间。

许知远：你等于自己创造了一个自己的世界，我是自己跑到那些世界去。

于谦：小时候我最大的愿望，就是当动物饲养员，我那时候跟无数人说过。第二个愿望是想当司机，因为喜欢开车。人家问我养动物最大的兴趣点在哪儿。我就是喜欢看它们吃，看它们的生活状态，如果这个动物病了，就赶紧叫兽医来，把兽医叫来后我就走。我看不了它这种不舒服的样子。

许知远：《卖花姑娘》又出来了。

于谦：对，就是那种状态，看不了。

许知远：那去非洲看野生的动物会非常开心吗？

于谦：没去过，特别想去。

许知远：我觉得你应该去做一个节目，叫《周游世界找动物》，把巨大的世界当动物园。

于谦：我们在筹备这个。确实是想到世界各地去看动物，从各国的宠物、动物说起，谈它的文化和历史。

许知远：这就很好玩，动物和人的关系，每个地区又不一样。

于谦：说到动物和人的关系，目前中国也远远没有做到位。咱们现在的动物园，只有三种：第一，老式动物园，动物在笼子里让人看；第二种是野生动物园，就是人在笼子里让动物看；第三种是把一切凶猛、有伤害性的动物都屏蔽掉,然后只弄一些很温顺的动物进行小互动。国外做得就挺好的,有很多主题性的公园,然后把某一类动物主题挖得很深,跟人的关系更深刻。

许知远:要是小于谦想到自己长大之后会有这么一个园子,不得开心死了。

于谦:根本就没有想过,想不到。那时候住大杂院,在院里边养一只小狗,兴奋得不行,放学赶紧往家跑。但是现在养了这么多了,就不像一个家庭养一只小猫或一只小狗那样,没有那么多时间和精力去精心照料,在感情付出等方面都不能比。

许知远:你都把精力分给管理流程了,是吧?

于谦:现在只是注重一下它们表面上的状态。

许知远:我觉得于谦老师这集是我们拍的最不忘初心的一集,想当饲养员的梦想现在就实现了。

于谦:没有条件创造条件,没有困难创造困难。

1971 年　出生于浙江杭州
1989 年　进入北京电影学院表演系
1992 年　大三赴美拍摄电影《喜福会》
1998 年　主演《牵手》，获飞天奖最佳女演员提名
2007 年　主演《千年敬祈》
2009 年　执导并主演《爱有来生》，获北京大学生电影节最佳处女作奖
2016 年　主演电视剧《小丈夫》
2019 年　出演许鞍华导演的《第一炉香》

扫码观看视频

俞飞鸿

没有好或不好,
现在所有的一切我都很坦然

Chapter 09

在门口抽烟时，我觉得慌张又滑稽，像是在四十六楼门口，等待那位漂亮的中文系助教的出现。为了呼应这种情绪，我还在循环收听着泽野弘之[1]的"Everlasting Love"。对我而言，俞飞鸿就像是这首曲子，同时有夏日的明亮与深秋的感伤。

但真的见面时，不管是在茶桌旁，还是一起看电影，挫败感一直伴随着我，我不知怎样和她展开真正的交谈。她的美吸引着我，她有一种令人费解的镇定，认真回答每一个问题，但分明有一道透明之壁存于我们之间。

屏幕上的俞飞鸿令我着迷。不管是《喜福会》中的惊艳少女，还是《千年敬祈》中压抑的女儿，她都有一种疏离的诗意。在偶然见到的访谈中，她的谈吐与姿态，完全与所谓的娱乐界无关。当然，当我看到她演出的一系列都市肥皂剧后，又有某种不安，认定她背叛了自身的气质。

这不咸不淡、有礼却过分节制的谈话，激起我某种破坏的欲望。我总觉得，在她这充满秩序的表面后，一定有着某种更为疯狂、大胆的东西，否则人会陷入失衡的。我却不知如何下手才能打破透明之壁。几次徒劳的努力后，干脆放弃了。即使说出"我觉得生命本身也没有什么意义"的话之时，她也仍保持着淡定。她不会被任何外部力量带走，坚定地与那个稳定、熟悉的自己在一起。这是一种成熟，还是一种封闭？

或许，这都是臆想之辞。在这些词语背后，是我被心仪之美淡淡拒绝后的某种忿忿不平。

---

1 泽野弘之，日本知名作曲家。"Everlasting Love"是为电影《东京塔》创作的配乐。

十八岁时特别想长到三十岁，
因为觉得她们能自己作主

许知远：十八岁的时候对自己的期待是什么？要成为怎样的一个人？

俞飞鸿：十八岁的时候我最想要的是自由，特别想成长。我之前已经在杭州上了一年大学，还是想考到北京来。我觉得在杭州念大学基本上还是在家庭的环境下。我不知道出去念大学的孩子是不是都有一种逃离成长环境的愿望，就是以为我可以自由，我可以住校，我可以没有父母管着。在大学里确实获得了一些自由，但是我在二十出头的时候忽然发觉还不够自由。那个"自由"我当时也不清楚如何获得，所以才会有后来再去美国上学。还有我特别想很快长到三十岁，因为我二十岁的时候看到三十岁的女人觉得好厉害，觉得她们能自己作主的感觉。

许知远：什么时候意识到自由的重要呢，或者说什么时候意识到有一些压迫存在？

俞飞鸿：我在成长中性格有缺陷。我小时候不会表达愤怒，也不会说"不"。对我来说，这是一种很大的压抑。可能我们家的教育太正统，比如在外面跟别的小孩闹矛盾了，别人家长找来，即使不是我们的错，我父亲一定说，"对不起对不起，我没有教育好孩子"。我们小孩子有时候会觉得不公平，要争辩，父亲就不给我们争辩的机会，就说要是在家复习功课，不出去玩，就不会惹上这些。

我父亲无论在学识上，为人上，孝敬父母上，从来就是大哥、长者的样子，特别典型的长兄为父的感觉。他可以对自己的家人不正确，但他一定要对别人正确。妈妈是一个善良的人，心地透着亮的那种善良。我特别庆幸自己的父亲是这么一个形象。在我的印象里，从小到大问他任何问题他都能解答。比如我高中背古诗，刚学完一个礼拜还磕磕巴巴，他三十多年前背的，一字不落。不光是文科，他原本是个理科生，所以任何数理化的问题我没做出来，他都能告诉我怎么解答。我小时候的印象中，在他那里是没有疑难的，学识上，还有行为准则上都是。

但另一方面，他的教育太严格了。我小时候在所有亲戚朋友面前都是一个乖巧的女孩子，其实在青春期、叛逆期特别烦这种听话懂事，但不知道怎么打破，包括我以前说话声音都很小，家里不会让你大声说话。

许知远：什么时候清晰地意识到自己是美的？我相信家里人很少会说。

俞飞鸿：家里人从来不给我这样的认知。我小时候，很多朋友、邻居把我当洋娃娃一样。有些阿姨已经工作了，有些姐姐是在上高中，有的姐姐刚刚参加工作——我现在很难跳出来想，她们看见我是一种什么感觉——她们会主动给我织毛衣、做衣服。

许知远：你作为玩具的身份出现。

俞飞鸿：对，她们下了班、下了课就会去幼儿园接我——那个时候人与人的关系还是比较亲密的——接完之后我记得她们就想出各种办法给我打扮，拿火钳给我烫头发。钳子到火里烧热了，然后放在纸上，看着不焦了就开始烫。我会很乖，一直坐在那儿不动，任由她们玩耍。

我一直到高中才有点意识到，可能别人对待我的方式和对待别的女同学是不一样的。班里有一个女孩子，性格比较像男孩，不知道起什么争执跟男孩子打起来了，那个男孩子就把她当男孩一样，两个人翻来覆去骑在身上打。我突然感觉到,人家对待我的方式是不一样的。可能是因为长相的便利,比如打架的那个男孩子,可能是班里最凶的,有时候莫名其妙会塞一个什么吃的东西给我。可能就是那个时候有点意识。

我现在回想,家长特别怕我对外表有过多的意识,怕有意识以后忽略学习,他们不让我沾沾自喜,更注重说希望我学习好,多学文化。

许知远:那你高中觉得什么样的男孩子是动人的呢?
俞飞鸿:高中很怕交男朋友。

许知远:这个恐惧是父母给你带来的?
俞飞鸿:对对对。我记得要来北京上学的第一年他们还旁敲侧击,说第一年好好学习,不要交男朋友。那个时候这方面就已经不太搭理他们了。然后大学一年二年三年过去,到了三年级的暑假回家,还没有带男朋友回来,妈妈有点坐不住了。偶尔讲话里头会加进一两句,"哎呀,如果有男朋友的话也可以带回来看看"。我那时候就已经非常漠视了,置之不理。爸爸倒不着急,爸爸永远是"女儿嘛,不用太早,差不多可以成家的时候再有也可以"。但是越到后面,两个人都有坐不住的时候。那时候就完全不受他们左右了。这个过程也挺好玩的。

许知远:你中学的时候是什么状态?
俞飞鸿:外表是一个乖乖女吧,实际上我觉得是不太开心的。就像刚才说的,性格上的局限找不到方法去突破。不会大声说话,见生人会脸红——我就特别讨厌这点,想着什么时候能不脸红。还有就是很难说"不"。比如一桌人吃饭,其实我想走了,我要找一个合适的契机说出来,人家说"哎呀再坐会儿嘛",我就一分一分看着,十分钟,再十五分钟——"哎呀,我还是先走了,我困了。"那个时候我就会特别纠结,怕被误解,又不太会解释,有时候让误解更误解,着急又不知道怎么解决。

许知远:什么时候开始无所谓的?

俞飞鸿:可能是到美国生活以后。在美国待了三年,其实是在寻求自我完善,自我突破。对别人来说,表达愤怒和表达不同是很轻易的事情,但是在我性格里就是一件很困难的事情。我记得大学时候,我对同宿舍女生——现在我们都是好朋友——生气的时候,我就想着回来跟她怎么说,可是她一回来我就说不出话来。我只能踢自己的脸盆,她又不知道我到底怎么了。我会有这样的困扰。

许知远:为什么考电影学院?

俞飞鸿:因为从小有过间断性的演戏。十三四岁一直到十七八岁,不断被人找去拍,到了考大学的年纪就觉得,好像有点喜欢电影本身了。其实对很多小演员来说,最初是没有太多自我意识的,只是觉得可以不上学就是一种自由,不用在规定时间里坐在规定的地方。

许知远:说说电影学院吧。

俞飞鸿:我们上大学的时候还比较有大学氛围,虽然是艺术院校,也不像现在可能有更多的商业氛围,想着将来怎么创业、怎么挣钱。那个时候上学就是上学吧。

电影学院有个便利,每周有两次在洗印厂[1]放映片子。好像周

---

[1] 指北京电影洗印录像技术厂,1960 年在北京成立。

二是放外国电影，两部连着的外国片，当然都是内部片，不是外面公映的；周三放中国电影，一般是还没上映，或即将上映的中国电影。我们有这样的学习机会。我印象非常深，每周无一例外都会去。有艺术片，有商业片，以前没有简介，没有网络，只能是片子播放了就开始看。

许知远：遇到过对你价值观、思维方式有很大影响的老师或其他人吗？

俞飞鸿：每个阶段都会有。我小学的时候，我的班主任，他跟我一样姓俞，是我们的语文老师。我学习成绩比较好，他就提拔我当班长。其实我六岁就上学了，比我同班同学还要小一岁。这位老师就是在你没有意识到的时候，给你很多鼓励，让你去做很多事情的那种人。

电影学院的李冉冉老师也是。我小时候说话声音非常小，三米之外人家听不清我讲什么。我声音天生有缺陷，没有高音区，我只能在一个音区里，超出这个范围就很难控制，不像有的人音域可以高八度低八度，这是天生条件的问题。我担心过会不会因为这个考不上电影学院，但是李冉冉老师义无反顾地收了我。我前些日子去看望她，我问她当时明知道我声音条件并不是特别好，为什么还收我。她很直白，说觉得我的形象还是很适合电影的，是拍影视的料。

我觉得电影学院给了我一个很好的平台，以特别职业化的角度训练我们，让我自觉地把自己规范为一个电影人，从这个角度和标准去认识电影和自己的身份。

在美国，
我获得了自由表达情感的能力

许知远：到美国拍完《喜福会》你又回来上学，当时中国电影界是什么状况？你们毕业生的出路是什么样的？

俞飞鸿：我当时有点一厢情愿。电影学院的每个专业不是每年都招生，尤其像导演系。八八级只招了一个表演班，所以就特别孤单。但我们八九级除了没有导演系，每个专业都有，聚在一起有摄影系的、有录音系的、有美术系的、有文学系的、有管理系的。当时就觉得，我要回来拍戏。我们这些同学毕业以后，他们自然会转导演、写剧本，我们可以来演。未来好像很光明，我们这一代人可以共同演一些电影。

我们以为我们这一代人还会像他们七八级那代人那么幸运。他们是被分到电影厂，给他们机会去拍片子。可是我们这一代毕业的时候已经变了，我们这届开始已经不包分配了。我比较幸运，直接留校了，但那时候很多制片厂已经开始不收人了。一毕业，我们要做电影人、拍电影的理想就被打击了。

许知远：留校任教是什么感觉？

俞飞鸿：留校任教感觉好像是理所当然。当时我的文化课、专业课整体成绩都比较靠前，性格又比较沉静一点，我们班同学里好像最适合留校的也就我了。老师来问我，"你愿不愿意留，你不想留，我们再让给别的同学"。我就没拒绝，人事档案也不用转来转去。我看别的同学要落个单位，跑来跑去很麻烦。

许知远：你是个好教师吗？

俞飞鸿：这就是我为什么留校一年以后又离开了。我觉得自己太年轻了，无论是职业上的经验还是人生上的经历都不足以让我站在讲台上去教学生。我觉得表演这个东西更多可能还是人生经历和实践经验。当然，当教师还有一些行政上的必须完成的任务。

许知远：你这么一个害羞的人怎么面对一大群跟你差不多大的学生？

俞飞鸿：对，我们每个系基本上都有一个留校名额，我同届的很多同学都笑话我，"你怎么当老师啊，你一点都不厉害，你不会厉害"。所以我刚当老师的时候就告诉自己，要厉害一点要厉害一点。特别可笑。

刚留校我们都是助教，其实还没有什么资格自己去备课、讲课。我也没有什么可讲的，主要就是给他们放片子。国内获得的片子还是有限，电影学院虽然资料很全，但是能够给全校放映的片子有限，要是上拉片课，像法斯宾德或大岛渚的片子，得去批条子，要层层申报，才可以看那个录像带。有一些最新的欧美片，没有那么快进到，我朋友就每次从香港给我录片子。那个时候香港有卖LD（镭射影碟）的，大唱盘似的，那是当时质量最高的。人家给我翻录成录像带，带回来给我。这是给我最好的养分，我看了很多这样的片子。

许知远：就这么当了一年老师后，你又去了美国。初衷就是要把英语学好吗，还是想逃离此刻的生活？

俞飞鸿：都有。特别想学好英语。我之前去拍摄《喜福会》的经历，让我有挫败感，更加强了想学好英语的念头。还有一点，本来以为回国后有很多新电影会出来，同学有机会拍，我可以参与，但好像也不是这么个状况。留校了吧，待了一年觉得学校有很多限制,要完成教学任务,就会限制拍戏。无论专业上还是生活上都得不到磨炼,还觉得自己不能完全掌控人生,锻炼不够。

许知远:为什么选择去洛杉矶呢?

俞飞鸿:因为在旧金山拍过电影,认识的一些朋友也大多在洛杉矶。当时联系的一个大姐姐,也是学电影的,她之前在《喜福会》帮我做翻译,一直照顾和陪伴我。一开始是她接待我,我就住在她家。

许知远:会觉得特别孤独吗,在洛杉矶的时候?

俞飞鸿:会,一定会。可以偶尔找人帮忙一次,但不能两次三次,没有人有义务帮我,一定要自己去解决问题。

我走之前就有人告诉我,说到了美国最难过的就是半年那个坎,过了那个坎就好了。当时完全没有意识,半年什么坎,是不是会想家,想家有什么大不了的,打打电话就好。可是没有经历过那种"想家"的情绪,其实是很难体会到的,是难以忍受的,就是不想待了,就想回来了,真的是半年。语言还没有学到很溜,学业可能结束了,生活上还没有很自在。想要的那种锻炼还没有完成,就要结束了的感觉。当时和父母说,也和朋友说,大家都是安慰,我觉得都不管用。只有一次,给我一个同学打电话,他很冷静地跟我说,回家那不很简单,买张机票就回来了。就是他那句话,突然把我打清醒了。我觉得自己太矫情了,其实真的想回就是一张机票的问题,就那么简单。然后我就度过了那个矫情的阶段。

许知远:过了半年之后呢,你的生活是什么样子?

俞飞鸿:就相对自如一点嘛,按部就班的,该学习学习,该混混。也会有一些工作,拍戏,拍广告。

不得不赞赏人家好莱坞的工业化制度。我记得我拍了一个广告,拿了两年的钱。对我来说就是打一份工，挺高的工资。后来才发觉，它不是拿完那天的工资就完了，而是电视台每播出一次，就有利润分给大家，每个出镜的演员，包括好像制片人也有，都是按比例的。它有工会制度，有制片监督，它该分我的钱，不用我专门去计算。刚开始播这广告的时候，一天十几次，这一天收的钱就很多；后来时间长了，一个月也有几次，我记得两年了还一直收到支票。后面的钱越来越少，但是对一个学生来说好开心啊。

许知远：大概多少钱？
俞飞鸿：累积起来可能有两万多美元。

许知远：那很多啊。你拍了多久？
俞飞鸿：就一天啊。

许知远：就这一支广告吗？
俞飞鸿：还有一部电影。

许知远：什么电影？
俞飞鸿：没有上院线就转成录像带卖的那种电影。演一个华人学生，比较可爱，现在来说叫"傻白甜"吧，也算女主角。对我来说就是一份经历，收入对一个学生来讲还不错。

许知远：你当时在哪儿上学，一直在语言学校吗？
俞飞鸿：没有，我是在加州大学洛杉矶分校念的继续教育，没有去念文凭。如果我学一个别的专业，我可能会再上一个学位，然而我有一个特别深的概念，电影不是靠读书读出来的，有一部分是天分，还有一部分是感悟，所以就没花这个时间。而且要再学一个学位每年学费也挺贵的，就没有去学。

许知远：《千年敬祈》里的父亲说美国是一杯凉水。那洛杉矶，或者美国对你来说是什么？

俞飞鸿：美国对我来说是一瓶营养水，就咱们现在锻炼经常喝的那种。对我来说，人生特别缺失的一部分在那里得到了锻炼。就像咱们之前谈论的，我很难有特别自由表达情感的能力，我待到第三年的时候突然觉得，我学成了。所谓学成特别奇怪，因为生活、交流已经达到比较自如的状态了，那时候在犹豫是不是可以回来。

我有一天跟朋友吃完晚饭，在一个十字路口，我们说再见，拥抱，然后我要穿过斑马线到停车场去拿我的车。美国是这样子，人过斑马线的时候，所有车看见人起码要在斑马线之前停下。我在斑马线上走的时候，余光看见有一辆车从远处过来，当时感觉这辆车没有减速，我本能地快跑几步，结果这车冲过我，在我身后刹住了。如果我不跑几步的话它就把我撞飞了。那一刹那我直接的情绪就是愤怒，那个女的也傻了，她都忘了开一下车窗，一直在车里——我听不见她的声音，但我能看见她——就连说对不起。我冲过去，踢着她的轮胎，用我学会的各种英文的脏话骂，说"你怎么可以这样子，就是negligence（疏忽大意）"，我哗啦哗啦地发泄了一通。这是我一生中从来都做不到的事情。

其实不在于有没有骂，以及表达里带不带脏字，这不是重点。重点是我可以这么表达了。别人听起来可能不算什么优点，或者引以为傲的事情，但对我来说是特别缺失的一块，我觉得我学会了。我心里不再有一个恶魔占据着，让我像碰到一座大山，不能去面对或克服。其实这之后我也不轻易表达愤怒，我到现在也不轻易表达愤怒。

许知远：回来之前你没有想过留在美国开始事业吗？你那么年轻演《喜福会》，那个时候华人明星进入国际舞台是很少的，这条路对你没有诱惑吗？

俞飞鸿：我从来不觉得我演艺生涯的舞台会是在那儿，因为文化不一样。就算偶然演到一部很大的片子，那也是一部两部，很难有持续性。就像我们现在也有很多老外演员，在国内演了几十部戏的外国演员，中文说得很好，可是那又怎样呢？每次只能在我们的戏里演一个特别类型化的老外角色，日本人只能演日本军官，或者老外就出现在战争片、年代戏里，偶尔现代戏里有一两个老外角色。他不可能成为主角。我一直认为，一定是在自己的文化背景里有更多的选择余地。

我精神世界的富足，
不需要靠演某一个角色来获得

许知远：还是回到北京。拍完《牵手》之后，你意识到那是你职业生涯里很重要的一件事情吗？

俞飞鸿：确实《牵手》以后认识我的观众多了。但要说多重要，我倒也没有直接意识到，无非采访多一些，认识我的观众多一些，可能在路上会认出我来，找我拍戏的也会多一些，大概就是这样。

其实在《牵手》之后我就觉得拍戏的商业化程度越来越重了，所以到 2003 年就突然想停下来，这种商业化让我比较累。两个月就拍三十集戏；三个月两个组开，我是女主角，就两边组跨，有点疲于奔命。这样的工作强度我不是特别适应，我还是喜欢比较踏实地创作一部戏，一个角色。所以就想歇下来，那个节奏不喜欢。

许知远：会觉得自己演得很糟糕吗？

俞飞鸿：那倒不是，我每次肯定不会很糟糕，因为我一定是很认真、很花心思的。不管对这部戏满意程度多少，我向来有一个原则：要么不做这件事，做了我一定尽最大能力完成好。我没有一个角色是特别不花心思的，认真对待和不认真对待还是有区别的。

许知远：2003年休息之后你在做什么？

俞飞鸿：后来就导了那部电影《爱有来生》。

许知远：那个故事为什么会吸引你？

俞飞鸿：也不知道呀，萦绕在心头挥之不去吧。我当时读这个短篇小说的时候——那个小说很短，九千多字吧——其实没有那么仔细，所以我看到结尾的时候是有点惊讶的。其实须兰那个短篇集里好多故事都挺好的。我当时就老会想起这个故事，不知道是因为被惊吓到了还是什么，可能也是一种缘分吧。喜欢这个故事里的调调，喜欢这种情感，或者情怀，或者叫一种不知道什么样的感觉。执拗到有点动人吧，能感受到生命的不确定性，就是永远到不了一个正确的时候、正确的地点，无法遇到对的人，好像总是错过。但我倒不是以一种悲哀的感觉去看待它，我觉得也未必不是美好吧。

许知远：是不是错过是很美好的一件事情？尤其是当它进入回忆的时候。

俞飞鸿：错过不见得会不美好。

许知远：这也是对你个人感受和经历的回应吗？

俞飞鸿：跟我的经历没关系，跟我对生命的感悟或者说审美有关系。

许知远：你现在还有什么特别想拍的电影吗？

俞飞鸿：我之后一直没有那么大的冲劲，可能人更懒了吧……除非真的是有一个打动到我心灵或击中我灵魂的作品，会不顾任何可能遇到的困难去做。

许知远：我蛮好奇的一点是，《千年敬祈》是特别好的电影，但你还演了很多电视剧，很多对我来说是不好的电视剧，甚至最近有一部，叫什么名字？

俞飞鸿：《小丈夫》。

许知远：它是那么庸俗、那么无聊的一个东西，你这么一个聪明的姑娘，面对它是什么感觉？

俞飞鸿：我觉得没有问题呀。首先我不觉得它庸俗，我觉得它就是一部通俗剧。其实它也表达了当下的很多现实观念，或者情感当中的一些问题，但它是以比较夸张的喜剧化的方式表现的。我永远不可能只演一种角色、一种戏，我一定会做很多尝试。

可能在你的审美里，或者你的概念里，你比较喜欢《千年敬祈》那种有文化意识的作品。但对我来说我会做各种尝试。其实商业片里我之前还演过一部魔幻题材的。这种故事我本身都很费力才能看懂，但是我能理解这个角色，对我来说都是不同的人物。那种类型我没有尝试过，对我来说也蛮有趣的。

许知远：我可能没表达清楚，你当然可以演不同的角色，但我觉得这些电视剧它不是真正的不同的角色。所有角色本身都是精神边界的扩张,我好像不觉得它们会给你带来某种精神边界的扩张和新的理解。

俞飞鸿:我不是从我演的一个角色、一部戏里吸取养分的。演戏之外有太多广阔的地方让我吸取养分,所以我精神世界的富足不需要靠我演某一个角色来获得。其实这么多年,我在这个行业里演戏真的不算多。

许知远:但这些作品没有触碰到你和戏剧本身共同爆发出来的那种东西。我不知道你是怎么感觉那种遗憾的?

俞飞鸿:可能年轻的时候,在电影学院期间或毕业以后,我还会期待——什么时候会碰到一个特别怎么样的角色啊戏啊,什么时候导演懂我啊,能够挖掘身上看不见的东西啊。到了现在我一点都不期待,真的无所谓,有又怎样没有又怎样。

许知远:不期待,会不会是因为出于某种恐惧啊?

俞飞鸿:我不恐惧,我现在都是很坦然地面对。我是特别不希望现在给自己任何期待,无论生活上还是工作上,我都是这种不期待的态度,反而每次默默碰到的都挺惊喜的。

许知远:你说你喜欢读各种人物传记。有人可能喜欢读转折时刻,有人可能读青春期的挣扎,有人读中年困扰。传记最吸引你的是什么?

俞飞鸿:他们的经历。我会去琢磨,他们的经历一定和人物性格有关。他们会在不同阶段做出独特的选择。或者有一些人是天才,像梵高、邓肯是在他们的领域里有超强天赋的人。

我看完梵高那本书只有一个感受:感谢上帝赐我平庸。我觉得天才在人世是要有极大的痛苦,我作为凡夫俗子,既然要存活在这个世界上,不希望遭遇那样的痛苦。他二十九岁才开始学画,最初画的时候他用的颜色都非常恐怖,用墨绿色画人脸。后来他画里的颜色也不是常人能调得出来的。看了这本书我就觉得,现实生活中不希望碰到这样的人。这是实话。如果他是我的邻居或者朋友,我会觉得这个人特别讨厌,他不是常人世界里能被接纳和领会的人,但他,绝对是个天才。

许知远:会被这样的男人吸引吗?

俞飞鸿:会,但不一定是情感上,可能完全是精神方面的吸引,被他的才华所吸引。我的感受是,对女人来说才华不能等同于生活吧。要生活在一起又是另外一回事。

许知远:生活在一起主要靠什么呢?

俞飞鸿:性格,性格。

许知远:随着你越来越成熟,你年轻时看的那些电影里的榜样也好,年轻时期待的某种方向也好,还重要吗?

俞飞鸿:当然重要,他们树立了很好的榜样。斯特里普这样的演员不是说她每个角色有多完美,而是她在给演员做出榜样,她每部戏都是在塑造一个角色。我觉得演员不是要表现自己多美、多帅、多硬汉,而是每次都在塑造一个人物,这是演员的天职。

许知远:你特别喜欢自己的哪次塑造?

俞飞鸿:每次都有新的东西,我自己比较满意的可能是刚才谈到的《千年敬祈》,一个特别小的作品,特别不经意,但是整个参与过程和呈现结果,是目前为止我比较满意的。

许知远：你对那部电影里的父亲是什么感觉？演员叫亨利·欧是吧？

俞飞鸿：他不是得奖了吗？得了最佳男演员奖。他其实都不是一名职业演员，我当年拍的时候他已经七十九岁了，是上海圣约翰大学毕业的。他当时驼背，脊柱有一种什么病，平时要穿着那个衣服，要不然他脊椎会弯得特别厉害。

后来我重新看，去学习他的表演。当时拍的时候不觉得有什么，这个戏本身情节性不强，经常就是父女俩漠然，面对面没话讲。

我后来才明白为什么评委会给他这个奖。因为他表演没有任何负担，尤其他活到那个年岁，没有任何设计和负担，反而呈现出来浑然天成、行云流水，非常超自然的状态。其实演员力图达到的就是那种状态，化表演为没有表演，但是很难很难。

许知远：你觉得你接近了吗？比以前接近了吗？

俞飞鸿：我试图去达到，当然每部戏就像我说的呈现的状态不一样。因为人物和剧情的关系，有的戏可能会去尝试夸张的方式，有些戏又不一样。我当然很希望再有这样的机会，演到人物内心戏多一些的戏。

许知远：拍戏最不能接受的是什么？

俞飞鸿：故事完全瞎编，我自己都看不进去。我现在的体会是，要靠身体和情感去演戏，演员哭了笑了，要用自己的情感情绪去代入。虽然演的是角色，但演的时候跟自己是很难分清的，是一个融合的东西。如果我自己说的这个台词，自己都没法接受，那么也没法相信和接受这个情节。

许知远：你和你父亲的关系如何？小时候他是一个永远不会出

错的权威,现在是一个什么样的感觉?

俞飞鸿:现在是一个老小孩啊,你说所有的父母是不是都是这样的。我们现在都让着他,只要他开心就好。

许知远:像你父亲这么一个追求秩序的人,你的生活不按照常规——至少婚姻上是,他会不高兴吗?

俞飞鸿:你还真是说对了。他们还是接受了。他们有提愿望,其实他们最希望我的生活轨迹是——像知识分子家庭最常规的那种——上大学,能考上研究生就上研究生,能出国留学就出国,能读到博士就博士,到博士后,然后适龄的时候结婚成家、生孩子,就是这样子。没有希望我要有多有名,挣多少钱,这从来不是他们希望里头的,他们的轨迹是那样的。

许知远:是啊,但是你没有符合这个轨迹。

俞飞鸿:那我就是他们这一生的遗憾。所以他们现在一直后悔一件事情,就是第一次人家挑我去拍戏的时候他们同意了。其实他们也是那种不好意思说"不"的人。那个年代都是公家单位来挑选,电影厂也是国家单位。人家说,借走这个孩子两个月去拍一部戏,反正小学是同意了,就到了家长这里。他们是冷不丁的,还没来得及去多虑,因为人家来求到了不好意思回绝,就答应了。

许知远:那你现在身上有没有什么特质是自己很不喜欢、想克服的?

俞飞鸿:没有了,现在所有的一切我都很坦然,这就是我,没有好和不好。我喜欢自己的成长过程,也喜欢自己现在的这个状态。

1972年　出生于日本东京
1987年　加入日本杰尼斯事务所
1988年　组成SMAP组合
1995年　木村拓哉创造了1520亿日元的经济效益，这一年被称为"木拓年"——"木拓"即粉丝对他的昵称，该词已被收录入字典
1996年　主演爱情剧《悠长假期》，因最高瞬间收视率达到43.8%，创下收视纪录
2000年　与歌手工藤静香结婚时，NHK电视台每15分钟滚动插播一次这条新闻
2008年　在杂志《anan》举办的"最受欢迎男性"排行榜中，连续15年获得第一名
2012年　为驱散日本大地震和核泄露带来的阴霾，木村拓哉走上街头，24小时内连续打了10份苦工
2016年　其所在组合SMAP正式解散，木村成为单飞艺人

扫码观看视频

木村拓哉

二十岁的我小看了这一切，
八十岁的我希望还很帅

Chapter 10

我从未想过，也未期待，见到木村拓哉。整个青年时代，他都是一个无法忽略的存在。我的中学、大学年代与平成的第一个十年重合，彼时，正是木村如日中天之时。

日本历史上，还从未出现过这样一个偶像人物，影响力渗入每一个社会细胞，无论他说什么、做什么，展露一个微笑或是右臂的肌肉，都会引发举国狂热。当他宣布自己的婚约时，引发的效应堪比天皇离世或登基。

他的影响力也溢出日本。整个东亚，他都是从未见过的超级明星。对我们这一代影响深远的台湾小虎队，是木村所属团体 SMAP 的诸多模仿者之一。

我不是日本流行文化的追随者。听闻到他愿意接受访问，谈谈他心中的武士精神时，仍会被一种强烈而朴素的好奇所驱动——作为一个偶像到底意味着什么，被一个如此庞大而抽象的人群喜爱，是何种感觉，他会因此而窒息、丧失自由感吗？

我们约在八方园见面，这个庭院的历史足以追溯到德川初期。四个世纪以来，它经受了种种变迁，依旧保持着江户之魅力。当我走近站在池塘边的凉亭下的木村时，不禁赞叹，他真英俊。

我喜欢海，
在海里每个人都是平等的

许知远：在想什么呢？
木村拓哉：我在等今天和我做访谈的人。

许知远：等待是不是日常生活中很重要的一部分？
木村拓哉：是的呢。

许知远：我特别喜欢这种竹林，刚刚你站在这儿，我幻想你应该穿成武士的那个样子，好像在等一个剑客来比剑一样。
木村拓哉：这里是比较特别，像这种保留了日本古代风格的园子，在东京真的不太常见。我也只是在朋友的婚礼或者派对的时候，偶尔来这里。

许知远：你喜欢这些鲤鱼吗？以前你说去非洲一个部落里待了十二天，是不是喜欢那种自由自在的感觉？很真实。
木村拓哉：我觉得鲤鱼和这样的景色很配，有情调，非常美。我对印第安文化感兴趣，非常喜欢和自然有联系的东西。

许知远：那这些被加工过的自然呢？这些植物都被修剪得很好，你觉得这里面哪棵树跟你比较像？
木村拓哉：盆栽确实是这样的，它是美的，但是这种美又和自然之美有所不同。像这样被整理得这么好的东西，真的很厉害，到底花费了多长时间，光想象一下就觉得非常了不起。如果把我比作盆栽的话，我的根还没有扎得这么深，我应该还是一株晃晃悠悠的盆栽。

许知远：你可以去做锦鲤？

木村拓哉：比起只有一种颜色的鲤鱼，还是身上有各种颜色更加有趣。如果我能变成一条很多颜色的锦鲤就好了。

许知远：我记得你好像更喜欢在海里，我也觉得大海和你更加相配。

木村拓哉：我喜欢海，真的喜欢，因为我是一个岛国人。最近我都没有去冲浪，现在的水应该很冷，其实我心里还是很想去的。

许知远：一个人在海里，在浪里，是什么样的感觉呢？

木村拓哉：只要是体验过的人都会明白，没有比冲浪更单纯的体育运动了。仅凭一个人的力量乘在海浪上，然后再重复。每一个浪都有不一样的感觉，因为不会再遇到一模一样的海浪，这也是冲浪的魅力所在吧。而且，在海里的时候，每个人都是平等的，我很喜欢这种感觉。

许知远：会恐惧吗？因为海是那么的有力量，当那个浪超出了你的控制能力，是不是也会觉得非常兴奋呢？

木村拓哉：如果海浪突然变得很大，海浪的力量远远超过了自己拥有的力量，这种时候还是会感到恐惧的。和自然相处魅力无穷，也包括感到可怕的时候，那时肯定会分泌很多肾上腺素，那种感觉到底是恐惧还是兴奋？可能还是兴奋吧！

许知远：还有什么事情会让你有冲浪时的那种兴奋呢？

木村拓哉：能够感受到和冲浪一样兴奋的事情啊，还真是几乎没有呢。

许知远：什么时候发现冲浪的这种乐趣的？高尔夫的魅力对你来说又是什么呢？

木村拓哉：大概是我二十五六岁时吧，和朋友们一起被前辈带出去，第一次体验了冲浪。那时我感觉我完成不了，怎么都做不好。高尔夫也是在我年轻的时候认为自己绝对不会去玩的，但是之后和我关系很好的前辈说了一句"在玩麻将和高尔夫上，我是绝对不会输给你的"……之后我便一发不可收拾了。我觉得，在很难完成这一点上，高尔夫和冲浪是一样的，可能这也是它的魅力所在吧！

许知远：高尔夫、冲浪都是一个人的运动，你是不是不喜欢集体的运动，比如篮球、足球？

木村拓哉：高尔夫，说是一个人玩，其实也是和其他人一起打的。冲浪也是，我很少真正独自去海边，无论是冲浪还是高尔夫，那天总会有一起去海边或者一起去球场的朋友。不同的同伴，在这一天里带来的乐趣也会完全不同，所以我觉得选择合适的同伴一起玩，是非常重要的。打球的时候，那种人与人之间的交流对我来说，正是我打高尔夫的意义。

许知远：你现在练习得多的事情是什么？

木村拓哉：如果说练习得多的话，应该就是高尔夫吧。

许知远：演戏准备的时候，是非常需要练习的。对你来说，理发师、飞行员、医生所有这些职业里，哪个练习起来比较困难？

木村拓哉：这个主要和我参演的剧本是什么样的故事，和我要扮演的角色有关。比如医生、赛车手或者发型师，角色有自己特殊技能的时候,我就要学习一下这个技术,会做一些练习。我演过钢琴家,真的让我有些吃惊,这是一个表现起来非常困难的角色。其实我完全不会弹钢琴,我也不可能会开飞机。

我没有两面性,我自己的生活很真实

许知远:我正在看你写的日记,特别有意思,我喜欢你在日记里很调皮的那种感觉,现在还在写吗?写日记是什么感觉,理清自己的思路,回想过去的事情?

木村拓哉:其实我现在已经不记日记了,至少不再用这种形式记了,它们被手机中的社交平台和微博之类的东西代替掉了。还是记日记比较好吗?你有在记日记吗?

许知远:我不写日记,但我特别崇拜写日记的人。我喜欢的日本作家永井荷风,他是从明治一直到昭和年间的一个作家,他一辈子一直在写日记,每天都写:整个日本社会发生了什么变化,他的心情是什么,他自己所有内心隐秘的冲动,等等。非常有意思。写着日记你会突然发现,原来自己的内心深处跟表面上看起来很不一样。你会通过写日记发现一个不一样的自己吗?

木村拓哉:如果让我现在写日记的话,我觉得日记里的我,和现在表现出来的我、和你谈话的这个我是没有什么不同的。

许知远:始终是这样的吗?比如在电影《假面饭店》里,你扮演不同的人，在演这部电影的时候是什么感觉？你要辨别每个人表面的样子和内心深处不同的样子，你会有这样假面的时候吗？

木村拓哉：毕竟那是一个很特别的情境，是一个警察在旅馆做卧底的搜查故事。我觉得这是作者东野圭吾先生构思的一个非常独特的情境。当然服务行业本身也确实存在两面性，展现给客人看的一面和自己真实的一面肯定是不同的。我并没有这样的两面性。

许知远：真没有吗？

木村拓哉：我真的没有，没有两面性。

许知远：那你会不会觉得有很多不同面具的人生更有意思？会羡慕这些人吗？

木村拓哉：与其说是羡慕，我反而更多的是觉得他们辛苦。虽然我在电影里饰演了这样的一个角色，但我只需要在拍摄的短暂时间里戴着面具，而真正从事这个行业的人，做的就是这样的工作。和这些必须要戴着面具的人相比，他们辛苦太多了。

许知远：你十几岁就进入这个行业了，一直处在镜头前、舞台上，周围总是有很多工作人员，这个生活其实不是真实的生活，有时候会觉得生活失去了真实感吗？

木村拓哉：没有，我自己的生活还是很真实的。做好准备，再展现给别人看，这就是所谓的娱乐。不管是电影，还是电视剧，经过拍摄、剪辑，再配上音乐，所有的都调整好了，然后播放给大家看，这是娱乐的世界。但是自己的私生活是不需要刻意去展现给别人的。实际上我在生活中进行必要的对话、睡眠、度过休息日，和普通人的生活完全没有区别。

许知远：黑泽明导演的电影《影武者》里面有一个替身扮演一个将军，扮演了三年之后，他把自己和将军的身份混淆了，替身觉得自己就是真实的将军了，你不会有这种混淆感吗？

木村拓哉：我没有过这样的混淆。

许知远：演《假面饭店》里的角色，你要去理解警察内心的变化，去观察一个人，读剧本，然后想象他的生活⋯⋯对你来说理解一个角色，进入的过程是怎么样的？

木村拓哉：诠释一个角色的时候，有一点是我一直在努力追求的：不应该从一个单薄的侧面、一个单独的镜头来演绎，而是要好好思考这个角色是怎样在他的世界里生活的，然后把角色非常生动的部分展现给观众。虽然拍戏的时候只是截取了这个人物的一瞬间，但是他在自己的世界里是怎样成长为现在这个样子的，是需要演员演出来给观众看到的。

许知远：理解很多不同的角色，对你的人生会有很直接的改变吗？比如演警察，要非常敏感地辨别各种人，自己的性格会发生改变吗？

木村拓哉：这个影响，我觉得不是很大。我在饰演内阁总理大臣[1]的时候，也没有因为这个角色，就突然开始特别关心政治。我自己的生活方式并没有受到过角色的影响。

许知远：我特别喜欢你的内阁总理大臣，里面有一段演讲，你在背那段演讲词的时候，内心是洋溢着一种想改变日本的冲动吗？

1　内阁总理大臣是木村拓哉在电视剧《CHANGE》里扮演的角色。他在剧中扮演的小学老师代替去世的父兄参加选举，最后一步步爬上总理大臣的位置。

木村拓哉：我觉得创作每一个作品的时候，都是想要通过里面的角色，传达一些东西给观众。我演那个总理的时候，确实剧中角色当时的投票率很低，所以多少有想改变一点现状的冲动在里面。

许知远：你对整个日本社会、对年轻人有这么大的影响力，演一名飞行员，日本的航空业就受到很大的鼓舞，吃什么面包，这个面包就很受欢迎，用什么口红，口红就卖得很多……你会意识到这是一个特别大的力量，会想把这种力量转化成改变日本的力量吗？或者会恐惧这种力量吗？

木村拓哉：哪里哪里，但是我没有恐惧这种力量。对于自己想说的话，想表达的东西，如今每一个人、每一个个体都可以自由地表达出来，现在已经是这样的一个社会了。我知道在这样的大环境中，会有许多见解交织碰撞，不过我并没有觉得有什么好怕的，反而乐在其中。

许知远：这样会使你的表达相对更谨慎吗？因为你的言行会影响很多人的选择，你会意识到这种影响而让自己讲话变得更谨慎、更符合大家的期待？

木村拓哉：关于我公开的言论，如果只是嘴上说得好听，事实上却做不到，我觉得这样是不好的。既然已经说出口了，那还是去把它实现，我觉得这样比较好。我唯一小心注意的一件事就是，不要说自己做不到的事情。

在被需要的时候，
我感到非常幸福

许知远：在唱每个人都是"世界上唯一的花"的时候，你真觉得每个人在世界上都可以达到相同的高度吗？因为世界本质上是很不公平的，有的人更有天分，有的人更有优势，那怎么办呢？

木村拓哉：我觉得是可以达到的。真正有心的人，认真面对自己内心的人，到底会因为什么而感到幸福，因为什么而露出笑脸，对于每一个人来说都是不一样的，因为每个人的价值观都有所不同。我觉得正是那首歌，让大家可以无拘无束地去思索属于自己的幸福。

许知远：在这个年纪，你现在认为什么是幸福呢？

木村拓哉：什么是幸福？……是在现场被需要的时候。比如这次，如果能够得到大家的认可，我会感到非常的幸福。比如拍摄电视剧的时候，"让他来演这部电影吧"或者"用他来试试吧"，当我听到有人这么说的时候，感到自己被需要，这非常幸福。

许知远：这么多年的演艺生涯，现在再上台唱歌、在镜头下拍戏，你还会觉得紧张吗，要怎么克服呢？当觉得情绪无法调动起来，无法进入角色状态的时候，你会通过什么方式来调动自己的情绪？

木村拓哉：会做好心理准备，把紧张收在自己心里，不表现出来。在拍摄非常有活力的动作戏之前，我会听一些比较激烈的摇滚歌曲，一边进行写真拍摄，一边听一些滚石乐队的音乐，或更贴合我这个世代的乐队，比如空中铁匠、枪炮玫瑰听得比较多。比起恬静、温柔、细致的风格，我可能更喜欢用激烈的、强有力的方式去传达。

许知远：你性格中强硬的部分是什么？过去这么多年，什么时候是情感饱满、冲动的时候，是二十岁出头还是现在？

木村拓哉：我并不是稳重的人，我只有刚睡醒的时候才会稳重。二十多岁的倾尽全力和三十多岁的倾尽全力，到现在的倾尽全力，它们的颜色和热度多多少少可能会有变化。不过在"全力去做"这一点上，一直都没有改变过。我考虑的是，现在的我可以做什么。

许知远：现在热衷于什么？

木村拓哉：如果要拍摄作品的话，一旦开始了，我在现场会非常投入。不过现在并没有什么要拍摄的作品，我处于准备的状态，所以比较放松，是一个比较自然的状态。

许知远：在拍《武士的一分》的时候你是怎么进入武士的状态的呢？怎么看待武士必须要面对的暴力呢，很多杀戮的场面会让你觉得不安吗？

木村拓哉：这个问题应该已经是世界共通的认知了，在当时看来就是正义的象征，是可以被允许的行为。我觉得有必要在彻底理解之后再进行拍摄。因为导演非常想要描绘的这个部分，在整个日本的文化中也算特别的一篇：自己了结自己的生命，把肚子剖开，切腹，其他国家的人可能会觉得难以置信。但是如果把这件事放进武士的范畴里去考虑，在当时的时代背景下，切腹作为武士最崇高的道德规范，必须要存在，这在日本是非常凄美的。使用这样的暴力，现在来看，也是非常特别的一点吧，我觉得接受这个设定，欣赏就好了。用很特别的、带有怪异的眼光来看待日本的话，我会觉得很难过。

许知远：你想过自己生活在另一个时代吗？比如生活在武士的战国或者明治时代？

木村拓哉：不，我不想生活在那个时代，我觉得我没法挨过那么可怕的日子。

许知远：武士很重要的一个特点是忠诚，忠诚于他的主人，成为他的一种个人责任，寻找正义的责任。对你来说，你的人生忠诚于什么重要的事情？

木村拓哉：怎么说呢，是要对自己负责，要有一个坚定的自己的想法。还有，不要勉强自己，勉强的结果无论是对自己来说，还是对和自己有关的周围的人来说，都不是一件好事。不过现在"忠诚心"这个词在大家心中还有没有，在我自己心中又有没有，到底是怎样的呢？我也不知道。在工作现场，和有对手戏的演员、和与自己相关的工作人员接触的时候，不一定能说是具有忠诚心，但是能够感受到对方是特别重要的，也是有必要的。

许知远：比如一起工作的剧组，像你喜欢的漫画《海贼王》那种感觉，大家一起去寻找宝藏，彼此之间要忠诚。

木村拓哉：我觉得非常相似。也因为这个，我才会喜欢这部作品。确实很像。

许知远：什么时候开始读它的？

木村拓哉：我完全记不清楚开始读的具体时间了。从朋友那里知道有这样一部作品，读了之后就单纯地被吸引了。我自己非常重视的东西和这部作品所表达的东西非常相似，于是便喜欢上了。

许知远：是不是《海贼王》的主人公路飞跟你日记里想做的汤姆·索亚[1]有点儿像？

木村拓哉：这么一说还真的有些像，领头的人很相似。如果路飞没有吃恶魔果实的话……两个故事真的很相似。

许知远：《海贼王》里有一个恶魔，你觉得你生活中的恶魔是什么？

木村拓哉：对我来说的话，恶魔就是谎言，在背地里偷偷摸摸，还有就是那些胡编乱造的周刊杂志吧。

许知远：当那些媒体乱写你的时候，会很不舒服吗？怎么克服自己的不舒服？

木村拓哉：我想不会有人觉得舒服吧。但是那些胡编乱造的人不是挺开心的吗？那就算了，随他们写去吧。

许知远：不管是汤姆·索亚还是路飞，他们都是要慢慢长大的，对你来说长大的过程中痛苦难熬的是什么呢？

木村拓哉：对我来说，在成长为大人的过程中并没有遇到过什么感到艰辛的事情。不如说是阅历变得丰富了，经验也不断增加了。虽然积累的经验也不全是美好的，也有艰辛的、痛苦的、后悔的时候，但包括这些不好的东西在内，一起成就了今天的我。

痛苦的时刻，可能是一些被歪曲的事实传得人尽皆知的时候吧。即便自己一遍一遍地说"不是这样的"，也没办法改变什么。这样的时候就很痛苦，不过也都是以前发生的事情了。

---

1 汤姆·索亚是马克·吐温小说《汤姆·索亚历险记》的主角。

许知远：你是一个自我控制力很好的人，有没有特别失控的时候，无法控制自己的愤怒、沮丧？

木村拓哉：无法控制住自己怒火的情况，好像还真的没有过。如果真的很愤怒的话，我会去海边冲浪，可以化解很多，可以全部冲刷干净。

我不恐惧衰老，
希望成为八十岁还很帅的人

许知远：你在进入一部电影或一部戏时，是怎么跟导演或其他来自不同背景的演员彼此了解熟悉的，是坐在一起谈话喝酒，还是用其他的交流方式让大家可以很快地进入角色？

木村拓哉：就像角色各不相同，导演自然也不一样。每位导演的个人风格都会不一样，这时就需要演员和工作人员一起，尽一切努力让导演感到满意。不只是我，所有的演员和所有的工作人员都要去理解、感受导演的想法，才能顺利地推进拍摄工作。去了拍摄现场你自然就会明白，那里并不需要酒，也不是说一定要一起吃饭。所谓大家一起吃饭，不过是一起在现场吃着同样的便当而已，也许会因此产生某种感情上的羁绊。在现场要去了解的，不仅是导演的想法，其他一起搭戏的演员都要去了解，这是很重要的事。

许知远：拍一部戏或开一场演唱会，团队在一起像一个大家庭，特别密切地工作，可能过了几个月以后突然结束了，所有人都分开，大家又不太见面，这种情感切断得这么强烈，你适应这种感觉吗？

木村拓哉：是这样的。每次杀青的瞬间，都会有非常大的失落感向我袭来。开机的时候需要做很多心理准备，与之相对的，杀青的时候确实会有"啊，结束了"的失落感。

许知远：怎么应对这种失落感？

木村拓哉：这件事情结束了，就需要把自己的注意力放到下一件要做的事上，所以并不用特意想办法去排解这种失落感。

许知远：有没有期待过一个特别的角色？你已经演过各种各样的职业和角色了，还有没有某种职业和角色特别想演？

木村拓哉：不是每个剧本和角色都是我非常中意的，但我想要的是饰演角色的机会，我是不应该提什么要求的。这不像你去餐厅点菜，你是没有选择权利的。所以没有什么心动不心动的吧，当然激情也是必要的，不过也不会考虑那么多。

许知远：有没有特别喜欢的导演，很想跟他们合作拍一部戏？

木村拓哉：有很多啊，真的有很多，也包括海外的导演。那些拍出了我喜欢的电影的导演，我无一例外地都非常喜欢。比如科波拉，我特别喜欢他的电影；还有黑泽明先生，虽然他已经逝去，但他的意志、他奋斗的热情，已经散播到了整个日本；此外还想再和三池崇史导演合作……数量太多，无法尽述。

许知远：你和北野武一起演过广告片，你觉得和他一起演戏是什么感觉？北野武先生是个坏孩子的形象，经常做各种出格的事情，你会被吸引吗？

木村拓哉：如果还能再次合作就好了。作为演员的武先生和作为电影导演的武先生我觉得根本不在一个频道上。我很喜欢导演的武先生，也很喜欢武先生的作品。

许知远：现在还有什么事情特别想尝试，还没有尝试的呢？
木村拓哉：想去看看还没有去过的地方，也有些去过的地方还想再去，不过这些和工作没有什么直接的关系。

许知远：比如什么地方没去过，特别想去？
木村拓哉：只是单纯想出去看看，我去过法国但是没去过意大利，去过美国，但是没有去过加拿大，俄罗斯也想去看看。没去过的地方太多了，如果有机会的话，一定会去的。

许知远：对那些地方感兴趣的是什么呢？自然风光、当地人、吃吃喝喝，想体会什么？
木村拓哉：文化，当地的文化。当然，从风景中也能体验到文化，融入在景色中的文化有很多。

许知远：在出国旅行的时候，日本变得遥远了，这会帮助你重新看待日本吗？你觉得日本或是日本人，他们鲜明的特点是什么？或者你觉得日本有特别大的问题需要改进，在离开日本的时候会想这些问题吗？
木村拓哉：怎么说呢，毕竟是岛国，这是一个弱点。有很多东西，日本只靠自己是做不了的。还有老龄化问题，也是负担很重、很现实的一个问题。

许知远：你的日记里说想做汤姆·索亚，做非常淘气的小孩子，到处乱跑，那现在还是吗？而且你说小时候想做饲养员。
木村拓哉：是的呢，小时候真的是那样的孩子，现在身边有很多这样的人,所以自然也就这样了。我本身很喜欢动物,现在也和家人一起养着两条狗,非常满足。

许知远:如果回到十五六岁时,还会重新选择做这个行业吗?

木村拓哉:怎么说呢,嗯……到底会怎么选择呢?这真的需要深思熟虑。因为从来没有想过这个话题,"现在的我"已经是一个既定事实,是一个求之不得的状态了。这种假想的话题现在非常流行,但实际上是不会有这样的机会的。

许知远:如果重新选择,你会做一个职业运动员吗,一个职业冲浪选手?

木村拓哉:如果做职业运动员,把冲浪当作工作的话,应该不会像现在这样辛苦吧!因为冲浪本来就是我的兴趣,我应该会享受它带来的快乐。

许知远:你从事唱歌、演戏、拍广告,所有的这些工作里,哪部分你觉得比较得心应手?

木村拓哉:我想想,是哪个呢?这要看当时所处的时机。就比如像现在上茶的这个时刻,没有哪个是适合的这种说法。在需要的时候做自己能做的事情,做出来的东西可能多少会有所不同,但是我从没有把这些部分分开来考虑过。区分喜欢的和不喜欢的,这样的事我没有做过。

许知远:你真的是可以把喜欢、不喜欢这种个人的感受压抑下去,然后完全变成职业的表现吗?

木村拓哉:我觉得没有压抑的必要,但我也确实不是凭自己的喜好在做这些事。别人请你过来做一件事,你却想自己是不是喜欢?

这样不是很奇怪吗？所以我没有过这种想法。

　　许知远：比如我们听到披头士或滚石乐队的音乐，你是否觉得他们特别天才，怎么能写出这么美的歌，或是怎么唱得这么好听？觉得自己可能一辈子也唱不了这么好听的歌，会有这种沮丧吗？

　　木村拓哉：有的，这个确实是有的。一个人可以发挥的空间——在唱歌这件事上必然是有上限的。我有一位朋友，他是 B'z[1] 的主唱，他的歌声真的非常棒，我肯定无法做到像他一样，但我也不会因为做不到就放弃唱歌。

　　许知远：对于大部分人，他们觉得木村先生是一个偶像，这个评价对你来说，是无所谓还是会有点儿遗憾，你更希望成为一个专业的演员还是歌手？

　　木村拓哉：这些都只是个人的看法，我完全不会想要去和他们争执、去否定他们。我觉得没有必要去扭曲大家的个人想法。如果有人觉得我不是歌手、不是演员的话，那也就随他们去吧。

　　许知远：在世界范围里呢，包括在不同历史时期，有没有哪个演员对你来说是特别大的榜样，让你觉得"我需要演得比他好"，有这样的人存在吗？

　　木村拓哉：是谁呢？我把谁当作榜样呢？对我来说并不是什么著名的公众人物，反而是我身边的人，可能是我的前辈们吧。有的前辈无论到了什么年龄，依旧充满了魅力，有非常独特稳定的时尚品味。我崇拜的并不是哪位名人，而是我身边的人。

1　B'z 是 1988 年由吉他手松本孝弘、主唱稻叶浩志组成的日本男子摇滚乐队。

许知远：所以你是一个生活在此刻的人？

木村拓哉：正是这样，你说得非常对。

许知远：对于很多年轻人来讲，你是对他们有影响力的大人物，如果他们希望你给他们传递一些价值观也好，一些思考方式也好，你会传达什么呢？

木村拓哉：现在有很多新事物就是这些年轻人创作出来的。比起我去影响他们，我觉得相互交流更好。大家在思考的事、大家觉得有趣的事，和我自己在思考的事、觉得有趣的事，需要时机，能做到互相交流就是好的。

许知远：你很年轻的时候就演了很多关于爱情的电视剧，你觉得当时自己懂爱情吗？

木村拓哉：我觉得当时就是把自己那个时候感受到的都在表演中体现出来。至于是否理解了爱情，我想在我演的时候，也是有那个时候的理解的。

许知远：现在你对爱情是怎么理解的？

木村拓哉：这个嘛，我想想。自己不是第一位的，对方才是要先考虑的，这才是爱吧！恋爱的时候可能会觉得自己是第一位的，但是升华为爱之后，优先的就不是自己了。

许知远：如果年轻一代问你爱情是什么，你这么告诉他们，觉得他们会听吗？

木村拓哉：不，我觉得他们是不会接受的，因为这只是我自己的看法而已。对年轻人说教，由我来为他们的恋爱观画上框框——"我觉得爱是这样的"，不觉得很奇怪吗？他们的恋爱观就是他们自己的，还是不要插足的好。

许知远：你会恐惧衰老吗？

木村拓哉：并没有恐惧。要变成什么样子，自己决定就好了。回到刚才聊过的，有没有崇拜的人这个问题上。我身边真的有到了八十多岁还能让我觉得他真帅的前辈，他们的存在对我来说就像希望一样，非常吸引我，让我也想要成为那样的人。关于年龄的增长，我并没有觉得是一件让我感到恐惧的事。

许知远：八十岁的时候想做什么呢？

木村拓哉：我完全没有计划，完全不知道那时候会做什么。是像现在这样出演各种作品？抑或是从公众舞台上隐退下来……我完全不知道，一点儿计划都没有。

许知远：如果现在的木村看到二十岁的木村，你会有什么建议给当时的木村呢？

木村拓哉：希望他再早一点儿开始认真对待他的工作，因为那个时候的我还是小看了这一切。我希望他工作的时候，能再多一些责任感。

许知远：但是太多的责任心也会让人觉得很压抑啊？

木村拓哉：有责任感并不是要压抑什么，我就是想告诉他，"你真的站在一个非常厉害的位置上，要知道自己能够身处这样的位置是多亏了大家"。责任感也包括了对大家怀有感激之心。如果可以给二十多岁的自己建议，我希望他可以注意到这一点。

许知远：从出道到现在已经三十多年的时间了，这么大的影响力和受欢迎程度让你意外吗？会恐惧失去吗？

木村拓哉：我很意外，但不会恐惧。如果失去了那就失去吧，怎么说呢，这就好像是自己的镜子，是因为自己发生了变化，结果才会是失去。

许知远：或许失去了也是一种新的自由吧。
木村拓哉：我是这么认为的，一定是这样的。

许知远：现在有什么特别想做、想实现的事情吗？
木村拓哉：已经有人约我一起合作了，所以接下来会做这个，为此我也想好好地做一些准备。还有日本的年号要改变了，这也算是日本比较特别的一件事吧。"平成"这个年号将在2019年的5月1日变更为别的年号，到底会变成什么呢？虽然我觉得不管变成什么，其实也不会有多大不同。

许知远：你是整个平成时代非常重要的一个人物，也是平成时代的一种象征。现在平成时代结束，要换新的天皇，你会有自己的时代也要结束了的这种感觉吗？
木村拓哉：虽然平成这个时代结束了，但是对于我来说什么都没有结束。关于平成结束这件事可以从不同的角度去看，我倾向于说是新的开始，我自己并不会有什么结束。

我很少回想以前的时光，
只想明天该干什么

许知远：从来没想过去好莱坞发展吗？

木村拓哉：比起给自己定一个目标，说想要去做什么，我更喜欢机缘巧合的相遇。接下来要做什么，不是我自己应该思考的，而是我身边的工作人员要思考的。"我想要做什么"这样的事，我自己是不会去想的。

许知远：有没有一个特别的冲动——"不管多少人反对，即使我的工作人员都反对我干这件事情"，也想要去做的一件事情？

木村拓哉：比起坚持自己要做的事情，如果当时出现了反对意见，我更多时候是这样想的：这些反对意见不仅仅是那个人从自己的利益出发，他一定也是考虑了我的利益才反对的。所以这种时候我就会在自己心里再重新考虑一遍……不过关于特别冲动，我也有过一次吧，那就是结婚这件事。

许知远：结婚这件事情是你做得最任性的一件事情吗？
木村拓哉：是的。

许知远：任性，是不是很开心啊？
木村拓哉：不不不，也不是开心。因为关乎对方，所以有很多要考虑的东西，例如感情啊评价啊之类的。面对这些，自己应该要以怎样的心态去面对，是必须要考虑的。

许知远：成为丈夫和成为父亲，你觉得对性格的改变大吗？

木村拓哉：没有什么大的变化。

许知远：三十年来你始终保持这么好的表现，你的动力在哪里？现在这样一个非常新的多元的世界，这种动力可以一直支持你吗？

木村拓哉：这种动力不是从我自身涌现出来的，而是因为当我在现场的时候，周围的人也都是专业人士。比如和我搭戏的演员、负责摄影的各位、负责照明的各位、负责美术的各位，现场的工作人员全都是非常专业的人。当我在这样的现场工作的时候，自然不用多说我也必须非常专业。

许知远：你喜欢《海贼王》里的主人公，包括你演的《CHANGE》里的总理大臣，他们都是个性很强的人，然后带领大家实现某种改变，你不想成为这样的角色吗，更主动地引领方向？

木村拓哉：我演绎的仅仅是一个角色而已，我还是我自己，在这点上，我并没有你所说的那种想法。

许知远：你的人生到目前为止，四十多年的时间里有没有特别大的遗憾呢？

木村拓哉：遗憾吗？SMAP 的解散吧。

许知远：特别理解。对你来说友谊意味着什么？因为《海贼王》里讲的也是友谊，团队也是友谊，对你来说是怎么理解这种友谊的？

木村拓哉：要能够感知到对方的想法，站在对方的角度思考问题，才能更好地去了解，我认为这是很重要的部分。在觉得对方做得不对的时候，也能把自己的想法说出口，能够合力同心，向着一个方向努力，毫无疑问这样是最好的。

许知远：对你来说会不会有一种感觉，不管是友谊、爱情，无论当时多么美好，但有一天都会结束，人生的这种不确定感强吗？

木村拓哉：怎么说呢，这种事只能接受吧。在不断去接受的过程中，如果还是迎来终了的结束，没有挽回的余地，那也只能这样了。去接受这一切，整理好自己的情绪，可以继续前进的话就继续前进吧。

许知远：现在回忆四十多年的时光，最开心的是什么时候？

木村拓哉：开心的事应该是在五六万人面前演出，多的时候有八万人，这是极少数被选中的人才会有的机会。身处这样的场景，真的是一件非常棒的事。这种开心的时候好像也没有特别多。

许知远：现在再让你开演唱会，下面有八万人，你会紧张吗？

木村拓哉：凭现在的我肯定是做不到的，我觉得我没有那样的价值。如果非要那么做的话，我会尽可能地让自己变得可以与之相配。对于现在的我来说，演员应该是一个很合适的角色。

许知远：想到人生中辉煌或者让你兴奋的时光可能已经过去了，意识到这件事情对你来说会有感伤吗？

木村拓哉：完全没有。即便已经过去了，也可以想成是曾经这么快乐过。但实际上我从没有回想过之前的时光，我想得更多的是，今天要做什么，明天又该做什么。

许知远：会期待未来还有那样的辉煌或者让你兴奋的时机吗？

木村拓哉：我觉得这取决于自己，是真正地去碰见机遇，因此人活着才有意义。

许知远：此刻有没有特别想克服的自身弱点？

木村拓哉：也不能说是弱点，就比如现在我俩是借助翻译的形式在交流，但是我更想用一个共通的语言进行沟通。这个语言可能是英语，也可能是中文。我想如果能再扩展一些对话的方式那就更好了。

对于其他国家的人来说，日语好像是一种非常复杂的语言，感觉有点儿难为人。听说在中国，北京人和上海人说的话，还有香港人说的话是完全不一样的，我觉得这点挺有意思的。日本也一样，东北地区的方言和冲绳、九州的方言完全不一样。

许知远：特别有趣，我看明治维新这段历史的时候，鹿儿岛的萨摩藩的人，和长州藩的人，他们当时要一起搞明治维新，我觉得他们彼此交流都很困难，那时候日语也没有普遍化的教育，所以想想其实是很神奇的。

木村拓哉：确实是的。好像有这么一个故事，很有趣：当时的织田信长带来了一个被当作奴隶的外国人，并非常器重他。语言也好，文化也罢，还有宗教也是一样，需要接受很多全新的东西，这些方面的交流，我觉得都是非常刺激的。

许知远：比如我们坐的这里是德川家康家臣的院子，你又提起织田信长，你对战国时代那些历史感兴趣吗？你还拍过扮演织田信长的广告，对那个时代的日本人有兴趣吗？

木村拓哉：只是偶尔会了解一下，觉得挺有意思的，并没有特别感兴趣。日本有家纹这种东西，是一个家族的标志，偶然发现我和织田信长的家纹是一样的，就会留意关于他的种种记述。

许知远：你觉得织田信长是什么样的人？碰到他的话，你会喜欢他吗？

木村拓哉：挺难说的，要看是用什么样的身份和他相见，我觉得这会有很大的区别。不过确实想要见见他，我可以把冲浪文化告诉他，他可能会很惊讶吧！我觉得这很有意思。

许知远：你觉得做事情被他人理解是很重要的一件事吗？你被他人理解的需求强吗？

木村拓哉：我并不特别想要得到大家的理解。如果能和大家感同身受当然是好的，也就是能相互理解的状态。被人喜欢只是一种结果。以让对方喜欢自己为前提去做什么事情，我觉得是不对的，不过有一些的确是礼节性的。

许知远：总被人称作是日本性感的男人，你怎么理解性感？

木村拓哉：才没有这回事，没有人这么看待我，完全没有人这么认为。我心中认为的性感的男人并不是我这个样子的。

许知远：是什么样的？

木村拓哉：是有这样的人的，但是很难用语言表达出来。

许知远：性感的女人是什么样子的？

木村拓哉：女性的话，性感的人在我看来是非常优秀的，希望大家也能这么说。

1974 年　生于台湾台北
1997 年　获得多伦多大学西方美术史和经济学双主修学位
2007 年　参演电影《赤壁》
2011 年　成立"志玲姐姐慈善基金会"
2019 年　以公益单曲"You and Me"荣获全球华语榜中榜"最佳跨界艺人";
　　　　 同年 6 月,宣布与日本艺人黑泽良平结婚

扫码观看视频

林志玲

"志玲姐姐"是我一辈子的志业

Chapter 11

当我问及艺术史时，林小姐不无意外。

这是上海初秋的一个午后。我刚刚目睹她在上海肇嘉浜路旁的一家小学的公益活动。我坐在礼堂的最后一排，看讲台上的林小姐向同学们分享着人生道理，甜美的娃娃音回荡在空气中。

这是一个再典型不过的林志玲形象。除去屏幕上的优雅、美艳，她还以善良、积极的公共形象著称。在华人的娱乐世界，她是一个独特的存在。模特、演员、明星这些定义似乎都不准确，她是一个"美人"，寄托了种种东方式想象的美人。绯闻也从来伴随着她。她也是个被高度简化的形象，人们不断地谈论她，却对她的所思所想毫无兴趣。

所以，提及她在加拿大的求学经历时，她在刹那的意外后，开始动情说起前往罗马的游历。或许对她来说，很久没遇到一个访问者，对她的智识、内心有着真正的好奇。一旦卸下职业的自我防护，她的天真、坦诚与她的美貌一样，让人心醉，甚至说起夜晚的寂寞，对爱的渴望。

失去感受力和冒险力的时候，
就是你开始衰老了

许知远：刚才看你在幼儿园里做志愿者，为什么会给孩子们选择《小飞象》？我特别喜欢这个故事。

林志玲：今天也有小朋友说喜欢《小飞象》。老实说，我觉得现在的小朋友在慢慢丧失掉自己的分析能力。在《小飞象》的故事里，小飞象刚开始觉得自己和别人不一样，但之后又慢慢找到自信，喜欢父母亲给予的东西，认识自己，了解自己，喜欢自己，不被别人的观念所束缚。

许知远：你自己会有小飞象的情结吗？和你小时候的成长有关系吗，不那么喜欢自己？

林志玲：其实我耳朵大，是个招风耳。不过我从小学到国中到高中甚至大学，差不多都是念的女生学校，高中也是寄宿学校，都是女生班，所以不会有太多你说的感觉。

许知远：我一直挺好奇，你十五岁就去了多伦多，但那段时光你好像很少讲。从台北那么热的地方，突然去了这么寒冷的地方，所有的文化也都不一样，冲击会很大吗？那个中学有多少台湾女生，或者台湾人呢？

林志玲：我是那所中学的第一个台湾人。现在想，觉得那个时候的自己很有勇气。也不知那份勇气哪里来的，怎么这么敢冒险，怎么有这么敢冒险的爸妈。我后来很感谢他们给我这样的空间，让我自己去走这条路。所以大家有时候说，志玲姐姐看起来柔柔的，但我其实是个汉子，内心有一种力量吧。我觉得强大的内心还是自己慢慢找到的。

许知远：多伦多是你自己选的吗？

林志玲：爸爸选的！爸爸说在美国怕是有太多的华人，多伦多环境可能单纯一些，但是从十月份开始就很冷。我那时学的是经济跟艺术。

许知远：为什么选这两个呢？这两个是很冲突的。

林志玲：很冲突，对不对！有点为了完成家里的愿望吧，我自己本来想学美术，但爸爸就说，你学美术以后怎么过活啊？他还是希望我学个商科，所以我就念了经济。

许知远：论文写的是什么？

林志玲：我那个时候学的是艺术史，不是画画。因为在第一年的时候，我就发现其实我的创意没有那么好，出一个题目，要花非常久的时间才能下手，所以就往历史这方面靠。论文写的是古希腊罗马，因为我觉得那个时代是一切创意的起源。

许知远：那个时代是更哲学的时代，更有思想的时代。

林志玲：也更有社会阶级意识。一个家庭如果比较有钱，可能会有比较多华丽的色彩。或是他想呈现不同的职业，都可能画在墙上。还有些好像不太能讲。

许知远：讲啊。因为罗马时代，晚期是一个很淫乱的时代嘛！比较自由的时代。

林志玲：既然你说出这两个字，我就不得不强调了，他们就会把这些画在墙上。

许知远：我就会觉得那是很自由的，一个秩序瓦解之后，人的创造力开始出现。你喜欢那个时代吗？

林志玲：就像你刚才讲到的，这个自由度有时候真的是被允许的，在现在它是在一个框架中，又被允许又不被允许，有时候人就会受到束缚。

许知远：那经济学呢，对当时学的经济学还记得什么？

林志玲：经济学，我也诚实说哦——今天经过小朋友的洗礼我觉得诚实很重要——我其实对商科没什么兴趣，就用一个方法，死背。所以我一直觉得经济学就是供需，供需，供需。我不是那种聪明的学生，一到考试前我就特别紧张，念书念到早上，然后去考场。可是我会去图书馆，把以前五年的考题都做完，我觉得如果把它们做完，我应该可以合格，六成可能吧！

许知远：毕业之前对自己的人生有什么期待吗？

林志玲：因为刚好学的是艺术跟经济，所以我就想继续申请研究生，念艺术管理，那以后可能去博物馆、美术馆或拍卖场。

许知远：后来回台北去市立美术馆求职？

林志玲：我被拒绝了。

许知远：如果成了会怎么样？

林志玲：成了就不是现在的我了，所以有时候要谢谢他们的婉拒。他们希望是研究生，可我还没有去念，只是在申请当中。于是我就先做了一个和美术相关的工作，策展。做了很多讲堂，那时候讲堂不会局限在大家想象的美术领域，而是各种你生活中可以想到的,和各种美学、艺术相关的领域,像这个茶几,就会请专业的人给我们解读。

许知远:你觉得你是好的策展人吗?

林志玲:我不是啊,我那时候只是助理,而且还是紧张的小助理,去联络事情,安排课程,每天做的是讲本拷贝啊这类小事琐事。

许知远:刚刚讲的你在多伦多受到的那些训练,在媒体和公共领域是很少被表达的吗?

林志玲:我好像第一次讲到求学的过程。

许知远:你身上被表达的只是非常狭窄的一面,有这么多更丰富的世界没有呈现,这会困扰你吗?

林志玲:也不会。我以前觉得,其实女孩子就好像一颗钻石,钻石有很多不同的面向,但有最好的切割方式,去把光发出来。有很多不同面向才是一个完整的女人,我绝对也是。但可能大家看到的就像你讲的,是某一个窄窄的方面,而且我还不好意思说出来是什么。可是另外一点就是,也不要做得那么外放,我没有必要随时告诉大家我也会这个或那个。我觉得人与人相处最重要的就是舒服。

许知远:你是一个在北美读完书的年轻姑娘,受的教育也很自由,而坦白说,在东亚,人们对女性的美的标准是非常严苛的。

林志玲:这个我也是这么认为的,这个压力就有。

许知远:但这很矛盾,你是东亚美的标准的一部分,但同时你觉得这个标准是压迫性的。

林志玲:这样说好了,现在大家常常把"颜值"这两个字挂在嘴上，颜值有多重要，它能够持续多久？我觉得时间是最公平的，颜值是会消耗的，可是内心会慢慢丰厚。所以大家说"志玲姐姐"的时候，我觉得很欣慰，因为我先有了这个称号，所以我现在还能是姐姐。当然经过时间，大家某一天会看到，脸上多了一些纹路啊，或者不再是你们以前想象中的姐姐的样子，那我觉得也无所谓。

许知远：你不害怕衰老？

林志玲：每个人都害怕"老"这个字，也不喜欢被人家说老。但是我觉得能优雅地跟时间共处，一直走下去很重要。

许知远：你现在有感觉到自己的某种衰老吗？不好意思。

林志玲：没关系，可是很意外的，我就是完全没感觉。很大的原因是我常常会把你说的年纪丢掉。当我看到我要做的事情还有这么多的时候，我会感觉我以前那种想要探险、想要感受的力量一直存在。我觉得最怕的就是随着年纪增长，开始觉得说，我没有什么感受，这些我都吃过做过看过，我为什么要去尝试。你失去了感受力，失去了冒险力的时候，我觉得那就是你开始衰老了。

许知远：就像你说的，所有的感受都会迟钝，都会耗损。你怎么保持这种敏感性呢？

林志玲：可能和个性有关系，我好像也没什么准则，譬如说，每到一个阶段我都会想下一步的我是一个什么样的我。就像刚刚讲到童书这件事情，我觉得这是我想做的，我感兴趣的，我有感受力，我有热情，我要释放出来给到大家。我觉得人一直有热情很重要，生活才会从一起床就很有意义。

许知远：有这么多激情，一定会有无激情，怎么面对无激情呢？

  林志玲：当我压力大，或者情绪无法释放的时候，我会躲起来。我知道这样不太健康，可是我会极度地沉淀，活在自己的世界中，希望能先把自己的伤口修复。

  许知远：你不太依赖他人来修复，就只是自我修复吗？

  林志玲：把这些伤丢到人家身上，你觉得他会帮你修复吗？我觉得只有自己知道伤口在哪里，需要多久时间修复，或者说，过几天会不会淡一点。我不太有这个习惯，把这些所谓的"垃圾"丢给身旁的人。自己沉淀吸收缓和一下，就好了。

  许知远：你是不是特怕失控？

  林志玲：不是说担心，我就是不会失控。

  许知远：从小就是吗？

  林志玲：也不算，我觉得小时候的我应该就是比较倔强。真的开始生活之后，慢慢了解适者生存，慢慢抹掉那些棱棱角角，让自己的生活滚得更顺利一点吧。其实还是都存在的。

  许知远：我还是很好奇，你激情的动机到底是什么呢？因为过去的十多年里你非常繁忙。

  林志玲：非常繁忙，好像和老天爷多借了二十年。

  许知远：对啊，到底是为什么呢？它是来自恐惧、担心，或者强烈的热情？这个动机是什么呢？

  林志玲：我可以说是误打误撞进演艺圈的，如果不是进了演艺圈，我应该就是一个老师，以前我就想当老师。

许知远：你肯定会是一个特别好的老师。

林志玲：也想过大学毕业就步入婚姻，有一个美好的家庭。误打误撞进来以后，我又会觉得老天爷为什么会给我这么多的资源，这么多大家的肯定、喜欢，甚至刚刚小朋友抱我的时候，我都有一瞬间的感动，就想问你们是真的认识志玲姐姐吗。所以，会有一种使命感，想要多做一些事情，觉得说要不要把我的人生活得更精彩一些。我的人生有一段跌倒的过程，就是我坠马之后，所以我就更觉得要好好做，不要让自己回头时有很多的遗憾。你说动力，我觉得也没有，只是我觉得应该这样做。

许知远：什么事情会让你特别有充实感？

林志玲：当我觉得有一点点能力改变的时候，可能是与一个对生活已经没有希望的朋友经过一些接触，不只是一瞬间的而是持续的一些关怀，你会慢慢看到他的改变，这个时候我会觉得有充实感。

许知远：目前为止，你觉得身上有哪个才能是被最大压抑和尚未展现的？

林志玲：没有吧，我已经没有别的才华了。有时候上节目，他们要我表演或做什么，我就说我已经没有新的才华了，如果要表演那就给一段时间我去学习。我也没有什么强求。

我先做的都是观察,然后适应

许知远:有没有哪个华人或者西方的女明星是你的偶像?

林志玲:我的偶像,从我念书的时候就一直是奥黛丽·赫本小姐。

许知远:她也摔过一次马。为什么是赫本呢?她什么地方最吸引你?

林志玲:她到最后,所谓年华老去的时候,还是很美。之前刚好有一次工作的机会见到她的儿子描述她,说她在生活中就是一个非常有爱、很真实的人。当时我就觉得,哇,我居然能和偶像的儿子聊聊天。

许知远:是哪一年?

林志玲:应该是八九年前。

许知远:你问了他儿子什么?

林志玲:我说我真的非常欣赏和崇拜您的母亲。他很健谈,主动开始聊他的妈妈,聊他自己的家庭。大家想象的、看到的是她的明星光环,但在私下的生活里,她其实就是个母亲。我记得他和我讲,没有光环啊,就是妈妈,她的身份在他眼里就是母亲。

许知远:那肯定啊。我看到过一句形容赫本的话,很可爱,是一个导演说的,他认为在赫本良好教养的外表之下,必然隐藏着某种欲望。就想问你,你给我们所有人的印象也是有良好的教养,那下面那一层是什么呢?

林志玲：有，一定有的，在大家看到的外表下，我有强烈的爆发的欲望。

许知远：怎么跟它共处？

林志玲：当你习惯了，就会和它共处吧。我很久没见到它了。

许知远：上次见到它是什么时候？

林志玲：嗯，这两年吧。还是会见到，就你心中比较容易隐藏的欲望、渴望，每个人都有欲望嘛。

许知远：欲望是跟爱情，或者个人成就，或者什么相关呢？

林志玲：爱情吧。个人成就啊，工作啊，常常觉得夫复何求，够多的了。爱情方面，大家总在问我，我怎么都一无长进的。

许知远：分析过自己吗？为什么会这样？

林志玲：应该是我自己的问题，我自己有很大的问题存在，应该好好检讨。大家也不太接近我，这是很奇怪的事情，男孩子也不太会接近我，之前我还开玩笑说，我喜欢哪一个我来追好了。

许知远：可以追啊，为什么不呢？

林志玲：真的吗？那要是看得到的话，追追看。

许知远：你说的爱情，是一种亲密感，是一种共同体的感觉。你肯定是一个孤独的人，怎么去面对孤独呢？通过音乐，通过独处，还是旅行？

林志玲：基本上，忙碌会让我忘记孤独。我越寂寞、越孤独的时候，越会让自己忙碌到忘掉这些事情。当偶尔寂寞浮现出来，说和它共存吗,很难吧,可能就会哭出来,或是看电影,有时候看一看别人的故事,会让自己进入一些不同的环境。

许知远:那你对婚姻还是有很多的期待吗?还是说已经少了?

林志玲:有憧憬。不过不会为了结婚而结婚。因为总是有很多过来人跟我说,一个不好的婚姻,还不如自己好好过,你还是要找一个可以心灵相合的伴侣。

许知远:世界上有好的婚姻吗,有幸福的夫妇吗?

林志玲:一定有,你太悲观了。你觉得婚姻都不会好的原因是什么?

许知远:对人性的压抑啊,束缚啊。它是一种反人性的事情。

林志玲:在婚姻中大家都太有期待值了。在谈感情的时候,你还愿意去付出,但婚姻中的期待值会把你重重地打击。我常常觉得有多少期待,就有多少伤害,而且在婚姻里你可能比较想要去改变他人,可是你又知道,没有办法去改变一个人的。

许知远:你什么时候意识到这点的?

林志玲:一直都知道。我还蛮早熟,所以我觉得当没有办法去改变的时候,我就会,也不能说改变自己,就是自我协调。在任何环境下,我第一个做的都是观察,然后调整自己,去适应,包括在和人的相处等方面。

许知远:你刚才说到婚姻,赫本有那么多段婚姻。

林志玲:人家很早就结婚了,我觉得我太晚,现在也来不及了。你好悲观啊,居然说没有好的婚姻。

许知远：我比较诚实吧。

林志玲：可是你还是会看到很多老伴，一起携手旅游或者做其他事情，我还是觉得那是美好的。争吵一定会有，但不见得是不好的婚姻，有一个伴侣在身旁，能免掉你说的寂寞的冲击。

许知远：我们小时候都读那个课本，鲁迅在《呐喊·自序》里写的，寂寞像一条大蛇把我紧紧地缠住。我觉得那个意象特别深刻。像大蛇那样缠住你的感觉有过吗？

林志玲：会有，尤其是夜深人静的时候，感觉空气是凝结的，感觉那条大蛇真的抱着你。

许知远：那一刻你怎么办呢？

林志玲：我没有解决的办法。我觉得有一点，我是一个蛮乐观的人，一直比较正面地思考。我以前总说自己是向日葵，跟着有阳光的方向走，所以在那种沉寂、孤寂中被大蛇拥抱或者怎样，我会想为什么我是这样，别人在快乐的时候，我在做什么。

我最好的角色就是"志玲姐姐"

许知远：你从2004年开始出名，2008年之后成了华人世界的一个现象，你想过原因是什么吗？

林志玲：我觉得我刚好处在一个最好的时代，一个多媒体的时代，互联网、多媒体资讯的共流，让大家对演艺圈人士的需求量更多了。这一切刚刚好在我步入的那个年代发生了。

许知远：而且恰好中国大陆市场开始跟世界高度融合。

林志玲：真的，以前跨海过来见你们很不容易，现在觉得来来去去都是家。所以这个年代很重要，最好的时光。

许知远：你刚才说你做了各种不同的职业，模特、主持人、演员，你觉得哪个职业是你才智发挥最充分的？

林志玲：老实说，模特这个职业已经过去很久很久了，以前我觉得模特的生存期限是二十几岁，现在一回头都是十六岁，真是非常年轻。主持人的话，就和你一样，一定会需要用到一些自己曾经的感受或者经验。我觉得我最好的角色应该是"志玲姐姐"。

许知远：怎么去定义"志玲姐姐"呢？是个怎么样的角色呢？

林志玲：很特别。你说美丽，我没有别的女子美丽；你说聪明，我也没有别人聪明；你说主持，我也不比别人主持得好；你说演戏，我也没有比别人演得好。可是在"志玲姐姐"的称呼上，我有一种心境，就是好想好好地当这个姐姐，照顾大家，所以在给大家带来一种正面能量或回馈这件事上，我会很严格地监督自己，很希望自己一直是在这个状态上。

许知远：这种感觉是什么时候变得清晰起来的？

林志玲：好像是这几年，就是当我的同学们现在都是阿姨的时候，我还是姐姐，我就要做姐姐该做的事情。

许知远：你希望未来的人怎么记住"志玲姐姐"这个角色呢？

林志玲：我爸爸说我生出来就是一个会微笑的 baby，所以我希望大家以后想象到的还是一个微笑的志玲,即使脸上多了皱纹,都还是这种记忆,是和善的,是喜悦的。就这样,我就会心满意足。

许知远:会担心这种和善、喜悦是某种肤浅吗?

林志玲:我不会觉得。真诚的时候它真的不一样,你绝对是感觉得出来的。

许知远:那十年之后呢,你还希望自己是"志玲姐姐"吗?

林志玲:我觉得大家会改这个称呼吧,不然我也不好意思接受。虽然不一样,但我做的事情还是会持续做,我是一辈子的义工。其实我这人是有点那种,思考很久才承诺 yes,可当我说 OK,我就会持续做下去。

许知远:那比如在演戏方面,你会有挫败感吗?

林志玲:会,一定会有的。常常第一个挫败感就是,我不是主演,为什么在宣传期的时候把我拿来当主演。其实演员有的时候也算是一颗棋子吧,你不太知道最后拼出来的这盘是一个什么样的局。当结果出来,就会有一些不同的声音,有人给你鼓掌,也有人给你嘘声,都得接受。

许知远:有没有哪一类角色是你特别想演但还没有去演的?

林志玲:以前我想演小人物,现在我要把这话收回来,因为我觉得我是没办法做到的。我的生活经验、体验就没有经过那样的过程,那很多时候你去过多地猜测、臆测、想象和体会,也赢不了人家。

许知远:目前你觉得最满意的是哪一部电影?

林志玲:《赤壁》。我的第一部电影,我觉得第一个永远最好。

想想哪一个新人可以在这样的一个剧组演出啊。

许知远：最自在是哪次呢？

林志玲：最自在应该是《决战刹马镇》。那时候觉得超自在，因为那样的包装很特别。你知道平常我会觉得女孩子坐还是要有坐相的，但拍刹马镇的时候，我们住在乡下，每天就吃烤串，还非常非常冷，所以我记得好像是要穿五件卫衣秋裤，感觉比较胖，太好了，可以无止境地吃了，所以那时候觉得特别自在。

许知远：所以说，你是不是需要反抗一下你的"too much behave yourself"？

林志玲：嗯，这是一个建议。可是也会有一些自己设的框架，就是我父母亲以前唯一告诉我的：女孩子要得体。其他都没有要求。得体，就是自爱、自重、自律。所以今天我跟小朋友说，品格是你们一辈子能得到的最好的礼物，其他这些分数什么的都会过去。

许知远：那你最不喜欢自己身上什么东西？不一定是形象、性格之类的。

林志玲：形象上我最不喜欢我的脚，我的脚跟男人一样大。个性上我没有觉得什么不好的地方，老实说这是习惯。

许知远：或者说希望自己更放肆一点吗？

林志玲：我做不到。

许知远：是不是放肆完之后会懊悔？

林志玲：对。每一次我有任何一定要讲的话，当我丢出去那些话以后，对自己的惩罚就是，好几天我都会活在懊悔当中，心想当初我为什么不好好想一想再说,有必要这么说吗?这对自己的折磨更大。我觉得很多人应该会有这样的过程,所以我后来就觉得要想想再讲。

许知远:我觉得你应该去找那些更肆无忌惮的男生。
林志玲:是吗?那我有一个要求,就是要专情,这点我非常非常在乎,这是我最大的问题。

许知远:那基本上就很难存在了。
林志玲:你好诚实啊。那为何男人无法专情?

许知远:基因带来的,没办法。
林志玲:对,这个答案也是正确的。因为从古时候就是这样子的,就是一个不一样的动物世界。

许知远:1998 年拍 MV 的时候,你跟张国荣合作过是吗?那时候他给你是什么样的感觉?
林志玲:我的记忆就是他特别地尊重他人,很谦和,尽管他是大明星。而且那好像是我回去后的第一批工作之一,特别紧张。在我们拍摄的环境中有一位女孩子,她是听不到音乐的,她是听节奏的,我记得张国荣先生就对她特别照顾,他没有觉得这些模特就是个衣架子。这种适度的尊重,现在我觉得是没有的,大家都不会去认识这些名字。我反而是在哥哥的身上第一次感觉到大明星对你的尊重。

许知远:梁朝伟个人的魅力跟张国荣的很不一样是不是,你什么感觉呢?

林志玲：梁朝伟先生其实一直都有一种气质，很难说，腼腆也好，温暖也好，我觉得这都是他。可是就像你刚刚讲的，他一定有一个超级想爆发的欲望，不知道在哪里，所以他就不断地在演戏，把那个欲望爆发出来。

我那时候印象最深的，因为是我第一部电影，就想这些大牌的明星，他们一结束应该会就到房车里去等待，但他没有，他就坐在那边等。把临演叫回来可能要两个小时，因为都是大场面，气候非常寒冷，所以我真的觉得他非常敬业。其实我对他认识没有那么深，那个时候我对他还有点距离感，比较畏惧。

"美"是一个动词，也是一个让你前进的动力

许知远：你什么时候觉得，自己成熟了，是一个更理解自我的人了？

林志玲：逐渐的吧，没有一个点。但很多时候还是会看错自己，看错别人。我常常觉得自己不太会看人。

许知远：在过去的将近四十多年，觉得哪段时光最自由舒畅？

林志玲：现在吧。我觉得现在很美好，所以对年龄并没有太介意。我看到很多女孩子，三十岁就开始怕了，怕自己的外在，怕自己的市场价值，等等。我觉得要不要活得更好，这完全在自己的手里。

许知远：现在你最怕什么呢？既然不怕衰老。

林志玲：我怕老啊，我还是怕老的，但这是必经的过程。可是如果有像我一直说的青春的心境，它确实会让时光的脚步慢一点。

许知远：旅行对你来说意味着什么呢？

林志玲：旅行对我来讲，以前我会说是拓展生活的广度，它确实会让人看到很多不同的风景。但现在我觉得除了广度以外，反而是让我可以和自己相处的唯一的时光。听听自己的声音，我这几年过得如何，我要什么，我有什么改变，我哪里做得好或不好，或是我可不可以放纵一点，问自己很多问题。这些只有在旅行的时候才可以做到。

许知远：现在有强烈的危机意识吗？你的成名期也有十多年了，当你找到"志玲姐姐"的定位，有没有不知道未来朝向什么方向的焦虑感，或者说危机意识？

林志玲：没有焦虑感，有的话我会跟你诚实说。

许知远：这个很意外，因为很少有人没有这种焦虑。

林志玲：因为我觉得我不在被比较的环境下了。

许知远：什么时候感觉到这一点的？

林志玲：也就是这几年。每一个人都有个度，要找自己的一个度和一个区去存在，才有存在的价值，不要把自己放在其他人的区里面，那就自在了，没有比较就没有伤害。我觉得最重要的是拿得起放得下，本来这些就是老天爷给你的，当有一天祂一定要取走的时候，你谢谢祂，毕竟你何德何能得到这些呢。如果你放不下，那就是你自己伤害自己的时候。

许知远：你这么坦诚我都不知道该问什么了，这真是让我非常意外。

林志玲：其实我什么都能聊，媒体对我的问题总是很犀利。

许知远：什么时候意识到自己的美？

林志玲：我应该放过一些我念书时候的照片。以前念书的时候我满脸痘痘，近视很深，戴眼镜。所以那时候完全不觉得，进了模特圈也不觉得，因为大家都是这样，很有个性，而且我在模特圈里算矮个子。所以大概是出演小乔这个角色的前后才意识到。

许知远：这么晚吗？

林志玲：不然为什么很意外，大家是因为美而看到你，这也是一个令人感谢的事情。饰演小乔的时候，我觉得她是倾城倾国的美人，就开始在乎自己的形象了。

许知远：除了在乎以外，有一种喜悦或者得意吗？

林志玲：喜悦？还好。这个问题我有想过，我以前照镜子会觉得说，今天的我还蛮好看，最近我很少有这种感觉。

许知远：我觉得很有趣，意识到自己是个大美人，到底是什么样的感觉？

林志玲：这个好难，我不会特别去思考这件事情，可是每一次见到大家就希望自己能够是漂亮的，也就是刚刚讲的得体。我不是一个最美的女孩，可是我能够在大家面前得体，从容，优雅，我觉得就够了。

许知远：回到整个东亚地区审美的单调性这个问题，你对这个怎么看呢？

林志玲：这是一个重点，也是刚刚讲到的小飞象的故事，如何喜欢自己，找到自己的特色，让自己更好更漂亮是每个人追求的事情，而不是像你刚刚说的单调性。

许知远：应该好好做一个"小飞象计划"，特别好。

林志玲："美"是一个动词。我一直讲"完美"是一个动词，是一个动力，让你前进，可是不要做成大家都一样的事情。你要被记得。

许知远：你之前在多伦多学艺术史、经济学，有那种面对更抽象事物的能力。现在你工作这么忙，那些形而上的部分怎么解决呢？对知识的需求是通过阅读还是通过什么方式满足呢？

林志玲：书的话我会看一些传记，看看人家经历过的事情。其实最好的书就是人的阅历，与人的相处，旅行当然也是其中之一。我平常很喜欢想事情，所以会有很多创意，再把这个创意打破重新架构，里面会有很多新的东西。

许知远：你最近最想实现的创意是什么呢？

林志玲：最想尝试的有一个，也跟小朋友有关，是有声书的部分。我很喜欢一部电影《音乐之声》，现在很多年轻人都不知道，但那片子很棒。如果可以的话想做一个亚洲版的，我希望通过我的创意、我的资源，去统筹这件事情。

许知远：还有什么音乐对你影响特别大？

林志玲：音乐类型我比较喜欢古典、爵士，像《四季》《卡农》

这些。

许知远：你觉得你现在是四季中的哪一季？

林志玲：到秋天了，夏天刚刚过。可有时候又是春天。我最爱的是夏天，我自己是比较春天和秋天的女人。

许知远：什么时候是夏天，夏天的感觉是什么样的？

林志玲：热情吧，跟小朋友一起时我最夏天。

许知远：冬天是什么样呢？

林志玲：冬天，刚刚讲到当我有情绪的时候，就会"冬眠"，把自己包裹起来。还有放纵，找一些让自己放纵的事情是特别好的。

许知远：脑子里有没有什么狂野的计划，想尝试一直没有尝试的东西。

林志玲：太多了，不能告诉你。

许知远：说一个最容易被接受的，最不会懊恼的。

林志玲：我的放纵嘛，应该是感情方面吧，绝对的。

许知远：真想知道那一面是什么样子。

林志玲：应该就是能够放纵地、奋不顾身地去爱一个人，在大街上手牵手。听起来好像很一般，对我来讲感觉就是奢侈了。

许知远：媒体也好，时代也好，好像都不怎么去接触你的内心，不愿意了解你内心的复杂性，这会不会困扰你？

林志玲：不困扰我。这不是我的问题，是时代的问题。

1979 年　出生于福建泉州
2003 年　毕业于北京电影学院表演系
2006 年　出演《武林外传》
2010 年　凭借《潜伏》中王翠平一角获得第 4 届华鼎奖电视剧最佳女主角奖
2013 年　出任联合国难民署中国亲善大使
2014 年　当选美国《时代周刊》年度全球 100 位最有影响力人物
2016 年　当选"世界青年领袖"
2019 年　主演家庭伦理剧《都挺好》

扫码观看视频

姚晨

我更像是一个被选择的人

Chapter 12

姚晨是个可爱的女人,这也反映在她的神情中,在一阵大笑之后,她的眉宇间又会有一种迷惘,似乎另一个更困惑的自我浮现出来。这个自我渴望陌生的冒险,期待另一种生活。

我尤其喜欢,作为一名民族舞蹈演员,她在福州摇摇晃晃的生活片段。这是一座缓慢、闲散的城市,郁达夫描写过这城市里女人的滋味。为了打发时光,她在肯德基兼职,暗恋一位叫 Tony 的餐厅经理。

命运最终把她从这种停滞中解脱出来,把她推向了一个远超自己想象的地位。她不仅成为中国最受欢迎的女演员之一,还成为国际舞台上最被认可的东方女明星之一。《时代周刊》将她选为"最具影响力的一百人",英国一家时尚杂志说她是亚洲最性感的女人,传奇摄影师安妮·莱博维茨[1]则将她视作世界上最有力量的女人之一。

这种认可与她生命中的新尝试有关,她出任联合国的特使,前往泰国、菲律宾、阿富汗、埃塞俄比亚的难民营,给饱受命运困扰的人们带去某种安慰。尽管她自己也并不确定,是否真的能带去安慰。这经历无疑潜移默化地改变了她自己。这种尝试,也使她不再仅仅是一名成功的女演员,而是一名愿意承担更广泛的社会责任、富有道德关怀意味的女明星,或许离她仰慕的安吉丽娜·朱莉更近了一步。

不过,姚晨也知道自己的困境。她在演艺界的实际成就与她的名声似乎并不匹配。她一直没有创造出独树一帜、令人难忘的屏幕形象。这困扰她,也催促她做出更多的努力。

---

[1] 安妮·莱博维茨,美国肖像摄影师,苏珊·桑塔格的终身挚友。

我不喜欢安逸的生活，
不想像猫在房梁上来回地跳

许知远：1992 年，你说你看《东方不败》，林青霞让你第一次有成为演员的欲望？

姚晨：我记得好像是租的录像带。某个暑假，我在家里休息的时候租了很多录像带来看，就看到了这部。我们小时候看得最多的是港台电影，《东方不败》也是其中一部。那时候我才十三岁，初一，我就被那个人物形象迷住了。她给我一种很奇特的视觉感受，那个时候当然不知道这是什么，就是觉得你爱上那个角色了，她在你脑海中挥之不去。可那个时候并没有很清晰说我以后也要当演员。

以前看《新白娘子传奇》，趁妈妈不在的时候，我喜欢抹上她的口红，把床单披在身上，对着镜子，唱得哀哀切切的。好像很多女孩都干过这样的事情。我想，那可能是我想当演员的萌芽，但是也没敢往那儿想，毕竟是个普通的初中生嘛。家里人对我的规划可能是，要不接我爸的班，要不接我妈的班——他俩都是铁饭碗，一个在邮电上班，一个在铁路系统。当年都是非常不错的工作。

许知远：小时候的感觉比较朦胧，现在重新分析林青霞那个角色，她为什么会吸引你呢？

姚晨：她雌雄同体的气质很吸引我。我觉得她很复杂，她不像我们原来看过的——美女就是美女，像花瓶似的在戏中承担调色的作用；或者男性就是非常阳刚的，非常英雄主义的。那个角色你也说不清是好人还是坏人，像一个灰色的人物。第一次看到电影可以不那么善恶分明地去诠释一个人，但那个人物又是整部电影里最有魅力的。这一点还挺影响我后来对角色的理解的。

许知远：八九十年代初的南平给你留下了什么记忆？

姚晨：非常美好。小时候我父母都很忙，我大部分时间都在外婆家。外婆家后面有一片山，放学后我会跟小伙伴一块儿上山挖竹笋。山上还产紫水晶，我会到小溪里找水晶石，还会摘一种叫"红泡泡"的野果。大人都不让我们吃，说有蛇爬过。我觉得特好吃，大人不让吃，我们更想吃。后来长大在超市看到这种水果，原来叫红树莓。

我记得城里有一条江叫闽江，从城市中间贯穿过去。江边有很多黑色的吊脚楼，我们也叫虚角楼，非常美的建筑。后来因为城市规划，全部被拆了，拆掉了一部分记忆，特别可惜——当然也是考虑到发洪水，我们那儿年年发洪水，跟玩儿似的。

我记得第一次看宫崎骏的《龙猫》，给看哭了。我不是看龙猫那一部分看哭的，是那家人到乡下，对乡下景色的描绘，让我一下想起我的故乡。那就是记忆中的模样，可是回不去了。现在我外婆家整个都被拆掉了，外婆也不在了，外公也不在了。

许知远：来北京之前的年少时代，你希望成为什么样的人？

姚晨：那时候没有想那么多，我前一半的成长经历很稀里糊涂。到初二也没学过跳舞，我在学校属于宣传部，就是在学校门口写板报的。后来文艺部的一个很有个性的男老师说，北京舞蹈学院附中来我们福建招生了，你个子挺高的，要不要去考一下试试？我也不懂，但是被北京这两个字吸引了。北京不是有天安门吗？就觉得是不是应该去看看。后来就和另外一个同学，在一个下雨天，穿着雨鞋，拎着一把雨伞，交了十块钱报名费，报了个名。后来就被选上了，让我们到福州去复试。

我三个舅舅都反对我考这个学校，说这是不务正业，跳舞是个什么职业呀,好好念书才有前途。我妈无所谓,只有我爸支持我,说孩子有这么一个想法,就让她试试呗,免得以后她后悔来骂咱们。我爸就带我去了福州。

到了福州,一看来考试的那些小孩,我爸说肯定没戏了,人家随便一下,腿哗到这儿,哗到那儿,我女儿啥也不会,就站在那儿跟个大木头似的。结果后来复试稀里糊涂通过了。

许知远:会考什么动作吗?

姚晨:有有有,就那个让我去考试的老师,临时帮我编了几个动作,估计我跳得也很惨不忍睹了。但舞蹈学院的老师可能也不看这个,只要你身材比例达标,宁愿你是一张白纸。我没想到我会从事舞蹈这个行业,因为我们家完全没有人从事文艺工作。

许知远:你是1993年来到北京的?

姚晨:1993年。刚到舞蹈学院的时候,爸爸妈妈一走,宿舍里就哭成一片,就我一人躺床上挺高兴的。我特自责,觉得自己真够没心没肺的,怎么就不想哭呢?就觉得多好呀,终于来北京了,能去看天安门,说不定有一天我还能成为一个舞蹈家,多棒啊。那时候对舞蹈一无所知,心里抱着一个念想,或许我是隐藏在民间的一个舞蹈天才。念到二年级以后发现不是这样的。应该是缺乏天赋吧。我很爱舞蹈,也会欣赏舞蹈的美,但是我达不到,跳不成最好的那个。

许知远:你达不到最好,核心问题是什么?

姚晨:比如身体的柔韧性,是我一直没有办法解决的问题,这是天生的。还有比如我学表演就能举一反三,但是学舞蹈就没有这个感觉,可能还是天赋不够。

许知远：白颐路有很多杨树吧？

姚晨：有吗？我怎么印象中那个路那么宽，那么大，也没什么车，但到周末车就变得很多。

许知远：一到周末，你们学校门口就有很多好车，你们这些小姑娘是什么感受？

姚晨：对我没有太大的影响。可能和家庭教育有关，我奶奶说女人是不能掌心朝上向男人要钱的。我是在这种教育下长大，对这些就没什么感觉，注意力还是在怎么才能把舞跳好上。而且在舞蹈学院我很不自信。我很多年做梦，都是梦见在上台之前忘了动作。那种恐惧会让我一下子从梦中醒来。现实中没有发生过这样的事，不知道为什么会出现在梦里。但舞蹈学院那四年有过很多美好的记忆，也有很纯真的快乐的时光。

许知远：第二年就发现自己不是最有天赋的小孩，还有三年怎么过呢？

姚晨：你发现了，也不可能逃出去呀，就想，是不是我努力，有一天就会有奇迹呢？所以我非常勤奋。别人都睡觉了，我还穿着防风布的衣服去跑步。天天跑步、压腿。还有同学更自虐，为了拉韧带把腿绑在肩上，吊着睡觉。

许知远：这样睡得着吗？

姚晨：习惯了就睡得着了。我还没有把自己虐到那种程度。后来发现勤奋也是无效的，就很沮丧。幸运的是，我的班主任挺好的。她是个老太太，就是她把我招进学校的。她想，将来这帮孩子——我们是福州歌舞剧院代培的——都要回到福州，回去后就会有高低之分了，那是不是可以帮我多找一条路呢？后来校庆的时候，她觉得我歌唱得不错,老太太人特好,马上就帮我联系了一个中央音乐学院的老师,刘春华老师,也是个老太太,介绍我去学唱歌。

刘春华老师特别慈祥,听我试唱以后,说,孩子你这普通话都不过关,怎么能唱歌呢?我先给你找一个台词老师,你先把普通话好好学一学。我那时候完全是福建口音。

许知远:"灰机"还没有"起灰"呢,是吧?

姚晨:对对对。我在舞蹈学院四年,去楼下食堂买包子:师(si)傅,给我一个肉(lou)包。师傅每次都逗我:我们的包子没有漏的。但是我一点都不知道这个梗在哪里,觉得这些师傅真是很讨厌,为什么每次都要这样说。

刘春华老师又给我介绍了一个解放军艺术学院的老师,叫牛娜。牛娜老师特别笃定地跟我说,姚晨,我可以教你,而且我不会收你学费,但我只有一个条件,你学表演吧。我教你表演,你来考军艺。在北京这么多年,第一次有人对我大加赞赏,我特别特别感动。

许知远:1997年毕业时,你对未来是怎么想的?

姚晨:我当时就是想考解放军艺术学院。要是那年去了,我和沙溢就是同班同学。其实我那年也考上了,但是我们班是福州歌舞剧院的代培班嘛,我必须回到团里,否则就要十万元罚款。所以就无奈地回去了。

回去以后,日子变得很可怕。每天到歌舞团里点个名,集体开个会,你愿意自己练就练,不愿意练,没人监督你。团里排什么剧目,你都是伴舞。你知道,我们在舞蹈学院的时候,老师天天给我们灌输,你们是万里挑一的孩子,天之骄子,所以自我感觉非常良好。结果突然间就掉地下来了。

我那个时候精力旺盛,我不喜欢那么安逸的生活。记得有一天我坐在凉台上，看着对面的平房，有一只猫在房梁上来回地跳。我当时想，这样的生活我再也不想继续了。后来我骑着单车满城乱转，找到了一份工作，在肯德基打工。所以我就变成上午在福州歌舞剧院上班，下午去肯德基干活。

我先从扫厕所开始学，打扫得特别干净，我很有热情嘛。因为卫生做得好，就被调任到收银台，我的业绩也是最高的。

许知远：你算账算得清楚吗？

姚晨：算不清楚，我不是多收就是少收。不管多收少收都要自己赔钱，这个是我没想到的。少收得补钱，但多收居然也要赔钱。我干一天活，最多可能挣个二十多块，经常全搭进去。好在也不是为了生存去做这份工作，没有那么大压力。

许知远：那叫业绩最高的？

姚晨：我说的业绩好是指肯德基经常会有一些促销活动，卖球星杯之类，我可能因为嘴比较大，站在那儿，一招呼人家，人家就到我这儿来了。因为业绩很好，肯德基准备把我升职成接待员，教小朋友跳跳舞、唱唱歌。

许知远：就是肯德基里的文艺委员。郁达夫有篇小说写得非常好，叫《迷羊》，所以我对没落的剧团女演员有一种特别的好感。

姚晨：现在可能大部分剧团都是这种状态。我记得当时我们都还算是国家干部呢，十七八岁就成国家干部了。一个月拿三百多块钱，演出一场是几十块钱，也还是会有同学养不活自己，有好多是外地人。后来我们就想，是不是去跑跑场子呀？我们找人做了一些简易的演出服，联系了一些场子。跑第一天，人家就送了花篮，要敬酒，直接把我们吓回来了。干不了这事，完全不会那一套话。我记得我们走出其中一个场子,看见一个女歌手被一群男人围在中间,好像是要她去另外一个地方。那女歌手说我还有场子要跑,可能去不了。话都没说完,肚子上就挨了一拳,一群男人把她围住拳打脚踢。当时看到这一幕我就决心再不来了,穷死也不来了。

牛娜老师在那两年老给我写信,她说特别希望我还能再去北京考试,叫我不要辜负自己。后来我和家里人说了这个想法。我真的很感谢我的父母,他们完全不懂舞蹈,更不懂表演,但觉得孩子有这个想法就应该支持。于是我又北上去考试了。

考试也很有意思。我到早了,人家军艺还没开始考试呢。北京电影学院每年都是最先招生的,老师说要不你先去北电试试,不过也别抱太大希望,因为北电全招帅哥美女,你这个类型,不一定是他们喜欢的。所以我没有任何心理负担就去了。确实是茫茫人海呀。那年《还珠格格》特别火,报名的学生特别多。结果当时我的专业分应该是第一名。后来也考上了军艺。我一直很内疚,觉得很对不起牛老师,因为选择的是北电。

我希望演一个鲜活的角色,
我更在乎她是一个人

许知远:和舞蹈学院相比,电影学院是另一种环境吧?

姚晨:在我想象中,它应该是影视作品中的那种大学,大家在草地上弹着吉他。我们学校也有人弹吉他,都是坐在窗口,唱着很难听的歌,后来发现不是,电影学院其实已经像个小社会了。进去以后我想学真本事,毕竟付出了很大代价——我还是交了罚款才出来的——觉得上这个学很不容易，非常珍惜。

第一年是我最快乐的日子，所有人都拧成一股绳，想拍好东西。我们经常跟保安玩心理战，因为到点教室就要关门，但我们老觉得剧目还不够好，躲在教室里侧，保安拿手电筒扫，以为没人，就把门关了。我们在里头待一晚上，累了就随便在地上躺一会儿。那时候不吃不喝不睡觉也不觉得累，很兴奋，很幸福。

许知远：在舞蹈学院的第二年，你发现自己缺乏天赋，你觉得你在表演上有天赋吗？

姚晨：我觉得我在表演上是有天赋的。老师也这么认为，一年级时，甚至就有老师问我想不想留校。我们写解放天性的作业时，每个人要交三篇作业，我写了三篇交上去。张辉老师评论作业的时候说，姚晨你能告诉我这三个作业是从哪里抄的吗？我说老师我没有抄啊，三个都是我自己写的，我就告诉他我是怎么想的。老师听完以后沉默了一会儿，说同学们——因为我们是分组的——如果哪个组能够把姚晨给抢去，一定会大大提高你们组的作业质量。这给了我很大的自信和鼓励。班里只要排很重要的剧目，最重要的角色永远是分配给我的，我得到的自信也就很多。

许知远：你说到第二年、第三年就发生了一些变化？

姚晨：宿舍里渐渐没人了，大家都忙起来，开始社会实践，可能接到广告什么的。你要再找人排作业，没那么容易了。

许知远：你怎么没接呢？

姚晨：我后来也接了，前面没有。前面见组时，我也会去。有人说这孩子怎么长那么怪啊，有人说这孩子长得挺有特点的，就是不知道该往什么地方用。可能我十八岁的时候长得就挺像三十八岁的样子。

后来我就老老实实在学校继续上课,再后来就拍了第一部戏,是一个小的电视电影,叫《七星期无人入睡》,是学校一个老师的作品去延吉拍的,天气非常非常冷。

第一次拍戏的印象太深了。机器架在那儿,导演让我从A点走到B点,我能走到C点去,完全失去本能。特别紧张。你发现所有书本上学的东西,此时都用不上了,没有一点镜头感,用摄影师的话叫照顾机位,完全没这个概念。我觉得我是不是又选错道了。同学说,你知道现在北京的演员有多少吗?多得就像米一样。这个比喻,我印象很深。好吧,那怎么办呢?那再改行吧。我年轻时候真是挺任性的。

许知远:这是哪一年?
姚晨:拍《武林外传》的前一年。

许知远:毕业之后的那段时间,也没有戏拍,是什么样的生活呢?你说过那时候没事喜欢坐地铁。
姚晨:那个时候我住在回龙观,好像过起了居家的日子,每天买买菜,做做饭,生活挺安逸的。但是我对安逸的日子有一种抵触,年轻嘛,觉得精力无处安放。有时候戴着耳机坐地铁坐到五道口,再坐回来。

许知远:那时候是不是有点像福州时光的再现?
姚晨:多少有一点,多少有一点。但是又常常责问自己,还有什么不满意的呢?也有伴侣,生活也很稳定。那个时候我的伴侣比我要更得到剧组的青睐,我就常常陪着他跑剧组。大家会觉得很怪异,当然知道你是女友,可是又有点像助理,会觉得你很碍眼,毕竟一份盒饭也是成本嘛。但是自己觉得很幸福,假装看不见这一切的白眼。

许知远:蹭饭和白眼对你后来有影响吗?

姚晨:也没有,就觉得那是人生的一个阶段吧。而且也是正常的,你又不是一个有作品的演员,甚至都没有在剧组工作过。

许知远:你什么时候开始意识到新的名声要改变你的生活了?

姚晨:是我第一次被偷拍吧。我像往常一样去书报亭买杂志,突然看到《南都娱乐周刊》上有我的照片。我还以为看错了,心说那个穿着黄T恤、白短裙的人怎么那么眼熟,然后就看见了我的名字。一点都不夸张,当时我汗毛倒竖,觉得特别可怕。照片拍的是你的家,他从窗户外拍到你在那打电话,你跟当时的伴侣一起去看话剧……将近一个多星期的生活的照片全部刊登在上面,那种感觉太差了,是被人跟踪、被人窥视的感觉,很令人恐惧。

许知远:当时好像所有的电视台都在播《武林外传》,这段热潮持续了挺长一段时间。它的流行和当时整个互联网文化的兴起是重合的。

姚晨:对,宁财神是一个在网络上很活跃的人,他对网络很熟悉,所以剧本里有很多网络用语。还有我们这一代人基本是看着港台电影成长起来的,它里面也有很多向港台电影致敬的桥段。它是一个全新的趣味和审美的片子。

许知远:出演《武林外传》让你在演艺事业上获得了一些自信吗?

姚晨:是,它一定会给你自信的,但让你红的这个角色不是你理想中的角色。上学的时候我会觉得自己应该是个大青衣,比如排《暗恋桃花源》,老师想都不用想就让我去演云之凡,没有人想过让我演春花。但很显然,毕业以后演了一个像春花一样的角色,红了。也说不清是命运的安排还是让你有一个看清自己的机会。老师还曾经很惋惜地和我们班同学说,你看这年头演员多不好混,连姚晨都去演情景喜剧了。那时候演情景喜剧并不是一件多高级的事情。

许知远:这种错位感伴随了你挺长时间吗?

姚晨:挺长时间,一直到《潜伏》。

许知远:中间有大概两年多时间,你是不是也拍了一些不同的片子?

姚晨:拍了一些,但都不是自己多么想演的角色。后来也有类似《武林外传》这样的戏来找我,当然剧本肯定没有《武林外传》好,我就不想再演这种类型的角色了。

想拍文艺片的念头也没断过。我的一个同学柴涛做了制片人,当时他在做安妮宝贝的《七月与安生》,找我去演七月,演一个摇滚女青年。我就在那一个月里体验生活,流窜于北京各个唱摇滚的场所。有一点开始进入角色的时候,突然接到了《潜伏》的剧本。我一看就知道它是个非常好的剧本,但我觉得那个角色离我太遥远了,尤其我那时已经被自我洗脑成一个摇滚青年,让我去演一个女农民,还是年代戏,我无法想象。

后来经纪人说孙红雷接了戏,你演不演吧。我说孙红雷接了,那我必须得去演。孙红雷对我们这些初出茅庐的年轻人来讲,是偶像级的前辈。我就很功利地、带着杂念去了。后果可以想象,拍戏的过程太受折磨了。因为没有做功课,到那儿以后,对手演员问你很多问题你都答不上来。说实话,那时候自己也很浅。其实《潜伏》

里这一对人物关系，写的是一个年龄大一些的女人和一个年龄小一些的男人之间一种很成熟的情感关系，但我和孙红雷搭在一起，想演出这种感觉其实挺困难的。尤其那时我才二十七岁。

许知远：《武林外传》你说是错位的成功，那《潜伏》符合你对自己的某种期待吗？

姚晨：不符合。我原来其实和今天从单向街书店走出去的很多女性相似。

许知远：文艺青年。

姚晨：对，突然间有这样两个角色，完全打破了我以往对自我的认知。有时候人的自我认知其实不一定准确。你觉得你以前该是个文艺女青年，可能这也来自于别人对你的心理暗示。比如说你演大青衣，你就应该是很高贵的，不断地形成这样一种心理暗示，然后你觉得这就是你的自我，但其实不一定。

许知远：你怎么评价目前你演过的角色呢？哪个是你觉得很重要的？

姚晨：我其实很希望演一个更鲜活的角色，我更在乎她是一个人，可能是我自己的能力不够，还没有塑造到让自己满意的程度，还没有一个真正能够代表自己的角色。

许知远：会焦灼吗？

姚晨：对一个快四十岁的女演员来说，当然焦灼。主要是演员这个职业有太多的不可控性，甚至是被动的。

许知远：2009年、2010年的时候微博兴起，没有人能否认你是这个潮流中很重要的一个角色，你觉得微博对你的吸引力是什么呢？为什么你看起来似乎这么好地吻合了这种新技术带来的情绪或者力量？

姚晨：我更像是一个被选择的人吧。我不是一个很懂网络的人，甚至本能地对网络不信任。当时一个新浪的朋友说有一个新产品，问我要不要玩一玩，说可以发图片，但是不能写太多字。就这样子开始玩。在里面可以关注到一些认同的人，然后互相吹捧。当时微博还在内测阶段，没有多少人用，像一个沙龙，现在已经变成一个大广场了。

许知远：你后来在微博上有了很大的影响力，你会觉得自己的名声、影响力和微博这个工具有很大的关系吗？

姚晨：说实话，有一段时间我还为此很苦恼。因为你莫名其妙在微博上产生影响力了，虽然市场上开始认可你，可是行业内不一定会认可你，甚至会觉得你不务正业。

许知远：包括有一段时间，你还会对一些公共事务发言，这是不是和你喜欢读书或者读杂志有关系？

姚晨：读书看报，是以前在家里养成的习惯，因为我妈妈就喜欢订阅各种杂志，《十月》《收获》之类的，这种习惯就延续下来了，后来也订阅《新京报》什么的。其实只是说以前没有平台，让你去表达出自己的感受和看法。忽然有这样一个平台了，可能很多人都和我一样吧，觉得可以有的放矢了。我就是一个自然人，说出自己的自然的感受，仅此而已。

许知远：你有很好的阅读习惯，你喜欢的作家是谁呢？

姚晨：其实我昨天还在回忆，这么多年看过的书里，哪一本书让我印象最深刻。我想起大学时候看过黑泽明的《蛤蟆的油》。他的每一篇文章就像一部电影，很有画面感。可是让我留下印象最深的，是他的序。他说有一个民间传说：日本的深山里有一种蛤蟆，长得极其丑陋，有好多只脚。当地人经常抓它，抓住以后把它放在镜子前，它在镜子里看到自己这么丑陋，就吓出了一身油。这种油是很珍贵的药材，可以治疗烫伤。黑泽明把自己比喻成这只丑陋的蛤蟆，他说晚年回顾的时候，就像站在镜子前，看见自己年轻时候的种种丑陋和不堪，急出了一身油。不知道为什么，这段序言我一直记着。我不知道自己挺爱自省是不是跟这段话有关系。

许知远：你现在会偶尔惊起一身油吗？

姚晨：会，尤其写微博很容易让你不断地自我反省。我记得有一段时间，很多人开始关注你，在你身边赞美你。从一开始的怀疑，到受宠若惊，然后自我感觉就有点不错了，觉得我是不是应该刻意地说一点有水平的话。可是当你真那样，却没有得到你意想中的反应的时候，你会恨不得有一个地缝钻进去。你会发现那种膨胀和骄傲让你的尾巴在大庭广众之下竖起来了，你还不自知。

许知远：你最痛恨自己身上的什么东西？

姚晨：很多，一个晚上都讲不完，太多了。比如说欲望、懒惰。

许知远：反正七宗罪都占齐了？

姚晨：对，是这样的。惊出了一身油。

这些年虽然是在帮助难民，
但他们传递给我的力量更多

许知远：2010 年你做了联合国难民署中国区代言人。联合国打电话给你时，你的反应是什么？

姚晨：说实话，我那时候不懂什么叫难民。我就问，是安吉丽娜·朱莉做的那个吗？他说好像是，我说可以做。可能是偶像的力量。

许知远：第一次去探访难民营时是什么感受？

姚晨：前面两次去探访的是城市难民，第一次是马尼拉，第二次是泰国，他们的经历让我很震惊。有很多孩子是生在难民营，长在难民营的，他们没有工作的机会，不知道自己生存的意义是什么，我觉得这个是很让人绝望的。

第三次是在埃塞俄比亚。我记得飞机降落后，看到一片红土荒漠，上面布满了白色和彩色的棚子。白色帐篷已经被红土覆盖了，彩色帐篷其实是因为没有领到真正的帐篷，用各种颜色的塑料布和很矮的荆棘做成的。我们那次探访就是在那里开始的。我才知道苍蝇可以在那么热的情况下生存得那么好，成群结队，就像是你进了它的地盘了。我旁边坐着一个非洲妇女，我到现在都忘不了她身上的气味，说不出来那是一种什么气味。苍蝇就落在她的脸上、睫毛上、鼻子上，她机械地在讲话，也没有伸手去赶它们，我看呆了，那一刻我意识到，在这片土地上，生命好卑微啊，就像那些苍蝇一样，他们是共存亡的。我完全说不出话来，以前的探访经验都用不上，我没有办法问出你想不想念你的家乡啊，你思念你的丈夫吗。第一很多余，第二很残忍。

探访这些年，给我留下最深印象的是一个一个的个体，难民是一个群体的概念，但实际上他们也是由一个一个的个体组成的。

许知远：那种触目惊心的苦难对你的影响是什么呢？

姚晨：虽然我看到了很多苦难，但我也看到了生命在遭遇困境的时候，迸发出来的力量有多么强大。在我所接触过的难民里，很少有悲悲凄凄的，所有的孩子都是一脸憧憬，还是很相信未来。这一点，在黎巴嫩探访叙利亚难民时，印象尤其深刻。

许知远：那是哪一年？

姚晨：2014年吧。

许知远：就是内战打得正热的时候。

姚晨：打到第四年的时候。那时候大家还没太关注到叙利亚难民。有一个很普通的叙利亚农民，是一位女性，我从她身上看到很强的生命力。她和我们讲她的经历，她的孩子不久前刚刚逝去，并不是因为战争。她去田间干活，刚一岁多的小孩留在家里睡觉，后来电线短路着火了，把孩子给烧死了，就在难民营里，就在我们聊天的那个棚里。

她讲的时候特别平静，孩子的照片就挂在帐篷口，还挂了一串她编织的花。在她脸上你已经看不到悲伤了。她还有两个孩子。她自己没有上过学，也不认字，但她要求两个孩子必须上学，去学习知识，因为在她眼里知识可以改变他们未来的命运。

我问如果你们的命运被改变，你希望你的孩子做什么？她说我希望孩子再回祖国去。我说为什么？你的祖国已经是满目疮痍了。她说还有什么比祖国更珍贵的吗？那一瞬间我觉得她好高大，苦难让她变得更强大了。

我在那次探访过程中，在一个学校见到很多少年，他们梳着特别油亮的头发，穿得也不是说多好，但是都很整洁。我走的时候，还有一位少年摘了一朵花给我。在那些叙利亚难民的家里，那么破烂的房子里，他们还在努力地布置，然后和我聊起他们是怎么相爱的。你没有看到他们在绝境中放弃作为人的尊严。

许知远：经过这六年，你能感觉到自己的变化吗？

姚晨：我那天还在看从第一年探访到现在的照片，也很感慨自己的变化。第一年的时候，我戴着个鸭舌帽，就像一个小学生，真的是一个什么都不知道、衣食无忧的小女孩。去到这样的地方，我不知道和人家聊什么，因为感受不到人家的苦难，只能靠想象。一年一年过去，照片里的自己慢慢变得成熟了。我觉得自己最大的变化是开始感受到他们的经历。我记得探访完叙利亚难民之后，我做了一个梦，梦见自己下楼到超市买东西，天上好多直升机，我居住的小区被炸了，变成一堆废墟。所有人都在跑，我被人流裹挟着逃往一个方向。我想寻找家人，可是根本看不见。我在梦里又做了一个梦，梦见回到曾经的家，下面有草地，孩子们在草地上奔跑，阳光明媚。

那是一个下午，我在自己家里的床上哭醒了。缓了很久我才证实刚才那是个梦。我松了一大口气，马上又哭了。因为我意识到对我来讲这是个梦，但是对我探访过的那些难民来讲，是他们的真实经历。我对他们的苦难开始有了真正的感受，每年的探访才开始更有意义，然后我也像一个真正的、专业的大使了。

许知远：你会试图去理解难民背后更大的历史、政治、社会原因吗？比如巴基斯坦到底怎么会变成这样的？埃塞俄比亚为什么会陷入这样一个状况？苏丹为什么会有政治难民？

姚晨：我试图理解，我们也要做简单的功课，但是越了解越感到无力。

许知远：你会很气愤大家对这些都不感兴趣吗？

姚晨：我不气愤，我以前也不懂。我只是觉得是命运给了你了解这个世界另一面的机会。这也是我的选择。我觉得与其感到愤怒，还不如多传递一些难民的信息，让人家增加对这个群体的了解。

许知远：你觉得这种传递有效果吗？你说过一个大妈捐了八百块钱的故事。

姚晨：对，是一个下岗的工人。那是在我们探访非洲后的一年。那时候刚刚有微博，我在微博上突然有了影响力，开始有很多人看你在干什么说什么。我正好用微博写和难民有关的事情，但前一两年说实话自己都没太搞明白，所以写的东西也不会有多大的感染力，被骂得狗血喷头，说你自己家事都没操心明白，你怎么不去大凉山，作秀作到国外去了。当时肯定很委屈，但自己心里也会想，是啊，应该在国内多做一点公益。

到第三年，我用日志记录了我们的非洲行，叫"非洲日志"。拍了一些图片，用了很简短的配文。那一年的反响特别好，甚至连娱乐媒体也开始报道这次非洲探访。

那个下岗工人捐八百元的事情就是发生在那一年。她专程跑到难民署，说她自己的生活其实也非常困难，但是她觉得那些难民比她更需要这些钱。难民署的工作人员感动得一塌糊涂，还要送她去坐地铁。她说地铁太贵了，就选了别的交通工具。有时候我觉得这些年虽然是在帮助难民，但他们传递给我的力量更多。

许知远：所有这些经验也让你成了一个更好的演员吗？

姚晨：我觉得是的，让我对人生、对人的理解比以前丰富，不再是简单地读解人性。

1984 年　生于四川成都
2005 年　获得《超级女声》全国总冠军，登上美国《时代周刊》封面
2006 年　发行首张专辑《皇后与梦想》，创立品牌演唱会"Why Me"
2007 年　发行专辑《我的》并首次开展全国巡演，再登美国《时代周刊》
2009 年　首次参演电影《十月围城》，获香港电影金像奖最佳女配角提名
2011 年　发行专辑《会跳舞的文艺青年》，成为首位获得香港十大中文金曲最佳女歌手奖的内地歌手
2014 年　担任戛纳电影节颁奖嘉宾
2017 年　发行专辑《流行》，销量登顶巅峰畅销榜总冠军
2018 年　举行李宇春流行（liú xíng）巡演

扫码观看视频

李宇春

我是一个符号，
但我一直在向前走

Chapter 13

上海的一个当代艺术展中,我第一次见到李宇春。我在人群的边缘,她在正中央,四周一片嘈杂,人头与手机屏幕乱成一片。

她清秀的面孔尤其冷静。我突然想起"Yellow Submarine"这首歌,她也是艘潜水艇,她想在时代与人群中潜下去,避开一个又一个浪花,但鲜明的黄色又使她分外显眼。况且,潜水艇有其体量,浮出水面的时候,又激起蓬勃的浪花。

2005年,当李宇春在第二届《超级女声》夺冠时,她被铭刻入历史,这是一整代人的共同记忆,不仅是娱乐事件,同样是社会事件。她代表着一代人的叛逆与个性、非常规的审美,自我意识的觉醒。

十几年过去了,在瞬息万变的流行娱乐业,她不仅挺过了速朽,还创造了奇迹,成为一代青年的领袖。她给时代提供了一个新的维度,也镇定了很多人。

我想响亮地活着，
成为更丰盛的人

许知远：最近在忙演唱会？

李宇春：对，上次见你时在忙上海演唱会，后来是生日演唱会。五月份去了两趟欧洲，法国阿尔勒那边有一个工作。

许知远：阿尔勒是梵高生前最后生活过的地儿吧？

李宇春：对，去走访了一下梵高的阿尔勒，包括他的疗养院，之后还去了一趟巴塞罗那，看到了一些自己很喜欢的画家，包括毕加索博物馆[1]也在那儿，对艺术和历史我一直有一种敬畏心。

许知远：梵高的作品对你会有直接的刺激吗？

李宇春：我蛮羡慕梵高的。在我的性格当中，有一些我自己不喜欢的东西，我觉得我没有那么强大、那么旺盛的生命力，所以有的时候，我很羡慕活得轰轰烈烈的人。比如梵高、弗里达，这样浓烈的艺术家，是我心之向往的。

许知远：你什么时候意识到自己没有旺盛的生命力？

李宇春：我觉得是性格问题吧，我自己的性格其实是那种忧伤的，而不是明亮的，所以我会很向往那样一种旺盛的生命力。我也会去追求自己很热爱的东西，去响亮地活着，但还是会有一些性格上的局限。

---

1 全世界有三座毕加索博物馆，分别在法国巴黎、西班牙巴塞罗那和西班牙马拉加。

许知远：这是什么时候的自我发现呢？

李宇春：近几年会更加明显一些，出道之后，参加工作之后。在此之前还是比较个人化的，个人情绪多一些，当时的那种忧伤现在觉得根本不足提起。

这几年，我会更多地去感受周围的事情，包括艺术、电影，这些都是近几年才有的积累。我开始走出自己的一条新的路，而不是局限在公司给我营造的氛围里。

许知远：这个自我发现过程是怎么发生的，比如，在一条既有的轨道里一直走，你突然挣扎，想去找另一条新的轨道？是一种什么样的感觉？

李宇春：我觉得就是一直积累、一直积累，突然的某件事，就会引发你的思考。我印象比较深的是，在做2012年的那张唱片《再不疯狂我们就老了》之前，我做了一张唱片叫《会跳舞的文艺青年》。在此之前，唱片公司对我的定位是偏舞台表演型的，但在那一年的某个时刻，看了一场自己从前做的小型不插电现场，我突然发现，没有一首歌我是又唱又跳的，我的歌曲都还挺文艺的，当时还翻唱了罗大佑的《未来的主人翁》呢——我一下就觉得好像有点不对劲了。

但当时其实已经事隔五年多了，五年多之后我才突然发现，好像有什么不对。于是，我开始思考"会跳舞的文艺青年"这样的一个命题。

再后来发《再不疯狂我们就老了》的时候，我也是突然发现，这么多年除了工作以外，我真的没有别的爱好。我做了什么，我去了哪儿，屈指可数。

许知远：一切都很模糊。

李宇春：离生活很远。如果继续这样活着，会很悲哀，所以我想改变。也是同一年，我开始培养音乐之外的爱好，比如摄影，做一点和我的工作不相关的事情。

许知远：音乐是非常天然地进入你的感觉，那么照片或者说影像，对你来说是什么感觉？

李宇春：我现在觉得音乐和影像之间的关系比我之前认知的要更加密切。在我学音乐时也好，或是进入这个行业后也好，受周围环境的影响，总会认为音乐就等于唱歌，更注重的是声音的表达，唱功是否扎实，音高是否达到之类的。但后来发现，音乐，尤其是中国更加国际化之后，它是更加丰富和立体的东西。通过音乐，是想表达你想说的东西，或你想表达的价值观。但音乐也有它的局限，所以我觉得可能需要通过影像、图片来更加丰富地体现它。

许知远：不同的创造者有不同的方式，包括拍电影的、做建筑的，都会有。有的人可能是因为一段旋律诞生了一个新的想法，而有的人可能是通过色彩，比如傍晚的一种色彩。对你来说，是什么最初启发你去做一张专辑？最初的灵感突然涌入，把你之前的积累激活起来，是靠什么呢？

李宇春：每一张专辑，其实都不太一样。拿《流行》这张来说吧，其实是因为我近几年关注的视角、关注的一些事件，和以往有一些不同，而且我感受到了自己的这些变化。

许知远：社会意识的成熟，是吗？

李宇春：可以这么说。因为我成长的环境，包括工作之后的环境，一直是把我包裹着的。我自己也习惯用一个很硬的外壳把自己包裹起来，这持续了将近十年的时间，所以我那个时候的认知就是只要做好自己的事情就行了，外界跟我不会有太大的关系。但实际上,在成长的过程中,你会发现这是不可能的,不管是创作也好,或者是为了成为一个更丰盛的人也好,你跟整个事件、整个时代、整个社会都是息息相关的,你没有办法完全脱离它。我觉得这是我最大的一个改变。

许知远:成为更丰盛的人的欲望是什么时候开始变得清晰的?
李宇春:具体说不上是哪一刻,就像我之前说过的,很多东西是一直积累的,到了某一个阶段,它可能就出现了。

许知远:你现在最想弥补的是什么?
李宇春:音乐之外的东西。因为我觉得艺术的各个领域之间是相互流动的,所以无论是电影,还是其他的艺术,包括去跟艺术家聊聊天什么的,我都想补课。以前我可能干不了这个事,比如跟人聊天就是一件我以前挺干不了的事。

许知远:什么时候发现自己可以聊了?
李宇春:其实聊天时我更喜欢听别人说,我觉得这是件特别开心、满足的事情,但以前我很难自己主动去找人聊天,现在可能会更愿意一些。

我想要做的东西,是我身处的这个时代里的痛点

许知远:我看了你上海的这一次"Why Me"演唱会,觉得真的非常了不起,整个视觉的冲击,包括音乐和舞台的融合,都令我

很惊讶。你作为控制整场演出的导演角色，需要综合性的能力，从舞蹈到背景，到舞台效果，到音乐本身，都得把控，这和你之前单纯做歌手时的最大区别在哪里？对你来说，这种综合性能力是怎么塑造的呢？

李宇春：这个阶段其实特别长，我自己也花了十几年的时间去塑造——虽然很长，但很明晰。最开始的时候，我是演唱别人为我写的歌，就叫歌手吧。我也不懂别的东西，只是交由更有经验的制作人或唱片公司来包装我，这个过程大概持续了四五年。

当时音乐环境不景气，写歌的人很少，所以其实收录原创歌曲的可能性很低。后来机缘巧合，再加上制作人的鼓励，我开始尝试自己创作。这个阶段大概持续了也有几年，这其实是比较混乱的一段时期，完全只是沉浸在有了自己原创作品的开心中，而不太会去梳理整张唱片的逻辑。但也是在不断试错的过程里，我梳理出了自己的一套体系。

许知远：在支了这么一个大摊的复杂情况下，对你来说，哪些步骤是特别难的，比如说涉及音乐，涉及舞蹈，涉及设计师的合作？做这个演出简直像导一部电影了。

李宇春：我觉得是思考吧。

如果说只是单纯地做一个歌手，我负责唱就行了，只要音准对了，节奏对了，这件事情就很简单了。但是从一张专辑企划开始做，这张专辑我究竟想表达什么，我的歌词该怎么统筹，我走的每一步，最后都是为了要呈现出一个完整的作品，都是往最后想要呈现出来的整体去靠拢，就像在完成一个拼图。

但每一步都会遇到不同的困难，比如说当整张专辑制作完之后，所有的思路已经有了，接下来就开始直面演唱会的一些困难。我可能会开始画演唱会的舞美图，因为我必须知道每一个环节我想呈现的节奏是什么样子，音乐要编排成什么样子。这种种的实际问题，每天都会摆在面前。

许知远：就是从写歌词，到包工头干的活儿，都得想。
李宇春：就比较烦琐吧。

许知远：现在每次上台还是会紧张吗？都这么多次了。
李宇春：会，我觉得每次紧张都是独一无二的，有时候那个紧张会让你有一些特殊表现，这是无论彩排多少次可能都不会有的。

许知远：是那种随机的意外的东西，对吧？
李宇春：对对对。

许知远：你觉得这次不满意的部分是什么？
李宇春：最大的不满意就是那个空间的构造过于坚硬了。成都站结束后，我的腿受伤了。所以演出完之后我爸爸就跟我的经纪人说，不能让我这么累，让我别干了。

许知远：真是好爸爸。你爸对你最大的影响是什么？
李宇春：爱我妈。这点在我年龄越来越大之后，好像变得越来越重要。我爸是名普通警察，我小的时候他是普通警察，我长大了他还是普通警察，我以前也老想问他，为什么你一直是个普通警察。后来我才发现，其实不是因为他没有事业上的想法，他只是把更多的精力和爱放到了家庭，给了我妈，给了我。所以我每次想到我爸，觉得他对我最大的影响就是，爱我妈妈。

许知远：那你妈对你的影响呢？

李宇春：我妈的影响啊——她有点吵，就是有很多母亲的叮嘱和担心。

许知远：你去拍电影的时候，跟不同的导演和剧组合作，他们都比你年长大概一两代，比如你跟徐克合作，跟王家卫合作，他们对你有什么样的影响？

李宇春：拍电影本身对我来说是一件很奇怪的事情，因为我从来没有想过自己会成为一个演员。从音乐学院毕业之后，我一门心思就想着怎么做音乐。在2009年前后，就有很多电影剧本找过我，我就用各种方法把导演吓跑了。对，其中也有很多很棒的导演。

许知远：要吓到一个导演，最好的方法是什么？

李宇春：比如说你可以把自己弄得很邋遢，或者直接表达说我会拖累你的电影之类的。可能很多导演不会把角色交给这样的人吧。

许知远：他们一开始是不是有点动机不纯？

李宇春：我一直有这种怀疑。直到2009年，我才愿意尝试接拍第一部电影，当时抱着这样一种心态——如果我搞砸了，找我拍电影这事可能从此就结束了，也挺好的。

许知远：是《十月围城》吗？

李宇春：对。电影对我来说是一个全新的世界，从一个道具到整个片场，到工作人员，到演员和导演，我不再只活在跟制作人、词曲作者沟通的四人小组或五人小组里，我需要面对的是更大的一个社会环境，需要跟其他演员对戏，不可以只是自己独唱，而必须要跟上对手的反应，那时候其实也谈不上有什么表演的技巧，就是观察，观察大家，然后听导演说什么，尽量去做，就是这样而已。

去拍电影了之后，也开始有了一些对我人生来说算是很新鲜的尝试。比如说第一次请剧组吃饭，那是大家的一个规矩，在没有任何工作人员协助的情况下，我要张罗一顿涮羊肉，怎么办？比如要怎么照顾大家吃好了没有，再比如演员一般都不太吃东西，而我一直在吃，怎么办呢？会有很多细小的、要我老命的问题。但我觉得那顿饭——很特别，当时虽然有点煎熬，但现在回想起来，真的蛮特别的。

许知远：你现在会招呼大家吃饭了吗？

李宇春：不擅长，但我觉得相对好了一点吧。

许知远：你是这么好的一个观察者，而他们每个人的工作方式不一样，性格也是不一样的，跟他们合作的感觉也不一样吧，比如和徐克合作是什么样的感觉？

李宇春：徐克导演我就觉得，真的有点怪。他跟别人不太一样，喜欢用一些描述性的语言来告诉演员你的角色是什么。比如他会说，你的角色像一条蛇。每个演员对这种描述的理解都不一样。后来，我就会去跟他聊，用我自己的一种方式去聊，结果他也挺蒙的，我们大概就是这样合作的吧。

在片场，他也有一些比较奇怪的地方，当时拍《龙门飞甲》，是他拍的第一部3D电影，压力比较大，尤其又在沙漠里拍，很多技术的东西在现场没有办法马上弄好，所以大家都得等。我大概每天早上四五点钟就开始带妆，一直等到下午五点，然后沙漠里没太阳了，就拍不了了。我大概这样连续等了五天。后来我就觉得是不是得去他面前晃一下，他是不是把我给忘了。结果我去看的时候，发现他在跟一头骆驼较劲——因为动物很难拍。就这么一直较劲，为了完成他想拍到的效果。我对这个印象挺深刻的。

许知远：你想过自己去导演一部电影吗？

李宇春：以前没想过，后来就有想。我之前一直认为，我要在年纪很大的时候才会做这个事。但现在可能想法有所改变了。因为创作是需要心力的，到达某个创作阶段并不意味着你一定得年纪很大，真到年纪很大了也许你就没那个心力了。另外，有些东西是可遇不可求的，如果遇到一个好的故事，一个真的让我颤抖的故事，我觉得那种创作的原动力是不可以错过的。

许知远：在你的想象中，什么样的故事会让你颤抖？

李宇春：跟我现在做音乐相似，更偏现实主义的东西。可能一些科技、技术上的东西不会吸引我，反而是一些现实的、人性的，甚至是底层的题材比较吸引我。

许知远：你喜欢贾樟柯吗？

李宇春：我跟贾樟柯导演聊过好几次，但他的电影题材我都觉得比较偏个人化，他个人喜好太明显，年代感也很强。我觉得那个东西可能离我还是相对远一点，我想要做的一些东西，还是希望是八零后、是我身处的这个时代里的一些痛点。

许知远：你觉得你们这代人最痛的点是什么？

李宇春：这个答案我想放在未来我的电影里。

许知远：留着。

李宇春：对，我想留着。

你想去的方向，
会影响你走出的每一步

许知远：你的表达能力很好，吸收外界的信息主要靠什么？

李宇春：电影、阅读，在你面前我不大敢提阅读。

最近比较喜欢的电影是《大佛普拉斯》，然后是是枝裕和的作品。我很喜欢是枝裕和的细腻。比如看《如父如子》或是《无人知晓》的时候，我会反复地去看导演设置的那种看似不经意又很细腻的时间线。他那种刻画方式我觉得很高级，不是用一些我们比较熟悉的闪回或是直白的台词来表现。

许知远：你会有意识地抵御直白吗？现在我们整个社会都进入了越来越直白的模式。

李宇春：也许我有一点抵触，之前没觉得，但近期感受很强烈。因为我刚刚去参加了一档节目，我觉得我的心灵受到了鞭打。很直白，我很惊讶。

许知远：发生了什么？我现在听有些年轻人讲话，真的不知道为什么他们会这么直白。

李宇春：比如节目里有个很年轻的孩子，眼睛里面有一种欲望，其实很难讲清楚，但你可以非常清晰地感受到。他对我说，"其实我不想成为网红，我想成为明星"。我挺惊讶的。

许知远：你心目中那种良好的表达是什么样的？

李宇春：我其实不认为他错了，我认为是我有问题，所以我就会对自己产生怀疑。我也会因此和经纪团队吵起来，会觉得"是我的问题吗，我出了什么问题"。虽然可能很多人都不觉得这是个问题，但它真的会让我产生巨大的困扰，让我对很多东西都产生怀疑。

包括这次在西班牙，因为工作，我和经纪团队闹得很不愉快，我当时情绪特别激动，转身就走了。身上一分钱都没有，只有一部电话，在巴塞罗那的午夜，就这样独自走回了酒店——我现在都不知道当时是怎么走回去的！这段经历对我来说，非常特别，因为我突然发现，从前以为做不到的事，现在我做到了，我经过的很多地方，原来都给了我讯号。

许知远：你发火的时候是什么样？

李宇春：这一次其实特别不像我。以往不开心或怎样，我一般都不讲话，但这次特别激烈，特别失态，有可能是因为喝了点红酒。后来我做了检讨，不应该这样对工作人员。也许在那样的国度里，我比较放松。在另一个空间里，可能会有一些不一样。

许知远：但你看起来是那么镇定，你知道我对你的第一印象是什么吗？你在那个展览空间的时候，你在那个菜市场肉铺店里的时候，响着电子音乐，然后是你的声音响起。远远看去，周围全是人，你脸上那么镇定和安静。当时吓我一跳，我很少看见有人这么安静。走过来时，你非常镇定，你自己知道吗？

李宇春：我知道。我觉得我是不适。

许知远：是在压抑自己，不舒服是吗？

李宇春：我其实早就发现这个问题了。念大学时，很多同学说我很酷。我觉得酷就酷呗，也不是什么不好的事。但实际上，我是觉得不适。当那么多镜头，那么近距离地拍，不停地拍的时候，人是会有不适的，一种石化了的感觉。但也许那种石化和镇定就是酷吧。

许知远：你最舒适的是什么时候、在什么状态下，一个人的时候吗？

李宇春：在工作之外，大部分的时间里，我还是比较享受独处的。当然也许有少量的朋友陪着，那也不错。还有出去旅行，去一些我比较喜欢的有故事的地方。

许知远：最喜欢哪儿？

李宇春：罗马，还有之前去过的摩洛哥。

许知远：我很想去摩洛哥，但没去过，有意思吧？

李宇春：我觉得挺神奇的，尤其是去菲斯老城时。它完全保留了中世纪时的建筑和生活方式，这让人很惊讶。我第一次去罗马的时候，对那儿完全不了解，看到很多历史、文化包括宗教的东西之后，产生了很多疑问。我身边的人替我解答了一些，但比较碎片化。回来之后，我专门看了关于它的书和影片。罗马变得更加吸引我，所以后来又去了一次，重新去看一些东西，有一些新的感受。

许知远：那些古老的东西为什么会吸引你呢？

李宇春：我尤其感兴趣的是文艺复兴的年代，我很想知道他们当时是怎么思考的，为什么发展成今天这样了，为什么会有中西方文化的冲突，为什么我们之间的差异如此巨大，他们受到什么文化和宗教的影响，我们又受到什么影响。

许知远：这些大问题是什么时候开始吸引你的？

李宇春：三十岁以后吧。

许知远：十六七岁时，你最想干什么？

李宇春：我是学理科的，那时对历史没有什么特别的感受。对于当时的我来说，学历史可能就是为了考试，它并没有真的从根源上吸引到我，我觉得挺遗憾的。

许知远：你那个时候心中最厉害的音乐人到底是什么样的？

李宇春：我觉得简直不能提。那时候没有任何的音乐教育，当时流行什么就听什么，刚好那个年代是港台音乐最盛行的时候，还在听卡带，我就攒钱去买，记得应该是十块钱一张吧。

许知远：你觉得你的音乐才能中现在有比较欠缺的部分吗？

李宇春：一直以来令我有点难受和困惑的部分在于，我们这个年代的人应该要做什么样的音乐。这个问题我想了很久。因为我觉得我身体里那种东方的元素，包括从小听我妈妈唱民歌的那部分记忆，绝对是深入骨髓的，是张口就来的。后来长大了一点，开始接触港台音乐，等我上大学之后，又开始接触西方的流行音乐，再到互联网时代，各种各样亚文化的、小众的音乐流派都可以听到了。

而比我更年轻的九零后、零零后，在他们的认知里，已经没有民歌那种东西存在了，他们从小接触的就是互联网，一打开就是欧美音乐，所以他不会有那种各种元素、各种文化相互冲突的纠结。但我刚好处在这样一个飞速发展的时代里，接触了各种不同的东西，并且见证了音乐行业的不同阶段，从卡带到电台，再到CD，到数码音乐。

许知远：全都压缩在一起的。

李宇春：我刚进这个行业的时候，电台是非常有含金量的评判歌手的平台。

许知远：各种金曲榜，是吧？

李宇春：对。然后它突然就没了。榜单没有了，音乐舞台没有了，颁奖礼也没有了，你一直相信的那个东西，它坍塌了。这之后，更年轻的歌手就去唱嘻哈，唱欧美的音乐类型，甚至是全英文的歌曲，那我就会迷茫，我到底应该做什么样的音乐。但我知道的是，我不该只做那种只靠一个弦乐伴奏的情歌，那种类型已经过时了，我不能接受这样的止步不前，但我也不能接受全盘西化的东西。那我们自己的音乐文化到底是什么？

在这个过程中，我跟很多音乐人都聊过，也去看了很多他们的采访。当时让我印象非常深刻的是做过简单生活节的张培仁，他说过最触动我的一段话是，他说我们都爱看《欲望都市》，看完之后打开门，发现我们并不在纽约，他们的生活其实跟我们没关系。

许知远：你说的这种混杂感，在你这代人身上很明显，而更年轻一代，他们一开始就在这种混杂中成长起来。在这样的混杂里，你觉得会孕育出一种新的根吗？一种新的传统，或者一种新的稳固的东西。

李宇春：我觉得会有新的表现形式，但我不认为那就是根源性的文化。或者你认为艺术之中有某种高低等级的存在吗？比如拿流行音乐来说，某些时代的流行乐更有内涵，更持久，而另一些就是更短暂，更碎片，你接受这样的一种等级的比较吗？

我很希望自己不这样想，但我确实认为它存在，如果完全否定这一点的话，那怎么解释我们听到某首歌时会觉得很俗气？

许知远：判断标准。

李宇春：判断，对。

许知远：比如这几十年的流行音乐，比如你喜欢的罗大佑，我也很喜欢。他们那一代唱歌的人、写歌的人身上有很多东西，有家国的理想，有未遂的情怀。但这个东西好像过去十年基本上消失殆尽了，仿佛我们所有人都只能唱自己，但自己又没那么多事可唱，也就是摆个姿态，就类似这种变化，你觉得很可惜吗，还是完全不可避免？

李宇春：我觉得是时代背景造就的，说到这个，我说的那种伤感就又来了。某一天里，我突然看到一篇报道，全球最大的吉他行破产了。我仔细读了那篇文章，说是因为现在的人玩更新潮的电子乐，吉他已经不是年轻人觉得最流行、最酷的乐器了，所以它的销量每年都在递减，最后就破产了。然后我就回看了一下九十年代中国的摇滚乐，包括崔健老师他们那一批人，还看了中国摇滚在红磡的那一场演唱会。

许知远：张楚那场，是吧？
李宇春：对。我还是会流泪。虽然我并不是属于那个年代的。

许知远：还隔了一代人。
李宇春：但我看他们的演出还是会很激动，包括看何勇演唱《钟鼓楼》的时候，他的音乐确实是有着那个时代背景的特殊性。可能我们现在这个年代，没有那么多的愤怒，没有那么的一个时代背景可说，所以大家就只是说自己的那点事，再加上互联网的影响，催生了许多碎片化的东西。更多的人会觉得，很多事情只是娱乐而已，好玩就行，太严肃的议题反而不愿意去碰，不愿意去想了，因为很累。

许知远：那天我去看你的演唱会，感觉还挺强烈的。中国的安保系统总是特别夸张，舞台四周围着好多栏杆。但你站在台上的时候，你的歌词也好，表现也好，某种意义上，都在表达着年轻人对个人自由的寻求，包括台下观众，也是反叛的一种姿态，但他们这种反叛又被非常安全地放置在牢固的铁栏杆中间。你有时候会想这种反叛性，对你，或者对台下的观众，到底意味着什么吗？目前这种反叛都还是可接受的反叛，某种意义上安全的反叛。

李宇春：其实我那天特别怕你不适。

许知远：我主要是因为台下的观众而感到……有点儿伤心。我很多年没去看过演唱会了，上次看还是看崔健。这一次让我深刻地感觉到，一代一代的年轻人被这个系统驯服得更严重了，这种驯服感让我当时挺伤心的。

比如说你给他们提供的那种反叛，从某种意义上说是恰到好处的反叛，要是再过一点，他们可能就迷惘了。我不知道你对此是什么感觉？

李宇春：就像我刚刚说的，有的时候，我会讨厌我自己。比如聊到"反叛"，我觉得我绝对是有的，但某些时候又总觉得我怎么那么不够勇敢呢？我也想过，如果我是男生的话，我会更勇敢吗？这种"不够"，是因为我是一个女孩吗？我觉得也许吧，也许会有一点，但它不是根本性的问题。所以这其实也是会令我懊恼的一点。

许知远：也许是因为整个时代的气氛还是变了。年轻人难免有这种矛盾性，一方面他们充满了要表达自我的欲望，一方面又没有什么真正的个人可以表达，这种感觉是不是挺明显的？

李宇春：也不能说所有的人都这样，我还是会在某一些音乐人的身上发现惊喜。比如我就很喜欢万能青年旅店,他们到现在为止只发了一张唱片,但我觉得那张唱片的意义是很重要的,是我会反复去听的一张唱片。还有去年我们谈到最多的是草东没有派对,他们也会给我带来一些心灵上的冲击,开启一些思考。但确实,他们不再是主流的声音了,在我们这个时代,各种不同的表达类型都兴起之后,你会觉得到处都是声音,这种声音就会显得比较孤单。我觉得这真的是这个时代跟以往不太一样的地方。

许知远:你会羡慕他们吗?比如你提到"万青",他们有着非常具体的生活,感受也是贴着城市或土地的。

李宇春:羡慕,我对这种人会非常羡慕。

许知远:你会觉得你活在一个虚拟的世界里,从很年轻就开始那样的生活,是吧?

李宇春:是。

许知远:你现在正在试图打破它,但你觉得这有办法完全打破吗?那种突破虚拟的现实生活的质感,是你想寻找的吗?

李宇春:我觉得可以。只要你想,就可以。因为其实你所有的选择都是自己做出来的,都是因为你想成为某种人,想朝那个方向走。你想去的方向,会影响你走出的每一步。

就像我,依然很享受回到成都的家里,坐在小小的阳台上喝杯茶,我依然可以在成都的街头,在很多管我叫"春春"的阿姨的包围下,跟她们聊聊天。

偶像是质疑，是生意，
是忍辱负重

许知远：你觉得你最初出道的时候，像一次集体无意识的狂欢吗？

李宇春：我觉得起码当时大家知道自己喜欢什么，为什么要做这样的选择，所以我不认为那个是完全无意识的，但它的确是场狂欢。

许知远：2005年那场以你为中心的狂欢，突然强迫你进入一个完全被包围的空间，那种被包裹的甚至孤立的感觉是什么样的？

李宇春：其实在2005年的时候，大家并不知道什么是选秀，也不是特别知道它结束之后意味着什么。对我来说，不过就是喜欢音乐，读了音乐学院，去参加了一个唱歌的音乐节目，然后就莫名地被大家关注了。等结束之后你才发现，生活已经回不去了，但没有人告诉你为什么。

而且那时候也没有什么成熟的演艺经纪公司，甚至现在，我依然认为很多经纪公司还是一脸蒙的状态，只会不断地炮制节目，并不懂得如何去全面地培养一个艺人。虽然十多年过去了，依然没有什么本质的改变，只是花在节目上的钱变得越来越多了。

许知远：所以其实本质上对人并没有那么看重？

李宇春：我觉得没有。比赛结束之后，没有人会告诉你，为什么要做这个方案，为什么要拍那本杂志，为什么要接这场活动。而我们那时都还小，什么都不太知道，一切就已经这么开始了。但是我那个时候，还是怀着非常美好的理想，想成为一个职业歌手，就会有很多猜测，觉得接这些可能就是我的工作吧，就这样一直走，一直走。

即使后来，我觉得自己已经打破很多东西了，我觉得我已经做得够可以了，但一件特别小的事就会把我打回原形。那次是我突然去了台湾，晚上去逛一个很小的夜市，当地人比较多，我突然发现，我对人还是有恐惧——可是明明已经那么多年过去了，我以为我早就不是这样的了。我就在人群中不停地往前走，一刻也不敢停下来，我的同事在后头一直叫我，要不要看这个，要不要吃那个，但我根本没有心情。虽然没有人拍你，也没有人看你，但就是对人群有某种恐惧。回来之后，这件事我自己想了好久，我觉得我应该是受到了一些伤害的。

许知远：这是哪一年的事情？

李宇春：没多久，就前几年。这事对我打击特别大，我觉得我还是没有做好某些准备。

许知远：从2005年到现在已经十三年了，你在这么一个不断变化的阶段里一直保持着上升，到底是什么原因？

李宇春：2005年，我二十一岁，大家刚刚开始关注到我，有很多质疑的声音，包括各种不友善的声音。很多人会觉得，凭什么是你拿冠军，其实我也很想问这个问题，为什么是我。

所以，一方面我对自己也有很多疑问，另一方面也有年轻人那种"我偏要证明为什么是我"的欲望，这反而成了一直激励我不断向前的动力，成了一个很重要的人生命题。但到了十年的节点上，这个命题开始变了，因为过了十年之后，好像突然关注的不再是我这个个体，我也不再需要去通过某个东西来自我证明，当我发现我关注的东西变得不太一样了，那种伤感好像就随之结束了。

也许未来，我会有新的伤痛，到那时候再说吧。

许知远：是一种新的自由的感觉吗？
李宇春：不是刻意的，是自然而然就发生了。

许知远：一个好的观察者、旁观者都喜欢自省，你刚才的话就很有自省者的自觉。
李宇春：我确实认为我有善于自省的这一面，但开放性并不够。

许知远：你的这种自省能力是从什么时候开始有的？从小就有吗？
李宇春：应该还是在二十一岁之后比较强烈。

许知远：还是被推到那个地方之后，是吧？
李宇春：对。也许就是因为那样，你才会飞速成长。

许知远：像坐火箭一样突然就蹿上去了，那到底是什么感觉？因为大多数人很少有这样一种境遇，一下子被推到某个陌生的高度。
李宇春：就是有很多问号。各个方面都充满了问号，但没有人可以帮你解答。

许知远：你怎么看你那些追随者的热情呢？那种非常充分的热情，你了解多少？
李宇春：这么多年来，我自己其实也会观察到他们的一些变化。首先我是不愿意把他们称为"粉丝"的，更多的时候会称为歌迷，"歌迷朋友"。我同时还会观察到他们的一些生活层面的变化。在我更小一些的时候，我并不觉得生活带给了我和大家特别不一样的东西,那时我们都处在一个特别简单的年龄,可能同样都在面对着学业,面对着自己刚刚起步的梦想,并没有经受过多少来自生活的鞭打,更不要说面临什么家庭责任,或者是结婚生子之类的。

但随着时间的推移,就能看到彼此的人生开始有了一些不一样的走向,尤其我的一些同龄人会带给我一些特别的刺激。我开始关注到生活中的一些真实的伤痛和小温暖。以前可能大家做了一件什么特别的事情,我会觉得很感动,但现在也许只是对我说了一句话,很写实的一句话,我就会特别感动。我觉得这是一个改变。

另外,我不是一个善于使用社交网络的人,同时我也觉得,在网络上发一些碎片式的东西,还不如积攒着能量好好写歌。那我们之间所能有的全部联系,无非就是演唱会,或者偶尔在一些公开的商业活动上见见面,然后各自生活。

许知远:你肯定会观察到这种社会现象吧——就是你在他们的生活中扮演了一个特别重要的角色,他们对你有一种很强的亲密感,你生活的一切细节他们都关心,但实际上你又是离他们很远的一个人。这对你来说会产生矛盾感吗?而且中国当下的这种粉丝团现象,应该是从你身上开始的吧?

李宇春:不是吧,是吗?

许知远:我觉得应该是,以前当然他们也会追星,追罗大佑,追李宗盛,但并没有形成这样一种崭新的歌迷组织,虽然我也不喜欢"粉丝"这个词,但没办法,这个组织强调的就是"fans"这个词。和过去那种观赏你、喜欢你、买你的CD、听你唱片的歌迷不太一样,他们形成了一个互相需要的组织,其实某种意义上你也变成了某种借口。这是个变化。

李宇春:我觉得这是节目带来的,因为《超级女声》是一档成长型的节目，它不是说呈现一个歌手、一个艺人最具光芒的样子，它当时让观众看到的我，还是一个留着非主流发型的我，然后就这样一步一步在他们的注视和陪伴下成长起来了。这一点可能跟别的节目都不太一样。

许知远：所以你是他们的一个标杆，或者说是他们成长记忆中非常重要的一个事件。

李宇春：其实我没觉得这么重要。

许知远：在偶像和他的追随者之间发生的事，我挺好奇的。你觉得是因为我们整个社会的个人精神在减少吗？或者说是因为每个人的孤独感在增强，过去的纽带在消失，所以需要一种新的纽带关系吗？

李宇春：我个人其实没有这么强烈的感受，可能节目形式或者节目导向会呈现出这样的价值体系，但是我自己其实从来没这么想过。包括比赛结束后，很多人问我，"你上《时代周刊》时是怎么想的"，我说不是我上的《时代周刊》，是节目，那跟我其实没什么关系，我只是一个符号而已。所以我应该去做自己想做的事情。

许知远：成为符号对你意味着什么呢？

李宇春：有的时候，我会觉得很好笑。有一次我去看威尼斯双年展，里头有一个作品叫《大卫》。那个作品很有趣，它用影像表达的是，每个人都去看大卫，有的时候远，有的时候近，有的时候他被印在T恤上，有的时候他被印在卡片上，而有的时候我们破坏他，又仰望他。我们每个人都在消费他，吃掉他，但我们却不知道为什么，我们不知道他是谁。其实很多人都不知道大卫是谁。当时我坐在影厅里，把这个视频看了三次，反复地看。

许知远：但有些时候 icon 是很有力量的，比如马丁·路德·金这样的人。你想成为这样的 icon 吗？

李宇春：其实我特别想跟你聊，偶像到底是什么？我想到这个命题的时候，会填好多词。我当时就想，我要跟许老师做个游戏，来填偶像是什么，你填一个，我填一个。我们要不要这样填一下？我先来的话，我觉得偶像是质疑。

许知远：我觉得偶像也是信念。

李宇春：偶像是生意。

许知远：生意是吧？偶像也是价值。

李宇春：偶像是忍辱负重。

许知远：偶像也是大放异彩。

李宇春：你填的都是褒义词。

许知远：对应一下你嘛。偶像其实本该是个很有力量的词，只是在当下语境里，偶像被廉价化了。

李宇春：我今天刚好也使用过"廉价化"这个词。他们让我看节目选手的一段表演时，选手就总在比心。

许知远：我最反感这个。还有我每次听到"为了梦想"这样的说法就头疼。

李宇春：然后我就说，如果你每一首歌都比心……

许知远：哪儿来那么多心？

李宇春：对啊，那个心不是应该留给你爱的人吗？如果你每首歌都比心，那个心就廉价了。所以我就觉得"偶像"这个词吧，可能越来越薄了。

许知远：现在世界上的一切都薄了，我们的一切都在通货膨胀。

李宇春：是，就是越来越薄了。所以在聊到"偶像"这个词的时候，有的时候我并没有多少正面肯定，但是我心里还存有一份相信、一份肯定——就是我相信偶像是一定会有很强烈的精神力量。

许知远：比如我们刚刚谈到的，总有这样的人，你在听到他的歌时觉得温暖，有力量。那么，像"李宇春"这样一个符号，你希望它意味着什么，又留下些什么呢？

李宇春：我不敢说希望李宇春她多有才华，多有天分，或者多么耀眼，但我希望可以说，她一直在寻求着希望成为一个更好的人，并且在面对她仅有的一些追随者时，她可以传递更好的东西给大家，可以把自己看到的更大的世界分享给大家。我觉得这样我就已经很满足了。

许知远：其实我看到的很多年轻人，他们被推到一个舞台之后，只有很少的人可以把它变成更大的舞台并且继续向前，大部分的人会收缩，或者停在那个地方。你为什么好像可以去打破这个边界，然后去拥抱它呢？

李宇春：因为我觉得那个世界太小。我现在回望从前，最令我引以为傲的，就是我可以对十年前的自己说："我没有停留在你创造的那个小小的价值上，我还在往前走。"

中国最早创立的京剧流派,以委婉古朴的唱腔而著称

十九世纪中期,谭志道初创谭派

其子谭鑫培,老生艺术的集大成者,改革京剧唱腔第一人,人称"伶界大王"

谭家至今已有七代,本篇采访的是第六代传人谭孝曾、第七代传人谭正岩

扫码观看视频

京剧谭门

所谓传承,既有压迫又有诱惑,还有一种自觉的使命感

Chapter 14

浅草寺游人寥寥，大殿已经关闭。新冠病毒，让香火旺盛的古寺呈现少见的景象。一个清晨，我散步穿过寺庙，看到一尊身姿夸张的武士像，左手压刀，右手扬剑，脸上满是威严与肃杀。

铜像下刻着第九代"市川团十郎"的字样。浅草曾是东京的娱乐与文化中心。葛饰北斋在此绘画，落语家们拍击着案条，小说家们手不停挥地写着各式故事，歌舞伎表演尤其引人入胜，歌舞伎演员是那个时代的大众明星。

这位第九代市川团十郎，是最著名的一位。他归属的"市川团十郎"歌舞伎团，自江户初期起就活跃在舞台上，随着历史起起落落。作为第九代传人，他身经幕府到明治的剧烈转变，并以新方式改良歌舞伎。这个团体的新一代掌门人海老藏，仍是日本娱乐业的中心人物之一。这个家族的承接，占据着娱乐新闻的头条。

这也让我想起谭鑫培家族。比起日本，中国近代历史更为动荡不安，传承更为艰难。来自湖北的谭鑫培，是京剧史上最伟大的革新者，从晚清到民国再到人民共和国，谭家经历变化万千的时代气氛与审美风格，在权力与大众之间，寻找某种平衡。

作为低谷时期的传承者，
更希望看到戏剧的春天

谭孝曾：谭门第六代嫡传人

许知远：1949年你出生的时候，还住在谭家的大院子里吧？

谭孝曾：是的，那是当年我高祖谭鑫培进京以后挣了大钱买的地方，四十六间半，挺大的一个院，后面还有两层小洋楼。从我高祖谭鑫培那时起就住那儿，我的曾祖、祖父、父亲，我们四代人都出生在那个地方，一住就住了一百四十多年，1968年"文革"时给轰出来的。

许知远：几朝兴衰啊。

谭孝曾：我们是四代人生活在一起，一个非常传统的家庭，咱们老话叫讲究。

许知远：规矩多。

谭孝曾：规矩多，早上起来得跟长辈那去，我们叫照面，就是早晨问安：老祖您起来了！完了问你几句话，你得找个节骨眼：老祖我走了，您休息！你才能撤。而且无论到哪屋，没有座，全得站着，包括我父亲也得站着。除非他说你坐那吧，这种时候很少。每天出门，哪怕出去买一趟铅笔、橡皮，也得挨屋请假，回来以后都得消假，看似繁琐，实际上是对小孩的一个约束。

而且这么大个宅子的灯泡，没有超过二十五瓦的。开灯不以天气的早晚来衡量，是以我老祖我爷爷那屋为标准。那屋开了灯你才敢开灯，非常节约。现在想起来真是，那么一大家子，养着好几十口子人，要任意挥霍的话，早就败了。

许知远：小时候看着爷爷、父亲他们什么感觉？

谭孝曾：从小就觉得羡慕喜欢。生在那么一个家庭里，耳濡目染，就看我爷爷我父亲他们在家里吊嗓子。他们演出，我上后台看戏去。他们一上台，还没张嘴，一露面，大家先来一掌声，我们叫碰头好。

许知远：是不是到了你爷爷那代人，认为京剧是下九流的想法，或者说那种内心的纠结已经没有了？

谭孝曾：已经彻底没有。

许知远：谭鑫培先生那代人还是有的？

谭孝曾：我没经历过那个时代，我感觉那时代是把京剧排在下九流里了，可是我觉得我祖辈他们不会有那种在社会底层的感觉，不是说有一个王公大臣为了听出戏给我高祖下跪吗？我高祖，在市面上走哪都是……

许知远：都是爷。

谭孝曾：对，实际上在社会上是受尊敬的人，走到哪就跟今天明星似的，甚至有人效仿他。据说过去迷他到什么程度？谭鑫培出门，先迈哪个脚出门槛，哦，先迈这边儿。今天穿一个宝蓝色的袍子，好，我也来一个宝蓝袍子。专有那么一批迷他的。

许知远：我觉得谭鑫培先生某种意义上就是晚清的摇滚明星。

谭孝曾：要比摇滚高级多了，高祖被当时的时代公认为伶界大王、一代宗师。没有一个人敢说我已经超过谭鑫培了，没人敢说的。

连他的学生余叔岩都说才是他的十分之二三。他的艺术造诣可以说是到了登峰造极的地步了，当然我们没赶上看。听今天的录音，他已经是自然王国了，我们还在必然王国，那真是差功夫。人家随心所欲，因为是我唱的腔，我怎么唱都对，你后人怎么效仿我，效仿不出来，太难了。何况外人了，我们本家都效仿不出来。说句标榜的话，也就是从我高祖谭鑫培这一代人，京剧人开始翻身了，要不然我们不会盖那么大的宅子，是吧？不会有那拴马砖、拴马环，不会有这种局面。我们家1928年就有汽车了。

许知远：这非常厉害，什么牌子？

谭孝曾：吉姆，长鼻子。京剧人的地位还是一直在提高，尤其新中国成立以后，京剧人的地位完全是不一样的。我祖父是第三届人大代表，我父亲是第四届人大代表、第九届全国政协委员。我是第十、十一、十二届全国政协委员。那可不就是社会地位提高了嘛。

大家可能也听说过这个故事。1951年，我祖父在六国饭店演出，曾祖谭小培在台底下陪着毛主席看戏，毛主席给他点烟，一边看一边聊天。1962年接见我们祖孙三代，那时候我十二三岁，老人家扶着沙发站起来，跟我握手，给人介绍，这是小小谭。作为一个艺人，在过去是想象不到的。虽然我高祖父过去在宫廷里边受慈禧太后的重视，可那是拿你当玩物，你不行就罚你啊。

许知远：在你小时候，谭鑫培先生受慈禧太后的赏识，赐他东西这等于是一个佳话，但是等你长大后，慈禧太后已经是个非常坏的形象了，这时候内心的感受会有冲突吗？

谭孝曾：我觉得没有。咱们得历史地看问题，别跟政治挂一块。慈禧太后在那个时代是国家最高权威，她能够赏识京剧、支持京剧，才有了京剧在那个时代的辉煌。包括后来的样板戏，我觉得啊，不要跟政治挂那么紧。样板戏是我们这些样板团的演员工作的结晶,大家努力创作的结果,不是说跟某某人挂钩。

许知远: 或者说,所有的艺术家都会有意识地担心自己离权力太近。

谭孝曾: 我们这个行业太特殊了。你看我祖辈,包括慈禧太后,包括蒋介石,都给他们演出过。这很正常,艺人跟政治并不是结合得那么密切,可是往往这些搞政治的人他离不开艺术,是不是?可是我们也可以到社区,可以到老百姓当中去,最基层的人我们也能接触到。上至皇宫大臣,下至贩夫走卒,都能接触,这就是我们这个行业的特殊性。但是你说跟政治没关系吗?又有关系。因为我们得跟国家的政治文化路线结合上,跟得上国家的这种步伐。

许知远: 对,所以艺术应该是非常去政治化的。家里会有不要谈政治的传统吗?

谭孝曾: 也没有,就是没有气氛。而且,过去家里边,尤其我祖父谭富英先生,没有说跟什么人有过密的交往。

许知远: 这还挺意外的,因为这是很自然会有的。为什么没有呢?

谭孝曾: 他就是唱戏。除了上剧场,就回家,一辈子就是坐在沙发上看书,不明白的地方,就打电话问老舍,问田汉,没别的娱乐。

许知远: 也是一种要存续下去必须的谨慎。

谭孝曾: 没错。你看谭家能够安安稳稳地走过这么些朝代,本身也有一个小心在里边。

许知远：你什么时候意识到自己是谭家的传人？

谭孝曾：十来岁的时候，我的左右邻居、亲戚朋友的小孩都考戏校了。我一看怎么家里也不问我要不要上戏校，我就想可能是爷爷忙，顾不得我，就自个偷偷去了。人家一看，姓谭的，再看看，五官、四肢都还行，扮相应该还可以，唱段戏？我不会唱。所有在场的老师都不相信，说你是不是姓谭？我姓谭。谭富英是你爷爷，谭元寿是你父亲，你不会唱戏？不会。

所以那时一个是家里顾不到我，一个是那时候不像现在的小孩，小人精似的，我们小时候都特别傻、特别呆，你不让干什么就干不了什么，我自己跑去报名这就已经很叛逆了。最后老师说，那怎么着？我说我唱歌。所以我是唱歌考上的北京戏校，进了北京戏校是一张白纸。

许知远：家里人对你自己偷偷跑去考学是什么反应？

谭孝曾：开始不知道，等我考上以后，他们特别高兴。没考的时候，他们不太刻意要求你去考，祖辈父辈都是从事这个行业，知道这个行业非常苦。过去叫打戏。我祖父我父亲都是富连成[1]出科的，富连成都是得挨打。大家是通过电影《梅兰芳》《霸王别姬》来了解的这种学戏的科班，那可只是反映了一部分。我父亲有一次挨打就打手板，打到顺着手滴血，完了就用水管子冲冲，继续练功。当然现在咱不主张打戏，可是往往打了以后，你再也忘不了，你再也出不了错。

许知远：疼痛的记忆。

---

1 富连成社创办于1904年，是京剧教育史上公认的办学时间最长、造就人才最多、影响最为深远的一所科班。

谭孝曾：这记忆绝对是深刻的，一辈子都忘不了。所以他们不特别主张让我考，可是一旦考上了，非常欣慰。

许知远：你的处女作是《二进宫》？

谭孝曾：我记得那是我入学四个月后，我演杨波，是老生。那天我们家亲戚朋友都去了，我祖父和父亲没去，他们不是不关心，不敢看，怕台上万一出个漏子。

许知远：十二岁小孩演个老生是什么感觉？

谭孝曾：实际上你也别要求他的扮相，就听一个嗓子冲、调门高。据他们后来统计，那天《二进宫》有十一次掌声。回家以后他们跟我爷爷汇报，说还挺好。1962年，电视台现场转播纪念我们的校长郝寿臣逝世一周年的演出，我爷爷就在家看电视，一边看，手就在茶几上拍着板，结果茶碗全掉了，根本不顾，就觉着又看到一代人了。

许知远：孙子有出息。

谭孝曾：我也可以说是我们班的一个重点培养对象，那时候叫尖子生。那时没有偏向，没有说因为你是谭家后代就重点培养，完全是靠自己的学习成绩。

许知远：那个时候你父亲唱样板戏，你也去看过吧？

谭孝曾：我也在那儿，我在《红灯记》剧组。我从1968年参演《红灯记》，一直到后来的《平原作战》，就待在这两个剧组，一直待到1984年才调回北京京剧院，恢复传统戏。

许知远：十六年。

谭孝曾：整十六年。我那十六年也挺难熬的，整个中国京剧院全是中国戏曲学院毕业的，就我一个北京戏校毕业的，我怎么在那环境里生存？挺难的。这十六年，不但熬下来了，还得一好人缘。

许知远：1984年回到北京京剧院，结束了十六年的唱样板戏的生活，那时候内心是什么感觉？

谭孝曾：原想在中国京剧院待了十六年，现在恢复传统戏了，我父亲也在北京京剧院，我媳妇也在北京京剧院，另外北京京剧院大部分演的还都是谭派的代表作，我回这儿应该是名正言顺是吧？可是恰恰那时候我父亲是副团长，我到了北京京剧院，他第一句话说，孝曾从基层做起。我就开始从龙套做起，重新来，跑了好几年的龙套，除了旦角那贴片子活，什么家院、太监，连小猴、罗汉，我全来过。有怨气。我跳出那儿了，跑这怎么还受罪？受着吧。可是想起来也是好事。你知道那龙套怎么跑之后，再来当主演，心里的体会是不一样的。

许知远：那时候你想过放弃吗？

谭孝曾：没有。我那阵儿比较灰心，挺挫败的。从小也是学校尖子，毕业以后反而唱不上戏。我爷爷就老鼓励我，小子别灰心，有屁股不愁挨打，砖头瓦块都有翻个的时候，这真是指导我一辈子。我真正翻个是到了五十岁。

许知远：我看你的采访，说到2004年《将相和》的时候才第一次唱主角，为什么会隔这么久？

谭孝曾：中间刚刚说了，就是跑龙套，后来慢慢有点提高了，我爱人演戏的时候，我可以陪着她演个《红鬃烈马》，她演王宝钏，我演薛平贵，那就是她挂头牌带着我。她老早就成名了，我是那么着一个小跟班。最早一介绍这是谭富英孙子、谭元寿儿子,等后来这是阎桂祥的丈夫,再后来说这是谭正岩他爸爸,我连自个儿名都没有了。当然现在混得稍微好一点了,多多少少有一些观众知道谭孝曾这三个字。

许知远:那时候焦虑吗?

谭孝曾:焦虑,没面子,觉得我怎么混成这样,连自个儿叫什么都不知道。

许知远:那时候是不是特别想在父亲面前证明自己,这种冲动是很强的?

谭孝曾:强,可是在父亲跟前没有得过太多的表扬,充其量就是"还行,不错"。

许知远:是因为父亲真的很严格,还是说另一方面你也会觉得自己的天赋不够?

谭孝曾:很严格,一直到正岩演出后也是。跟我说,正岩真不赖,够意思,别跟他说啊。一会儿正岩过来,爷爷我怎么样?还行。我就有一次得到了父亲的肯定,是2017年《定军山》电影放映的时候,我父亲去了,看完以后和我说:"我没想到,你谭孝曾今天居然能够这样了,我太高兴了。有的地方像你爷爷。"我一听,就给我父亲跪下了,热泪盈眶。那种肯定是我几十年想盼想听都听不到的。在那一刹那他说出来了,几十年的这种向往也好,压抑也好,都在那一刹那爆发。不是说我可扬眉吐气了,不是。我得到父亲的认可了,那说明我已经有点提高了吧?从那以后我这心里边释然了一些。

许知远：有时候会重新走一走大栅栏，告诉祖上我现在已经找到自己了，会有这种想法吗？

谭孝曾：没有。我从搬出来以后没回去过。昔日的那种辉煌都没有了，不要了，不看了，看了太伤感。

"角儿"这个词，可不是好当的

许知远：要是看你的戏，去你的馆子吃饭，端最好的菜出来，对你来说是哪个戏？

谭孝曾：那肯定是谭家代表作《定军山》。

许知远：什么时候觉得自己是个角儿了？

谭孝曾：一直没觉得是角儿，可是按角儿来要求自己。我老觉得跟我们前辈相差太远了，怎么能成角儿。每次报幕下面写著名京剧演员、著名京剧表演艺术家，我说别，充其量京剧名家，因为大伙儿多少知道点我们，就京剧名家，别冠著名京剧表演艺术家。我每回演出前都先提醒，不是假谦虚。想想你的艺术到那份上了吗？

我爷爷就老跟我们说，"小子记住了，让艺术压着钱，别让钱压着艺术"。老先生的话都挺俗，但是是非常深刻的一句话，各行各业都适用。别老想着名誉和地位，别老想着报酬，你到那份了吗？包括你说是不是角儿，角儿里边包含着很多，得有造诣，还得有自己的风格，可不是说我在台上一唱有掌声了，就是角儿。"角儿"这个词，可不是好当的。

许知远：有没有想过家族名声给的压力太大了，要不是谭家的孩子就好了？

谭孝曾：没有，我只是幸运生长在谭家。每个人都付出自己应有的责任，老话说天生我材必有用，你在这个历史时期，起到什么作用？我就在谭家起到我应起的作用就好。

许知远：你觉得在谭家这几代里，你的作用是什么？

谭孝曾：我的作用也是跟我曾祖特别像，叫承上启下。你看好像大家有一种评论，就是说我曾祖上不如父亲，下不如儿子，实际上恰恰他们这一代人做的奉献，那是别人做不出来的——怎么把我高祖的东西继承下来，怎么培养自己的儿子，才有了谭家的第二次辉煌，才有了大家所公认的"新谭派"。

在我高祖谭鑫培他们那一代人没了的时候，挑着京剧舞台的是"三小一白"，"三小"就是杨小楼、尚小云、谭小培，"一白"就是荀慧生。其实那个时期正是京剧青黄不接的时候，是他们在支撑舞台。而且我曾祖的嗓音和技巧，太像我高祖了——可是我估计他也是这么想，我再好，也超不过我爸爸了，是不是？你别笑，就跟我今天想我父亲似的，我再好，我超不过谭元寿，与其这样，我不如培养儿子。

许知远：但正岩一开始并不是很想演戏。

谭孝曾：他这个时代跟我们又不一样，赶上改革开放，外界的文化冲击在他们这一代人身上已经体现出来了。这个时候，作为谭家的后代，你怎么办？我当时也是秉着祖辈父辈对我的态度，不强求他，也是靠他的自觉自愿。

许知远：如果他逃离这个传统，去做了别的事情，你在情感上能接受吗?

谭孝曾:说实话,情感上接受不了,可是我尊重他。现在都还有人跟我说,谭老师,让正岩干什么都比干这行强,你让他拍个电影,当个模特,都比现在挣钱多,可是生在谭家,好像就预示着你必须要搞京剧。谭家传到我是第六代了。

许知远:谭家这种传承的使命感怎么来的?因为中国社会很少有传很多代的世家。

谭孝曾:我想是这样的,我不敢说谭家在京剧界怎么德高望重,即便有,那是祖辈给我们结下的。我们何德何能,我们是效仿前贤,做我们应该做的事儿。可是谭派艺术已经得到了剧团和社会的认可,观众对我们也非常喜爱,越是尊重我们,越是喜爱我们,我们就越觉得不搞这行是对不起大家。如果我们不搞这个了,也许也没有今天的社会影响和在京剧界的这种地位。

许知远:既有压迫又有诱惑。

谭孝曾:没错,既有压迫又有诱惑,还有一种自觉的使命感。

许知远:谭鑫培先生如果生活在这个年代,他会是什么样的一个演员?会是什么样的一个角儿?

谭孝曾:我觉得他也是会跟得上时代发展的一个演员,因为他是一个非常有前瞻性的演员,甚至是超越时代意识的演员。

许知远:如果谭鑫培先生活着,他会参与现代戏的改造吗?他肯定会吧,他是很创新的。

谭孝曾:他已经算那个时代的另类了。他是靡靡之音,亡国之音,不为当时所接受的。当时接受的就是直腔直调,比谁声音大。

恰恰到我高祖那儿，声音委婉了，有点小腔小调了，甚至把青衣的、花脸的，其他行当的传统融入到老生里边。那时候观众接受不了，说它是靡靡之音，可是他坚守自个儿独创的艺术风格。

许知远：也是挺离经叛道的一个人，所以他能拍中国的第一部电影。谭鑫培先生关心时事吗？

谭孝曾：关心，他要不关心时事，不可能在舞台上反映当时的一些社会现象，比如像《珠帘寨》，就跟民国妇女解放连上了。谭家几代人实际上就是跟着时代的发展而发展，包括后来"非典"时期，我父亲，我爱人，我，我儿子，一家四口排了一出《非常家庭》，我们到一线去慰问白衣天使。那个时候谁敢出门？我们编出一出戏就满处演去。不是说做秀，我没必要做这秀。

许知远：跟时代的呼应，是不是谭家的一个很重要的传统？

谭孝曾：我曾经讲过，谭家的风范就是做公益，做善事。高祖谭鑫培，每年拿出他收入的百分之七十做慈善，这不是工资，他挣的钱可不是一点工资的事。到我曾祖谭小培这儿，抗美援朝慰问演出那时，瘸着腿还去演《法门寺》。我祖父更甭说了，那时候我曾祖刚去世，他就赴朝鲜演出。包括前几年发大水也好，地震也好，慈善晚会上都有我们三代人的身影，我父亲带着我，带着我儿子一块去捐款，也许我们捐的都没别人多，可是我们是持之以恒地做。谭家能够相传七代而不衰，除了艺术上的传承，还有一个，道德人品上的传承。

许知远：你觉得谭家的传统里最被忽视的，但又最重要的是？

谭孝曾：我就觉得我曾祖谭小培这一代，是被历史忽视甚至误解的一代人。

许知远：是，谭家多重要的一段历史，其实好多东西都是语焉不详的。

谭孝曾：好多话不能说，评价不准确，这是历史的无奈。还有一个论断，就是说谭家一代不如一代。咱说难听话，现在哪一代人超过前辈人了？可是往往有些人求全责备，就说你们谭家人一代不如一代，有一种责备甚至看不起的眼光，觉得我们后代人丢了谭家人的脸似的，这是我受不了的。我觉得我们一直在坚守，怎么还有这么些人的指责？我不是说我忍不了这种委屈，几十年的委屈我都忍着了，这没有什么委屈的，就是觉得这些评价不公正。

许知远：而且网上这种现象很普遍，不仅对谭家，对好多人都这样，谭鑫培先生活到现在，是不是肯定气坏了？

谭孝曾：甭说他气坏了，现在我父亲都气坏了。电影《梅兰芳》为了抬梅兰芳，弄一个燕十三，我说他有影射的，一看就是谭鑫培，愣说让梅兰芳给挤兑死了。谭鑫培是被军阀挤兑死的，你说是梅兰芳给挤兑死的。

许知远：你看这电影很生气是吗？
谭孝曾：很生气。

许知远：要是你有机会穿越一下时空见到谭鑫培先生，你会想问他什么呢？

谭孝曾：好奇，我就想问当时怎么编出这几百出戏的。过去他那一辈没文化，可是一个人往往集编剧、导演、服装于一身。

许知远：连场地都干了。

谭孝曾：一个人全干了，神不神？我们现在这么费劲弄出戏，又得请唱腔设计、音乐设计、武打设计，还得请导演——京剧现在居然都已经有导演了。

许知远：你觉得他这么神的原因是什么，跟爷爷和爸爸讨论过这个问题吗？

谭孝曾：也聊过，就找不着根，只能说他不是一般人，是天才。他是颠覆性的，不为时代所接受的，恰恰那时候慈禧太后接受了。

许知远：中国人一代一代听戏，比如谭先生改那些戏，也是三国的故事或者宋朝的故事，因为那个时候的社会基础是这样子的，教育的是儒家伦理或者这种传统道德伦理，现在中国变了，这基础没了，怎么办？

谭孝曾：我们也着急这个，就是说，怎么教育青年人？不是让你完全回归传统，可是中华民族那一些优良的传统，你得继承。戏是教化人的，虽然它不是有意教育人。今天依然如此。我们现在的青年演员每周一行到北京各郊区演出，送戏进校园，普及京剧，这我们都干过。

可喜的是什么？我儿子他们这一代的戏迷，大部分都是年轻人。最近有些戏迷票友们说，我们看戏真是上瘾，这就是好现象。也就是说前一阵做的那些进社区、进校园的工作没白做。

许知远：过去戏院的感觉是不是和现在也不一样，演员和观众也比较亲近。

谭孝曾：现在这种大剧场，它是一种综合的舞台，又能演京剧，又能演歌剧、话剧，所以需要那种大的延伸。可是它恰恰不合适京剧。戏剧得跟观众有互动，你得感染他，你得让他看到你的眼神。

前日子我跟市委提过这要求，我说咱北京还有资源，天乐园，庆乐园，都还在，把它们收拾收拾，整理整理，在那儿演出。

许知远：那肯定好。

谭孝曾：以前的剧场，晚上吃完饭，溜着弯就去了，看会儿戏，反而上座。现在弄一个长安大戏院，弄一个梅兰芳大剧院，都集中在市中心，一坐上车就得一个多钟头，看完戏还打不着车。我不知道，也许是时代发展了，都需要高大建筑，可是北京味儿就没了。现在到哪，全是高楼大厦，没有地域的风俗了，全一个味儿，觉得没意思。

许知远：对戏剧的影响也挺大的，各种语言形态也消失了。

谭孝曾：是，特质的东西在慢慢消失，都趋同了。

许知远：作为一个生活在低谷时期的传承者，你会觉得郁闷吗？

谭孝曾：不郁闷，会更希望能够看到戏剧的春天，因为在低谷的时候，我们没有停滞，我们也在勤奋地演出，做我们应该做的工作。

许知远：但是之前那种艺术高峰时期的土壤都消失了，过去看戏真是老百姓日常生活的一部分，跟现在看电影似的。老北京梨园文化多发达，那种劲儿好像确实也没了。

谭孝曾：现在在培养。

许知远：你真是乐观。

谭孝曾：我进过几次大学，讲俩钟头、三钟头，他们非常感兴趣。他们一节课四十五分钟，我讲两个多小时没有人走，这已经相当不容易了。当然，要想挽回一代人，起码三十年，是吧？

我和京剧是先结婚后恋爱

谭正岩：谭门第七代嫡传人

许知远：打扰你了，我知道今天你不方便，腰受伤了。
谭正岩：我浑身都是伤，昨天晚上睡觉都没睡好。

许知远：你选了一条永远会疼的道路。你本来也可以选别的道路嘛，怎么还是选了这条路？
谭正岩：怎么说呢，我涉及的领域很多，演过话剧，跟朋友一块弄过歌，说过相声，还演过影视，但是这并不代表我要放弃京剧舞台，我只是希望从其他领域学到一些东西。我们京剧演员，说是演员，其实更多的是表现，并不是表演。表演是说导演给你一剧本，你来创造一个人物，而我们只是把我们学的通过艺术加工表现出来。

许知远：那你想过别的职业吗？最初的人生梦想是什么呢？
谭正岩：最初的人生梦想是成为武林高手，因为小时候看霍元甲，看陈真；大一些之后，迷上了乒乓球，在北京市也都拿过名次，后来因为打乒乓球老伤着腰，所以家里人也反对。

许知远：看来伤腰是有传统的。
谭正岩：从小就伤，近几年也会打，但是就没有玩得那么多了。曾经有媒体问过，如果你不姓谭，你会去做什么。我说我会去打乒乓球。

许知远：什么时候意识到姓谭这件事情的重要性和这种不可逃

避性？

谭正岩：那可是特别小了，记得1990年的时候，我小学五年级，母亲问我，正岩你想不想干这行，如果想的话就可以送进戏校了。那会儿我在京昆少儿艺术团学了那么几个月，母亲问完我之后，我连犹豫都没犹豫。那阵子我就有这种责任心，我说我姓谭，即便家里不强求我，我一定要干这行，因为我就是为京剧而生的。

许知远：一个小孩子怎么有这种意识呢？

谭正岩：后来我就琢磨，原来是我更小的时候被洗脑了——你别乐，真是——小时候我跟我姥姥一起生活，周围的邻居大部分都是戏迷，一知道我是谭家的后人，就说，哎呀，你是谭家之后啊，以后京剧指着你呢，你是京剧的未来啊，你要扛起谭家大旗啊……谁见着我面都是这么说，所以从小我就有那么一种根深蒂固的信念。

许知远：后来反抗过这种"洗脑"吗？想逃离吗？

谭正岩：我觉得这样挺好的，其实选择是一个很苦恼的事。我这条道路都已经安排好了，小学毕了业去北京戏校，北京戏校毕业去中国戏曲学院，中国戏曲学院毕业进京剧院，京剧院完了就干一辈子，然后把你下一代培养出来。已经安排好了，我就去干就行了。所以我一直说，我和京剧是先结婚后恋爱，先送进戏校了，然后慢慢培养感情。不过通过这十几年，真的是爱上京剧了。大学还没毕业那会儿，有人问我做什么的，我会觉得尴尬。我说我是演员。什么演员？京剧演员。我会尴尬是因为那阵还没有真的特别爱，但后来我觉得很自豪。

许知远：这种转变怎么发生的？

谭正岩：一个是年龄吧，还有一个是我确实也经历了很多坎坷。

我第一次参加大赛的时候大学还没毕业,当时是文化部搞的一个大赛,初赛先是交录像,但是交的不是在大学里学的剧目,是我父亲教我的《空城计》。过了好长一段时间,我有一个朋友在文化局工作,说老谭——他们管我叫老谭——你这次怎么没报名?完了我才知道,我的录像被学校扣了,因为这个剧目不是在学校学的。我就觉得,这比赛太黑暗了,有那么几年,我再也不想参加比赛了。

毕业后,好像是第五届青年京剧演员电视大赛,家里一定要让我参加,我先是反对的,后来觉得可能这是一次好机会,就参加了。当时我也特别有主意,父亲让我保守点,拿两段经常演的戏,复赛拿《空城计》,进决赛的话拿《击鼓骂曹》。我说这一批演员水平都非常高,虽然我舞台实践机会没有他们多,但是我想搏一把。所以我换了一出从来没唱过的戏——《战太平》,连文带武,唱腔也非常激昂,后来就进了决赛。

那天在专业的表演上边,张建峰、我、林珂发挥都非常好,但是在答题方面张建峰可能太紧张了,一个特别简单的题,连票友都知道,台上他蒙了,然后才艺展示画了一个漫画,效果也不是很好。我的才艺展示是一段武戏,《雁荡山》里的耍大枪,现场效果非常好,而且题我也全答上来了。那题出奇的难,但正好戏曲学院最后一年戏曲理论课的时候学过,所以答上来了。等于我的分数比张建峰高,一下他的粉丝就不干了,在网上攻击我,说唱的什么玩意儿,一代不如一代,评委打感情分,等等。还有更难听的。我虽说不是蜜罐里长大的,但基本每次登台都得到一些正面评价,从来没有听说过这样的。

许知远:扛不住了是吗?

谭正岩:扛不住了。后来还反复有那么几次,有一次我是真崩溃了,当天晚上,我就写了辞行信,要出家当和尚去。让我能坚持下来的理由就是,有一批支持我的粉丝,我去天津,粉丝追天津去,去山东,追到山东去,我觉得特别欣慰。可以说以前我坚持下来,是为了这个"谭"字,现在是为了他们,真的特别感谢他们。

许知远:当时要去寺庙是因为之前网络的舆论压力太大吗?

谭正岩:压力大。本身我压力就大,每次登台都非常紧张,小时候不怎么紧张,但是越大越紧张,就怕给老祖宗抹黑,怕让父母挨骂,但是越怕有的时候越会有瑕疵。

许知远:其实跟你父亲聊,他有时候也觉得挺不公平的,就是因为老要面临着这种所谓"谭家一代不如一代"的指责。他觉得好像只有谭家一直在这么坚持,但是为什么一直会被这样批评,你怎么看这种事情?

谭正岩:后来真当笑话看了。哪位后人敢说自己比他的前辈强了?就说郭德纲相声说这么火,可以说声势已经超过他的前辈了,但是郭德纲敢说我超过侯宝林了吗?他不敢说,包括外界也不会这么说。我这样讲只是做个比喻。所以每次看"谭家一代不如一代"这样的话,我就会一笑。

如果我的下一代不干这行了,我可能就是罪人

许知远:你想过吗,为什么好像只有谭家坚持了这么长时间?到你是第七代了嘛,这是很难得的事情。

谭正岩：可能国有国法，家有家规，我们的祖训就是忠厚传家，百善孝为先，而且教育子女要有责任。我所听到的前辈的故事，都是不争不抢，像谭富英先生，你让我演二路我就演二路，曾经要让他和马连良先生工资拿一样多，他说不成，我不能跟我师哥拿得一样多。

许知远：你觉得你父亲是什么样一个人？他的舞台比较晚才到来，他身上什么东西特别打动你？

谭正岩：如果我是我父亲的话，我早就放弃了，作为一个演员，如果被观众淡漠了，就特别容易抑郁。我父亲他们那一代人没有赶上好年代，我爷爷一直在舞台上活跃，有我爷爷唱戏一天，就没人看我父亲。

许知远：你妈妈也很活跃。

谭正岩：对，我小的时候看过我父亲演出，并不像他们说的不如现在，就是看的机会太少了。事隔这么多年，突然让我父亲登台了，我父亲也一直憋着这口气。他的爷爷，就是我曾祖父谭富英先生曾经讲过，砖头瓦块也有翻个的时候，有屁股不愁挨打，这也是我父亲经常跟我说的，平时得积累，早晚有你露脸的那一天，到那一天你要露脸你就起来了，你不行就一凉凉到底。

许知远：我听说你和父亲之间有不同的看法，你父亲认为这么多老戏都被忘掉了，应该重新编排出来，你认为更应该用新的方式来改变戏剧，是吗？

谭正岩：其实我跟我父亲的想法，冲突倒不是很大，我父亲想恢复老戏，也是想把一些虎头蛇尾的戏重新整理一下。我呢，更希望能够新颖一点。但我们需要练的、学的东西都太多了。

繁体的"戏"是怎么写，一个虚一个戈，虚动干戈，虽然京剧在舞台上是一种夸张的艺术，写意的艺术，但是不能写意得太假。现在我们丢失了很多老艺术家的表演真实性。当年谭鑫培先生给慈禧太后唱戏的时候，慈禧太后请了外国使节来参观，谭鑫培先生唱的是《乌盆记》，唱完之后，这慈禧太后就问外国使节，您看懂了吗？外国人说，我能看出来这是一个鬼魂在哭诉。这就说明那时的老艺术家表演的真实性。

许知远：你觉得京剧还能够大放异彩吗？因为在一百年前它是一个主宰性的大众艺术嘛，现在还有可能恢复某种盛况吗？

谭正岩：我们是本着那个方向在努力，确实，我们这一代人有那么几位在铆着劲全力往外推京剧，希望能让京剧的关注点更高。我一直说，不敢说能够赶上祖先，只要通过我们的努力，让更多的人了解京剧，关注京剧，喜欢京剧，然后走进剧场看戏就可以了。这可能是我们这一代人唯一可以做到的吧。

许知远：比如谭鑫培先生，他是一个改良者嘛，他在那个时代就革新戏剧，你觉得他如果活在这个时代，他会怎么革新现在的京剧呢？

谭正岩：这还真没想过，其实现在都在说革新，有的时候刻意的革新会起到不好的作用。

许知远：像歌剧，你看帕瓦罗蒂、波切利他们会跟摇滚明星一起唱，京剧是有可能用这种形态吗？

谭正岩：京剧和三大男高音一块儿唱过。前几年，辉子——北京爷们儿辉子，还有世界Beatbox亚军阿鑫，我们也一块儿合作过的。

许知远：这效果好吗？

谭正岩：当时效果很好，但是很多人都说，你们这是造改艺术，我说我们不是想改变京剧，京剧还是在那儿，但看的人太少了，我们用其他的方式来推广京剧。再好的作品，老在中央十一台放，那些不看戏的人还是不会去看的，但如果我们做出一些新潮的东西来，可以跟潮流碰撞，在一些时尚、现代的平台来露面，就能找到一种推广京剧的新方式。

许知远：所以如果谭鑫培活到现在，他也会上抖音，也会用微博，也会和摇滚明星一块合作吗？

谭正岩：我想上微博应该会的，和摇滚合作，我不敢讲。

许知远：但是你想，他当时也是博采众长嘛，而且玩很多新的花样，还去拍电影。

谭正岩：还真是，真是，这个电影算是在京剧界往前迈了一大步，虽然当时他们拍的是无声电影，但是在那个年代来说，真是很大胆。

许知远：很前卫的一个人。如果你碰到他，你想问他什么呢？他整天悬在那高高的地方看着你，你生活在他的阴影之下。

谭正岩：我想问他，您想过吗，您创造出的艺术能传到七代，传到七代之后，给后人多大的压力？因为您的起点太高了，我们很难赶上，所以导致我们一代不如一代。

许知远：背这么重一口锅是吧。

谭正岩：对。

许知远：你要碰到谭鑫培先生，你觉得你自己给出了一个还可以的交代吗？

谭正岩：我得先磕他一年头，先得赎罪。

许知远：谭家人可真不容易！你将来还会给你的小孩子"洗脑"吗？让他们误以为自己也是要扛起这面旗，成为第八代。

谭正岩：这是经常被问到的一个话题，我会去培养他，但是如果像有的孩子一听这就哭，一听这就反感，那就没必要了。

许知远：如果没有培养出来，或者中断了，你会特别遗憾吗？

谭正岩：会遗憾，我有时候真的会想，如果我的下一代不干这行了，或者是没有培养出来，我可能就是罪人。

"岁月对你意味着什么呢?"

"岁月,就只是意味着岁月吧。"

一頁 folio

始于一页，抵达世界
Humanities · History · Literature · Arts

出品人	范新
出版统筹	恰恰
特约编辑	苏骏 徐露
营销编辑	胡晓镜
版权总监	张延
印制总监	吴攀君
装帧设计	刘玲玲
内文制作	山川
	陆靓

Folio (Beijing) Culture & Media Co., Ltd.
Bldg. 16-B, Jingyuan Art Center,
Chaoyang, Beijing, China 100124

一頁 folio
微信公众号

官方微博：@一頁 folio ｜ 官方豆瓣：一頁 ｜ 媒体联络：zy@foliobook.com.cn